ZINFAENDEL

La voie mystique de
la connaissance de soi

Dominic Vallée

Design graphique et mise en page, couverture et intérieur:
©Dominic Vallée, Instagram: @_nanajoo

Photo, couverture arrière:
©Josée Lecompte, www.joseelecompte.com

ISBN: 978-2-9821506-0-7

Dépôt légal: Bibliothèque et Archives nationales du Québec, 2023
Dépôt légal: Bibliothèque et Archives Canada, 2023

@Dominic Vallée, 2023
Montréal (Québec), Canada
domi@haikugeant.com
www.haikugeant.com

Dédié tendrement à ma mère, Joscelyne.

SINCÈRES REMERCIEMENTS

Audrey Fournier, Julie Gazil, Raymond Delauzière, David Cloutier et Nicole Lafontaine, pour votre présence, vos multiples formes de support et votre amour,

ainsi qu'à Nadège Agostini, Marie-Pier Beaulieu, Dan Reid et Francis Leduc pour votre aide précieuse et généreux conseils.

Table des matières

4ème partie:
PRIMITIVO

1ère partie:
Zinfaendel révélé

Chapitre I

Montréal, 8 septembre 2022. Post-pandémie.

La poussière soulevée semble défier la gravité, les cartes ne sont plus sur table, et les ancres n'agrippent qu'un vide vaseux. Dérive, étourdissement.
Confusion.

Un *moi*, aussi miniature qu'éternel, un des milliards de centres de l'univers, tape ces lignes. Tape, tape, tape. Il est bien possible qu'il s'agisse de la première fois pour ce *je* qui vous écrit de savoir exactement ce qu'il est appelé à faire et pourquoi. À vrai dire, ce *je* vous écrit parce qu'il le peut enfin… parce qu'il en a toujours senti l'appel sans être habité par la foi nécessaire en ses propres mots, une foi qui l'habite maintenant.

La poussière aveuglante s'obstine à demeurer immobile,
la table et les cartes devenues fantômes,
et l'ancre elle-même faite de vase.
Tourbillonnements, bouleversements.
Panique.

Le *je* s'incarne dans une profonde inspiration, puis se dépose dans une expiration lente, silencieuse. *Je* est maintenant Dominic Vallée sous le soleil de fin d'été, et c'est depuis sa fenêtre de conscience qu'il, ou encore, que *Je* vous écris ces mots.

La poussière devenue béton, prison, cellule, la table et les cartes
s'évaporant dans un rire malicieux, et l'ancre sablonneuse est dissipée
au gré des courants marins.
Paralysie, aliénation.
Chaos.

Après plus ou moins une moitié de vie d'expérimentation, de beaucoup plus d'échecs que de réussites, d'isolement et d'illumination, d'analyse et de rêveries, mais surtout d'expansion, la maîtrise et l'harmonie nécessaire à l'écriture de ce livre font maintenant, semble-t-il, partie de ma personne. Et la liberté aussi. La liberté autant recherchée que nécessaire.

La cellule assombrie, le brouillard informe... les vents marins, guides
persistants.
Désespoir, abandon.
Abandon.

C'est couvert de cicatrices que j'entame cet ouvrage, de stigmates dues aux exigences des rôles que j'ai joué dans ce qui a été jusqu'à maintenant

1ère partie: Zinfaendel révélé

le mélodrame de ma vie. Me pliant aveuglément aux demandes du scénario, j'ai joué au paria, à l'alchimiste fou, au jeune téméraire et inconscient, au masochiste, à l'artiste torturé, à « celui qui sait », à l'amant bafoué. J'ai surtout joué à l'esclave trahi par la vie elle-même, effrayé, alourdi du poids constant des chaines de la dépression.

La cellule, ou peut-être les miennes.
Rien, que la noirceur, la vraie: mes yeux clignent sans raison.
Le corps obstinément vivant, sanguin.
Immobilité, calme.
Abandon.

Je ne viens pas ici vous faire le récit de mes voyages: je n'ai jamais pris l'avion. Je ne vous écris pas d'un monastère ou d'un ermitage: je n'appartiens à aucune tradition. Mes murs n'affichent aucun diplôme, aucune plaque. Je n'ai accompli aucun exploit, sinon celui de n'avoir suivi aucun chemin. Les chapitres qui suivent ne proviennent d'aucun maître, de chair ou ascensionné. Mais tout ça importe peu car si ce livre ne raconte aucun voyage, il vous incitera plutôt, je l'espère, à vous lancer dans un périple vers le sommet de vous-même pendant lequel vous serez la seule autorité. C'est en tant que personne ordinaire, en tant que mystique autodidacte, que je me dédie à vous communiquer des indices et outils possiblement utiles à l'élucidation de la plus grande et passionnante énigme que vous rencontrerez de votre vie: *vous-même*. Je n'ai rien à vous enseigner. Seulement des choses à communiquer que vous seuls avez le pouvoir de transformer en enseignements.

Sombre ma chambre, à mes pieds la fenêtre calfeutrée.

Les draps sur ma peau neuve de chaque instant.

L'air, mais pas le temps.

Mystère, légèreté.

Éveil.

Qu'on le fasse volontairement ou qu'on y soit contraint, l'ambiance globale actuelle nous pousse vers la découverte et la réinvention de soi. Le temps de *la Grande Déconstruction* est venu! Bon en toute franchise, ce « temps » est toujours plus ou moins présent et j'ai dit ça uniquement pour l'effet dramatique, mais il semble en effet que les circonstances soient actuellement favorables à l'entreprise d'une certaine connexion à soi-même. Pour plusieurs, les événements récents et leurs répercussions auront eu l'effet d'un réveil-matin démuni de bouton *snooze*, hurlant à l'urgence… mais à quelle urgence? « Quelque chose ne va pas. Le monde et mes rêves s'effondrent autour de moi. Je ne sais plus quoi faire, ni même qui être ». L'urgence de s'agripper à quelque chose de tangible et stable? D'être rassuré? Je dois être honnête: ce n'est pas dans ce livre que vous trouverez ce réconfort. Cependant, tout inconfort est beaucoup plus facile à tolérer quand un sens peut y être attribué, et ce sens est accessible immédiatement pour quiconque est prêt à se consacrer entièrement à l'exploration de sa personne.

Sabre de lumière: torrent solaire.

Mes doigts, l'alpha et l'oméga, la poussière scintillante.

Transcendance, infinitude.

Illumination.

Sans l'expérience de la souffrance et de l'inconfort, je ne serais pas apte à vous suggérer ces enseignements. Fuir cette souffrance n'a bien sûr jamais suffit à ce qu'elle ne revienne pas me torturer. Je n'ai eu d'autres choix que d'observer sa nature et ses rouages, de comprendre comment elle agit sur moi, non pas pour l'anéantir mais plutôt, dans une certaine mesure, pour la maîtriser. Sans l'apathie et la confusion comme guides, je ne comprendrais pas aussi bien les principes d'*action juste*. Aussi, l'existence même de cet ouvrage fait montre de ma victoire sur la procrastination et l'incertitude. Puis, sans la peur et le doute, il me manquerait la moitié de l'équation me permettant la transmission de leur fonctionnement, de leur utilisation. Entendez-moi bien: je ne suis ni spécial, ni exceptionnel. J'ai simplement eu la chance ou la bonne fortune de souffrir suffisamment. Cette souffrance me poussa à développer une obsession pour la compréhension de la vie ainsi qu'une franchise parfois brutale face à moi-même, qualités toutes deux requises pour s'ouvrir à ce qu'est une réelle liberté d'être. Ce travail est, je l'observe maintenant, à l'essence de la voie mystique: il ouvre notre conscience à beaucoup plus qu'une simple notion de confort d'ordre psychologique. Développer la capacité d'observation, puis la maîtrise des énergies actives constituant notre existence est la clé pour s'émanciper des dynamiques futiles de plaisir/douleur, de succès/échec, de complaisance/violence. Dégagés des structures incohérentes et limitantes de ces concepts, le sens profond de nos vies se révèle à nous, un sens qui nous anime naturellement.

> *La poussière, son flottement dans l'axe rayonnant.*
> *Un lit défait dans l'air et le temps.*
> *Je m'anime libre sans peur, libre sans confiance.*
> *Terrestre, intègre.*
> *Incarnation.*

Bien que tout ça puisse sembler austère, il est aussi important de noter à quel point la vie devient magique à mesure qu'on parvient à s'intégrer activement dans ce que j'appellerais crûment le *flot naturel*. C'est avec une certaine appréhension que j'aborde le sujet de cette magie car la tendance à s'évader par le plaisir et le divertissement s'étend aussi aux expériences dites « surnaturelles ». Mais bien qu'elles comportent leur lot de pièges, il est important d'en tenir compte pour élargir notre conscience à la réalité de ce que nous ne pouvons pas voir ou toucher. Une grande partie du sentiment de sens profond qu'a notre vie dépend de notre habileté à percevoir l'imbrication et l'interdépendance du concret et du subtil. Éveillé à cet aspect de la réalité, ce qui peut sembler banal pour la plupart s'imprègnera du fantastique pour l'adepte. Les événements du quotidien prendront alors une signification auparavant invisible qui influencera nos décisions et nos actes. S'il en était une, telle serait la mission première du mystique: percevoir et incarner le miracle de l'ordinaire.

Tout est de poussière, de lumière.
Cartes, table et ancre.
Les vents marins se meuvent, équanimes.
Je suis attentif.
Présence, magie.
Participation.

Pour beaucoup, une des notions les plus difficiles à intégrer est assurément celle de réconcilier les esprits du dévouement à celui du jeu. Sans la rigueur du premier, tout jeu n'est que divertissement, et sans la légèreté du deuxième, toute discipline devient violence. Malgré tout, l'esprit du jeu est un puissant moteur qui autorise la créativité à s'exprimer librement, à l'émerveillement de nous interpeller et à la curiosité de nous motiver. Il nous accorde l'innocence, propre à un esprit ouvert, nécessaire pour voir la magie qui opère dans nos vies. Tout comme il peut être difficile d'arrêter un bon film en plein milieu sans se languir d'en connaître la fin, notre quotidien peut être une véritable saga, faisant de chaque expérience un nouveau chapitre à l'intrigue. Peu importe la forme que prendra ces expériences, qu'elles soient de nature physiques, mentales ou spirituelles, qu'elles prennent place dans nos relations, notre travail ou nos réflexions, elles contribuent toutes à l'histoire passionnante qu'est notre vie. L'esprit du jeu a ce pouvoir de nous placer au centre de cette histoire, comme personnage principal bien sûr mais également comme spectateur, commentateur et observateur. Par l'entremise des réflexions suggérées dans cet ouvrage, j'espère contribuer à votre soif de jouer pleinement à ce jeu miraculeux qu'est votre existence… ce jeu mystique qui consiste à distinguer le faux du vrai, et plus spécifiquement, à rompre le charme des croyances pour enfin *savoir*.

Mais… savoir quoi au juste? Voyons, ne déconnez pas! Vous ne vous attendez certainement pas à ce que je vous révèle le *punch* du livre! Et qui sait… peut-être que vous seul détenez la réponse à cette question! Je dirai simplement ceci; le *punch* mentionné risque bien plus d'être un début qu'une fin, et c'est après celui-ci généralement que l'histoire commence réellement. Trêve de mystères, les mots composant ce livre s'étant rendus jusqu'à vos yeux, il vous appartient maintenant de les rendre salvateurs en tentant, si le coeur vous en dicte (*sic*), de les greffer aux vôtres. Il vous revient d'habiter votre réalité et ce livre n'est que mon humble effort pour vous encourager à le faire, et ce, par et pour vous-même, en pleine résonance avec votre nature profonde.

Honnêtement, je ne sais pas ce dont notre monde à besoin. J'ai écrit cette phrase avec aplomb et assurance, non pas dans un esprit de défaite ou de résignation. Je ne prétendrai jamais savoir… sauf pour un détail: je crois qu'un des buts actuels de la quête de l'humanité, notre quête à tous, est de voir un nombre grandissant d'humains vivre avec intégrité. Je ne sais pas à quoi ressemblerait un monde où l'état d'éveil serait la norme, mais une chose est certaine, c'est qu'il serait plus vrai, plus cohérent avec l'essence et le flot des vérités. Il serait plus grand, moins artificiel, infiniment plus magique, et incarnerait sans aucun doute l'image même de l'harmonie universelle.

Nous voici donc aujourd'hui, moi et *Zinfaendel*, habités de l'espoir de vous émouvoir, de vous choquer, de vous réconforter, de vous laisser à vous-même comme de vous soutenir, mais surtout, d'illuminer votre regard à qui vous êtes réellement… vous, point de conscience divin, aussi miniature qu'éternel.

Chapitre II

Il est bien sûr courant pour les artistes et autres créateurs, de générer ce qu'ils désirent voir exister qui n'existe pas déjà. Ainsi, mon espoir est d'arriver à créer un ouvrage unique en son genre que je souhaite voir se distinguer par son ton, la livraison de son contenu et son originalité. Mes raisons pour l'écrire, quant à elles sont tout à fait banales. Elles se résument en deux besoins: celui de l'écrire, et celui qu'il soit disponible pour tous. Le premier besoin est évidemment personnel. Le deuxième, quant à lui, en est un que je perçois pour l'extérieur. J'explique.

Synthèse

N'étant pas spécialement intéressé par les motos ou par les femmes ayant la moitié de mon âge, ni par les clichés d'ailleurs, il me fallait quelque chose de plus substantiel pour canaliser le type d'énergie émergente pendant ce qui semblait être une crise de milieu de vie. Faisant face à cette même énergie transmutative, l'artiste Alan Moore* décida pour lui-même en atteignant la quarantaine de rendre sa vie plus intéressante en se proclamant… magicien (plus du genre d'Aleister Crowley que de Harry Potter ou de Houdini). Déjà, ce type d'avenue m'apparaissait plus inspirante, mais bien que le titre de magicien ne me déplaise pas, j'observais qu'il me fallait quelque chose de moins spécifique, de plus fluide et mutable. Peut-être un peu moins clinquant aussi.

C'est là que le terme « mystique » a résonné dans mon esprit, une fois puis deux puis à répétition au fil des mois, pour me pousser enfin à aller investiguer sa définition. Je fus en effet bien étonné de constater que ce terme, même selon sa définition conventionnelle, décrivait déjà très bien tant ma personnalité, que mes intérêts et mes motivations. En effet, mon quotidien étant caractérisé par une recherche d'union avec le divin, je reconnaissais ma personnalité dans la caractérisation du terme par le dictionnaire. Ainsi donc, contrairement à Moore qui marqua dans le temps sa nouvelle identité de magicien, j'observais plutôt ce que j'étais malgré moi devenu: j'avais plus ou moins toujours eu la fibre mystique. Moins excitant que l'idée de se réinventer, ce constat m'a apporté une certaine force, une certitude qui m'a toujours fait défaut. Pour la première fois de ma vie je voyais une figure se dessiner dans un miroir qui n'avait jamais affiché qu'une sorte de « flou potentiel ». Métamorphose et transmutation faisant partie intégrante de la voie du mystique, le reflet demeurera certainement toujours en mouvement, mais une sorte de noeud central, un coeur lumineux, avait alors pris forme. J'étais, et suis toujours, mystique.

Pour cette seconde moitié de ma vie donc, je n'allais pas me réinventer. J'allais plutôt, au risque de sonner grandiose, naître vraiment. J'allais enfin habiter ma vie, mais pour être et agir en réelle cohérence avec ce coeur de

* *Artiste britannique connu notamment pour la création des bandes dessinées* Watchmen *et* V for Vendetta, *toutes deux portées au grand écran au début des années 2000.*

Lumière en mon centre, il me fallait d'abord faire une sorte de travail de synthèse. Faire liste des pièges et des succès, des « règles » de ma personnalité propre, de mes rares certitudes, des questionnements les plus fertiles en gnose, des exercices et pratiques auxquelles je me suis adonné, etc. Succinctement, faire l'inventaire des outils à ma disposition, déterminer leur utilité et évaluer leur efficacité. Plus simplement encore, distinguer pour et par moi-même, le faux du vrai.

Bien qu'il s'agirait sûrement d'un travail demandant, je me retrouvais vivifié à l'idée de l'accomplir, rempli d'une assurance apparemment peu commune pour quelqu'un traversant cette dite crise de milieu de vie. À vrai dire, je n'ai pas ressenti le doute et la confusion d'ordinaire attribuée à cette période de la vie. Le terme « crise », dans mon cas du moins, ne s'y applique pas. Inversement, je me découvrais à présent fort de cette vision du portrait global de ma personne, de mes filtres et biais, de mes forces et lacunes, de ma psychologie, mais surtout à l'aise avec les repères qui se déplacent ou disparaissent au gré des vents changeants. Mes vrais repères, je l'observe maintenant, transcendent les limites de la logique et des circonstances. Les réalités matérielles sont de loin plus instables que mes observations métaphysiques. Ces dernières contribuent à mon ancrage dans la réalité de manière bien plus fiable que ne pourraient le faire argent, carrière, « standing », croyances, ou tout autre acquis relatif à une société qui elle-même semble être à la dérive.

Et c'est justement suite à cette constatation que j'ai senti important pour notre monde, vu son état ainsi que celui de ses habitants, d'écrire ces pages. Comment est-ce que j'arrive à non seulement bien m'adapter à ces énormes changements planétaires apparents et même à être habité d'un certain optimisme alors que la plupart des gens semblent considérer que tout s'écroule? Il me fallait trouver ces réponses en moi-même et les partager. Je suis fortuné et gratifié de ma situation; il est donc de mon devoir de permettre aux gens, s'ils s'y sentent interpellés, de profiter de mes expériences et découvertes. Ainsi, je les mets à la disposition de tous.

L'Autonomie radicale du mystique

Rien de ce monde n'est détruit qui n'était pas destiné à l'être un jour. Il en va de même pour nos circonstances personnelles, qu'elles soient d'ordre relationnel, financier ou physique. Il s'adonne simplement que nous sommes incarnés en ce moment, témoins des événements, vivants dans l'océan d'informations de cet espace-temps. Notre difficulté à traverser les périodes perçues comme étant difficiles n'a d'égal que l'ignorance de notre nature profonde. Autrement dit, l'aisance avec laquelle nous nous adaptons aux circonstances est le reflet de la connaissance que nous avons de nous-même.

En toute franchise, il m'apparaît presque cruel d'écrire l'énoncé précédent. Non seulement nos systèmes n'encouragent pas l'introspection nécessaire à se découvrir en profondeur, mais de plus, les rouages de cette exploration sont d'une telle singularité qu'il serait impossible d'en faire un programme assez homogène pour être adapté aux masses. Pour terminer, il n'est pas totalement impossible que certaines personnes influentes profitent de cette déconnexion interne chez le peuple et donc s'efforceraient de la maintenir. Cette ignorance de soi ainsi que les comportements qui en découlent ne sont alors dus qu'en infimes parties à la stupidité ou à la malfaisance des gens. Dans une certaine mesure donc, on ne peut donc reprocher à l'humanité son inconscience. Un système d'éducation idéal, de mon point de vue bien sûr, mettrait l'accent sur l'autonomie de l'individu. Il apprendrait à penser, à créer par lui-même. Il apprendrait même à apprendre, et ce, en fonction des spécificités de sa personne. Dès le plus jeune âge on ferait l'expérience d'expérimenter, sur soi-même et dans la réalité, aux aguets de ce qui résonne ou non en nous-même. Bien vite, je crois que nous verrions prendre forme une humanité non seulement forte

                    1ère partie: Zinfaendel révélé

d'individus plus sages et souverains. Autrement dit, de plus en plus de gens penseraient et agiraient par eux-mêmes usant du discernement qu'ils auraient développé dès l'enfance, plutôt que de remettre la responsabilité morale de leurs actes entre les mains d'une institution ou d'une autre. Je conviens cependant que ces idées sont loin d'être nouvelles. Si elles n'ont pas été intégrées à nos systèmes, c'est peut-être parce que les adapter à large échelle demanderait un changement radical de nos valeurs de sociétés. En fait, peut-être qu'un bouleversement serait requis qui aurait pour effet de remettre en question la prévalence du matérialisme. À vrai dire, je ne suis pas certain que cette tâche soit réalisable à court ou moyen terme. C'est d'ailleurs et entre autres pourquoi je crois préférable de mettre l'accent sur l'expansion de notre propre champ de conscience, plutôt que sur la modification des systèmes.

Cependant, qu'elles soient endémiques ou corrigibles, les lacunes de nos systèmes et institutions créent un besoin pour ce type de livre. Beaucoup se retrouvent démunis devant l'ambiance de chaos et de tension post-pandémique, parce que nos rêves et repères s'évaporent, parce que notre rapport aux autres et à soi-même est en pleine mutation. D'autres n'ont jamais eu besoin de catastrophes mondiales pour ressentir tout ces chambardements en eux. Peu importe si ce sentiment de dérive est récent ou habituel, il est possible de s'ancrer à une partie plus profonde de soi et d'adopter un point de vue plus clair et vaste des circonstances dans lesquelles nous nous retrouvons. Cependant, une sorte d'autonomie radicale et une attitude *D.I.Y.* * sont souvent requises pour y arriver. Par l'entremise d'explorations pratiques, psychologiques et métaphysiques, nous tenterons de dévoiler pour soi-même, à l'aide de cet ouvrage, les vérités les plus fondamentales sur lesquelles il sera possible de s'appuyer pour croire et agir.

----

* *Acronyme anglais pour do-it-yourself. En français, « fais-le par toi-même ».*

Nous sommes plus que jamais témoins des limites de nos systèmes. Bien que la faute n'ait pas été de les créer, la dépendance à ceux-ci représente un obstacle sérieux pour la souveraineté, et même pour la maturité de la personne. Enfants, la plupart d'entre nous comptaient sur leurs parents pour leur garantir éducation, subsistance et protection. Adultes, nous commettons généralement l'erreur de transférer ces attentes sur les institutions en tous genres, les blâmant ainsi quand elles échouent à subvenir à nos besoins. De plus, notre besoin le plus fondamental ne peut quant à lui être comblé par une tierce entité: *être habité d'une impression profondément ressentie que notre vie est significative est un besoin primaire et primordial, et y répondre est une tâche qui ne revient qu'à l'individu.* Je ne suis pas encore certain si ce sens doit être recherché et découvert ou plutôt créé volontairement, mais assurément, c'est par soi-même et seulement par soi-même qu'il est possible de le voir manifesté. Il m'est donc impossible de vous inculquer quoique ce soit d'entièrement adapté à votre situation. Il se peut d'ailleurs que cette impossibilité explique pourquoi une si petite quantité de matériel ayant comme sujet principal la voie de l'autonomie ait été produite. Comment décrire une « voie sans voie »? Comment pointer vers un chemin qui n'apparaît sur aucune carte? Un tel but m'apparaît comme inatteignable et… c'est très bien ainsi. La voie pour laquelle on peut indiquer l'emplacement ne peut être ni vraie, ni la vôtre. Mon rôle se limite à stimuler votre recherche personnelle, car c'est par le vécu que vous trouverez votre voie. Telle est la nature du Grand Jeu: découvrir par l'*expérience directe*.

Pour résumer, le deuxième besoin mentionné en introduction de chapitre est l'existence d'un ouvrage évoquant la saveur d'une vie réellement incarnée. En d'autres mots, je perçois un vide à combler dans les écrits spirituels et philosophiques, car rares sont ceux qui retournent constamment le lecteur à lui-même, allant jusqu'à l'inviter à aborder ses propres croyances avec une forme saine de scepticisme. En prônant une approche plus tangible, plus pratique et expérientielle que les milliards de poèmes, enseignements et évangiles déjà écrits, *Zinfaendel* vise à connecter le lecteur à ce point lumineux qui précède les pensées, traditions, philosophies et idéologies. Autonome, le lecteur pourra ainsi s'enquérir des fondements les plus inébranlables de sa réalité propre. Il n'est pas courant de rencontrer des ouvrages qui proposent cette approche *D.I.Y.* de la spiritualité, une approche essentiellement mystique, et c'est pourquoi je crois qu'un besoin existe pour ce livre.

Foi

À bien y penser, je crois qu'un troisième besoin justifie l'incarnation de *Zinfaendel*. Plusieurs se trouvent actuellement sur ce chemin sans voie, ou du moins l'ont déjà emprunté. Le doute en faisant partie intégrante et les repères n'étant visibles que pour l'adepte, il se peut qu'il perde fréquemment confiance en sa démarche, tout comme il m'est si souvent arrivé de la perdre. Il se peut qu'il croie que d'autres soient plus avancés que lui, plus illuminés et plus sages, et que leur voie personnelle ou traditionnelle est évidemment supérieure à la sienne. À toi, adepte de la voie mystique, je dis ceci car peut-être as-tu besoin d'entendre ces mots; la lumière sur ton visage ne peut appartenir qu'à un autre. Celle qui t'illuminera et insufflera ta vie de Vie n'a de siège que dans ton propre coeur, et nul autre ne peut en révéler le chemin. Je ne peux dire si, en ce moment, tu vis de manière intègre ou si tu es sur la bonne route, mais sois rassuré: *ta démarche est valide*. Si tu es à la fois rigoureux et souple, elle te mènera beaucoup plus près de ta Lumière que n'importe quelle autre voie. Ce ne sont que des mots bien sûr et s'ils ont un certain pouvoir, il ne peut qu'être éphémère. Mais s'ils font effectivement résonner en toi un sentiment de confiance, sache que ses racines s'agrippent déjà au sol de ton esprit.

Au-delà des besoins perçus qui motivent l'écriture de ce livre, une foi profonde m'anime à le créer. Cette foi tout d'abord en ma capacité de l'écrire, mais aussi en son pouvoir transmutateur sur moi, personnellement. Je suis également habité de la foi que votre soif de vérité vous assistera dans votre lecture, qui elle contribuera à l'élargissement de vos horizons, à entrer en contact avec ce sens profond et intime de vivre. Ultimement, je crois avoir foi en l'humanité, qu'elle arrivera enfin à passer au prochain « niveau » de son incarnation sur Terre… qu'elle est capable de s'intégrer à son environnement en suivant la Nature dans l'harmonie de son ordre et de son chaos.

Chapitre III

Sur mon chemin jusqu'à présent, j'ai croisé très peu d'ouvrages et d'auteurs explorant des concepts ésotériques, philosophiques, métaphysiques et théologique tout en proposant des méthodes principalement basées sur l'expérimentation et le scepticisme. Rares sont ceux qui mettent l'accent sur leur application concrète et sur l'observation de leurs réels impacts, et il est encore plus exceptionnels d'en rencontrer qui visent de ramener constamment l'adepte à sa propre perception ressentie. Ainsi, on retrouve habituellement ce genre d'écrits sous une catégorie ou une autre, notamment celles des textes :

→ philosophiques, parfois opaques et destinés à ceux stimulés par la réflexion intellectuelle, offrant souvent peu en matière d'applications concrètes;

→ issus de traditions religieuses (j'inclus ici celles qui ne sont parfois pas considérées par leur pratiquants comme des religions, par exemple, le

Bouddhisme et le Taoïsme) listant préceptes, croyances et pratiques avec une certaine autorité;

→ décrivant certain principes et rituels de magie, laissant souvent de coté les implications les plus profondes de la manifestation, comme la notion de désir d'un point de vue tant spirituel que psychologique;

→ de *self help* suggérant des méthodes pour « devenir de meilleures personnes », ou encore, « s'épanouir et se réaliser », en se tenant plutôt en surface d'un point de vue psychologique et/ou philosophique;

→ de fiction, appelés parfois récits *initiatiques*, qui eux requièrent des capacités d'introspection et d'empathie suffisantes pour être ressentis et intégrés comme des enseignements, plutôt qu'en tant que belles histoires divertissantes.

Comprenez-moi bien: mon intention n'est *aucunement* de dénigrer ces types d'ouvrages. Toutes ces formes d'écritures sont bien sûr imprégnées d'un potentiel illuminateur et fonctionneront à divers niveaux d'efficacité selon la personnalité de l'individu qui s'y expose. D'autres parts, plusieurs d'entre eux ont contribué à mon appel à rédiger *Zinfaendel*.

Mais cela dit, à quoi s'apparenterait un ouvrage sur une voie mystique de l'autonomie si:

→ aucune philosophie ne peut caractériser entièrement cette voie, elle-même hautement subjective?

→ croire aveuglément les préceptes d'une tradition ou d'une religion implique de remettre son pouvoir entre les mains de quelqu'un d'autre?

→ tenter de manifester nos désirs à l'aide de principes et rituels magiques sans d'abord comprendre les fondements paradoxaux de l'action est essentiellement agir de manière inconsciente?

→ appliquer systématiquement une méthode de pensée et des principes de communication sans avoir pris conscience de nos biais et contradictions préserve l'individu de l'action juste ainsi que de sa réelle liberté?

→ se contenter d'être exposés à de grandes leçons et illuminations par l'entremise de personnages imaginaires (ou imaginaux) nous préserve d'une réelle intégration de celles-ci?

Assurément, on y retrouverait des échos de tous ces exemples car la réflexion, les traditions, la magie, la créativité, l'expérience directe et l'imagination sont toutes des outils à la disposition de l'adepte pour se révéler à soi-même. Ainsi les pages du présent ouvrage sont peuplées de questionnements sérieux, de concepts spirituels variés, d'histoires, de métaphores, d'analogies, de poèmes, etc. Après tout, cette voie mystique est passionnante car elle se vit sur une grande variétés de plans, s'exprimant dans l'humain dans sa totalité.

Quoi qu'il en soit, ce livre se distingue peut-être encore plus par ce qu'il n'est pas. Tout d'abord, comme il vise à développer le discernement chez le lecteur, il offrira beaucoup plus d'interrogations que de réponses et devra donc être constamment remis en question. Vous n'y trouverez donc pas la sécurité des croyances et des dogmes. Puis, sa mission principale étant d'aider l'adepte à reconnaître l'arôme, la texture ou la couleur de sa propre voie, cet ouvrage suggère beaucoup mais ne promet rien. *Aucune recette du bonheur ici.* Ce livre n'offre pas qu'un point de vue unique et de multiples contradictions et paradoxes y sont parsemés. Il n'est pas non plus positif dans son essence et bien que vous y trouverez parfois douceur et réconfort, il sera aussi parfois dur, sévère, parfois même brutal. *Zinfaendel* est à la fois aimant et impitoyable, et requiert de l'adepte de l'être tout autant face à soi-même. Pour terminer, ces écrits sont incomplets. Ils ne sont pas véridiques. Ils pointent uniquement vers des mystères qu'il vous appartient, à vous seul, d'élucider. Il ne contient aucune vérité qui ne vive pas déjà en vous.

Jusque là, le plan de ce livre n'apparaît peut-être comme rien de plus qu'un fouillis d'idées incongrues aléatoirement regroupées, mais sa cohérence ne se trouve pas dans sa forme. On la trouve plutôt dans son esprit, tout comme la voie mystique arbore des milliers de masques pour exprimer sa nature unique. En réalité, même le sujet principal de ces pages pourrait donner l'impression de changer au fil de sa lecture et ce, suivant votre degré d'implication personnelle. Il débutera peut-être comme un ouvrage gnostique à saveur philosophique ou un simple recueil de principes et pratiques ésotériques, mais si vous mettez votre coeur et votre intention à sa considération, c'est vous-même qui en deviendrez le personnage central.

En vérité, c'est VOUS qui êtes le sujet de ce livre et c'est ce qui, de surcroît, en fait l'unicité.

 1ère partie: Zinfaendel révélé

En rédigeant *Zinfaendel*, j'ai pris grand soin de me tenir aussi loin que possible d'idéologies trop spécifiques. La vision proposée dans ce livre précède les inclinaisons politiques, les traditions religieuses et culturelles, ainsi que toutes formes d'activisme. Selon cette vision, l'adepte cherchera avant tout à placer le point focal de sa conscience là où les pensées, concepts, croyances et opinions n'ont pas encore pris forme. Cependant, je n'ai pu me détacher entièrement d'une philosophie en particulier: celle de l'*esprit D.I.Y.*, du « fais-le par toi-même », car afin d'adopter cette vision entièrement dépouillée du véhicule de l'ego, l'adepte ne peut ultimement compter que sur lui-même.

Autodidacte de nature, j'ai été très tôt dans la vie interpelé par cette approche, tant pour mon éducation que pour mes entreprises personnelles et professionnelles. J'ai d'abord été inspiré par les mouvements punk et « grunge », plus précisément par la notion rattachée qu'il est préférable de n'attendre l'approbation d'aucune forme d'autorité pour permettre l'expression et la réalisation personnelle. Apprendre en faisant, évoluer par l'expérience et l'autocritique, en laissant à l'expression, à la curiosité et à l'émerveillement le rôle de motiver nos actions.

En toute honnêteté, c'est en premier lieu par pure nécessité que j'ai cru bon d'adopter cette attitude face à la vie. Marginal, ou peut-être marginalisé, j'ai formé dès l'enfance la croyance qu'aucun système ne pourrait contribuer à mon épanouissement, ou même à ma survie. Au fil des ans et des expériences, j'ai appris à réellement apprécier la liberté que me permet cette façon d'appréhender les gestes créatifs et générateurs, de me manifester dans ce monde. Cependant, ce n'est que dans les dernières années que j'ai réalisé que cette indépendance de penser, d'agir et de s'actualiser non seulement s'inscrivait dans une démarche profondément spirituelle, mais qu'elle représentait le pilier *central* de la voie mystique. C'est d'ailleurs ce qui connecte entre eux les plus sages mystiques de différentes traditions: avant la forme vient la Lumière de l'individu, et ceux qui en sont éclairés se reconnaissent, même dans le silence.

J'ai tant souhaité produire un ouvrage véritablement universel mais malgré mes efforts pour le rendre réellement accessible, je dois admettre qu'une importante limite s'impose sur l'efficacité de son message. Il va de soi que rien ni personne ne peut garantir gnose ou illumination, mais même pour recevoir le propos de base de *Zinfaendel*, l'aptitude à prendre sa propre spiritualité en main est essentielle. D'ailleurs, sans cette qualité qui distingue le mystique du fanatique et du profane, il m'aurait été impossible d'écrire ce livre de manière à ce que le message se rende aux pensées et au coeur de quiconque serait démuni d'une certaine autonomie. Fermement convaincu qu'aucune illumination n'est possible sans l'intervention d'un guide spirituel, ou catégorique qu'aucune voie n'est valide si elle ne s'appuie pas sur une quelconque tradition millénaire, tout adepte ne recevrait de ce livre qu'un vent nauséabond en plein visage. Les mots de cet ouvrage sont de puissants catalyseurs, mais sans la substance d'unicité et d'indépendance, leur potentiel ne peut être réactivé.

 1ère partie: Zinfaendel révélé

Jetons donc tout de suite cartes sur table:

Vous cherchez un livre simplement pour hocher de la tête en signe de confirmation, ou encore pour raffermir ce en quoi vous croyez déjà?

Veuillez remettre *Zinfaendel* là où vous l'avez pris.

Vous espérez des réponses claires, des règles à suivre, une recette pour la liberté?

Zinfaendel vous décevra.

En revanche, si vous êtes prêts à courageusement exposer les rouages du véhicule de votre ego, *Zinfaendel* vous assistera.

Si vous êtes déterminé à dissoudre les concepts de bien et de mal afin de vous les réapproprier, de les réinventer, *Zinfaendel* vous accompagnera.

Ensemble, devenons témoins des premières éclosions et des vents divins. Offrons-nous l'opportunité d'un regard sur l'intemporel. Ensemble, tendons l'oreille aux parfaites distorsions de la Nature.

On se donne rendez-vous au sommet de vous-même.

2ème partie:
« Nosce te ipsum »

Chapitre V

Si la maxime *Connais-toi toi-même* fut gravée dans un mur du temple d'Apollon (à Delphes, en Grèce) il y a de ça plusieurs centaines d'années avant l'ère actuelle, sa signification est à ce jour débattue par les penseurs et philosophes modernes. En effet, se connaître soi-même demande entre autres de qualifier la substance de l'humain, ce qui est, on s'en doute, loin d'être tâche facile. C'est peut-être grâce à cette aura de mystère que cette notion a traversé les cultures et, sous une forme ou une autre, pratiquement *tous* les grands courants théologiques et philosophiques.

Lao Tseu, acteur important du Taoïsme, l'évoque dans le populaire verset 33 du Dao de Jing:

Elle forme aussi un des principes de base de plusieurs traditions philosophiques indiennes et ce, bien avant que les Grecs y fassent allusion. Selon Swami Krishnananda, la connaissance de soi est à l'essence des Upanishad* et mène à la réelle liberté:

On retrouve aussi le principe évoqué par les chrétiens gnostiques, notamment dans l'évangile selon Thomas, entre autres dans les versets 3 et 70. Il est aussi intégré dans le bouddhisme avec une plus grande emphase sur la transcendance du soi. Les kabbalistes le considèrent aussi d'une grande importance. Puis, plusieurs écrivains, philosophes et mystiques de l'Islam l'identifient comme une notion centrale de leurs enseignements, certains en attribuant même différentes versions au Prophète lui-même.

L'adage généralement attribué à Socrates a bien sûr aussi traversé les époques. Une si grande multitude de penseurs modernes et contemporains font mention de son importance qu'il serait futile de tenter de les énumérer. On voit même apparaître la mention *Temet Nosce,* une des versions latines de la phrase, à l'entrée de la cuisine de l'oracle dans le film *La Matrice* (1999).

Les mentions de *Connais-toi toi-même* fusent de partout, dans l'espace comme dans le temps, suggérant que la maxime s'impose comme étant *le*

---

* *Un des ensembles de textes, faisant partie des Vedas, sur lesquels est basée la religion hindoue.*

coeur-même de la voie mystique, et ce, peu importe si la quête s'effectue par l'entremise d'une tradition spécifique ou non. Pour cette raison et d'une certaine manière, ce livre en entier traite de cette quête de connaissance de soi, et ainsi vise à proposer des pistes pour s'engager sur cette voie.

C'est au coeur du mystique, dans *votre* coeur, que réside la porte vers l'illumination. Aucune autre n'y mène, mais sachez que derrière celle-ci, des milliers d'autres attendent d'être ouvertes, rendues accessibles à votre présence lumineuse.

Que signifie se connaître?

Bien sûr, il n'y a pas réellement de consensus sur le but ultime d'une tâche aux formes aussi variées que celle de se découvrir. D'autant plus que, ça va de soi, chaque personne est susceptible d'observer en elle-même quelque chose d'entièrement différent que ce que son voisin pourrait se voir révéler. Je ne prétendrai donc pas pouvoir vous en exposer l'objectif ou la signification, ou même devoir le faire, car je crois qu'il vous revient d'élucider ce mystère. Sinon, je pourrais vous faire part de ce que se connaître signifie pour moi. Cependant, sans votre expérience personnelle, ça ne serait qu'une belle histoire divertissante. Ou peut-être encore une nouvelle occasion d'entraver votre propre recherche en tentant, intentionnellement ou non, de vous satisfaire de mon vécu pour prétendre pouvoir répondre pour vous-même. Je vous invite donc plutôt à considérer la question d'un point de vue plus large et à percevoir les ramifications de ce que cette connaissance implique, globalement et personnellement.

Les préceptes moraux courants, acceptés et liés à nos croyances matérialistes* peuvent nous donner l'illusion de savoir qui on est, ce qui marque l'adage *connais-toi toi-même* d'un sceau de désuétude dans l'esprit de l'humain moderne. Après tout, qui nous sommes en surface est évident, n'est-ce pas? On sait quelles sont nos séries télé favorites, nos goûts pour la nourriture, les vêtements, la musique, ce qui nous fait rire ou nous irrite, etc. On sait aussi à quelles idéologies politiques on adhère comme celles qui nous répugnent, quels mots et comportements sont acceptables, ce qui nous permet d'ailleurs de séparer les bons des méchants de ce monde. C'est d'ailleurs bien pratique pour s'identifier soi-même comme un « gentil » et ainsi se conformer aux bons préceptes. On croit percevoir la nature de nos rêves, de nos aspirations, et ce peu importe si on parvient ou non à les concrétiser. On s'enorgueillit aussi de connaître notre corps, parfois plus encore après avoir reçu l'avis d'un professionnel de la santé à son sujet. Là où cette façon de se « connaître » devient problématique, c'est qu'elle est de manière générale entièrement dépendante et relative à ce qui nous est extérieur. Ces termes dépendent d'ailleurs en très grande partie de l'état du système économique, qui on le sait, fluctue en fonction des intérêts financiers d'une poignée d'individus. En effet, qui sommes-nous si personne ne crée les séries télé, si notre nourriture favorite n'est plus produite, si nous ne pouvons plus nous vêtir d'une manière qui représente qui nous sommes ou notre place dans la société? Qui sommes-nous si le métier auquel nous avons passé tant d'années à travailler pour apprendre et pratiquer devient désuet du jour au lendemain? Et qu'en est-il de nos rêves si les structures desquelles ils dépendent s'effondrent, ou pire, si les circonstances ne nous permettent même plus de contribuer à leur réalisation?

Qui serions-nous, par exemple, dans l'isolation la plus totale?

----

* *Notez que dans ce livre, la définition de matérialisme est celle de la croyance que tout ce qui n'est pas fait de matière physique, donc mesurable et quantifiable, est illusoire et négligeable. Un synonyme serait physicalisme. À distinguer du terme consumérisme.*

2ème partie: « Nosce te ipsum »

Au-delà donc de ce à quoi on s'identifie qui nous est extérieur, savoir qui nous sommes implique autre chose que ce qu'il nous est possible de dire de nous-mêmes. Bien que nous puissions en décrire l'apparence, les limites et les forces, sommes-nous uniquement notre corps matériel? Est-il suffisant pour englober la quintessence d'un humain de pouvoir en énumérer ses prouesses physiques ou les maux qui l'affligent? Et si, peut-être après des années de thérapie ou de journalisation, nous connaissons très bien notre propre histoire, nos exploits et traumas, est-ce que cela suffit à nous définir, définitivement? Ou encore, est-ce qu'une personne se résume à ce qu'elle sait ou non faire? Ou même à ce qu'elle *peut* faire? Après tout, nous sommes pour la plupart bien entraînés à croire que l'humain est réduit à ses aptitudes, le but de l'éducation étant, semble-t-il, uniquement de trouver quelle sera votre carrière et comment vous pourrez être utile à la société. Pour preuve, après notre nom, on mentionne généralement notre emploi pour signifier qui nous sommes. Avez-vous adopté cette croyance pour vous-même? Votre essence se limite-t-elle à vos compétences, vos capacités ou votre éducation formelle? La question inverse est aussi importante à se poser, car elle exprime la même croyance; en êtes-vous venus à croire que vous n'êtes rien de plus que la somme de vos inaptitudes? De ce que vous considérez être vos lacunes? En somme, n'êtes-vous rien de plus que l'ensemble de vos expériences et occupations?

Certains d'entre-vous ayant déjà entrepris ce qu'on appelle communément une démarche spirituelle auront vite fait de répondre à toutes ces questions de manière uniforme: « Non, tout ceci n'est pas moi. Je ne suis pas un être physique ayant une expérience spirituelle. Je suis une âme ayant une expérience corporelle », ou quelque chose du genre. Ce qui m'amène à la prochaine question. Êtes-vous réellement sûrs que vous n'êtes pas ces choses? Est-ce que vos décisions et actions reflètent concrètement cette prétention? Croyez-vous n'être essentiellement qu'un amas vaporeux d'énergies psychiques, flottant dans un océan de potentiel infini? Si une voiture vous heurte, êtes-vous honnêtement capable d'affirmer que la voiture, tout comme la douleur physique due à vos os fracassés, ne sont qu'illusions? Ne salivez-vous pas devant votre plat favori? N'êtes-vous pas irrités par des vêtements inconfortables? Dégoûtés par ce que vous croyez être une mauvaise odeur? Enchantés par votre musique préférée? Puis, devant les désastres guerriers, environnementaux, moraux et économiques, devant les sourires aimants et l'idée de la paix sur Terre, devant un paysage majestueux, restez-vous réellement de glace, vous complaisant dans l'idée que tout n'est qu'illusion? Et si oui… que reste-t-il de votre humanité? Autrement dit, si vous reniez réellement vos corps, vos émotions, votre psychologie ou encore, votre ego comme étant simplement *Maya*, l'illusion, qui êtes-vous concrètement? Est-ce que vos gestes, paroles et décisions reflètent réellement cette… croyance?*

L'ultime question à poser quant à la signification de la connaissance de soi serait peut-être alors la suivante: *l'humain se résume-t-il à ses croyances*? D'une certaine manière, on s'approche de quelque chose de plus substantiel en soulevant ce point car la majeure partie du temps, c'est ce en quoi nous croyons qui nous anime dans ce monde. Nos croyances influencent constamment nos décisions de vie, de la plus simple à la plus conséquente. Nous recyclons parce que nous croyons détruire la Terre. Nous pleurons quand une personne qu'on croit merveilleuse nous refuse son affection. Nous détestons ceux qu'on croit menacer nos droits et libertés, ceux qu'on croit injustes et jugeants, ou simplement qu'on croit différents. Nous achetons, consommons, votons, travaillons, étudions, nous marrions (ou non), procréons (ou non) en fonction de nos innombrables croyances, et quand nous sommes dans l'impos-

---

* *Parce que nous sommes encore au début du livre, je précise que sans vous poser réellement, durement toutes ces questions, en vous méfiant tout particulièrement si vous pouvez y répondre automatiquement, cet ouvrage et sa lecture ne vous seront pas d'une très grande utilité. Je ne peux mettre assez d'emphase sur l'importance de ce point, comme sur celui qu'il n'existe objectivement aucune bonne ou mauvaise réponse à ces interrogations.*

sibilité d'agir selon elles, nous nous anesthésions, nous déprimons, souffrons, agonisons. Essentiellement, *ce que nous croyons dicte ce que nous créons et détruisons*. Est-il alors suffisant de connaître quelles sont nos croyances pour savoir qui nous sommes? L'humain n'est-il rien de plus que la somme de ses croyances si elles dictent l'ensemble de ses émotions, pensées et actions? Svp, ne prenez pas cette question à la légère, car que reste-t-il de l'individu, à part son enveloppe charnelle, en faisant abstraction de ses émotions, pensées et actions? Les croyances qui le motivent? À vrai dire, les effets placebo et nocebo démontrent que même notre réalité physiologique est influencée en grande partie par nos croyances. Il semble qu'absolument tout soit d'une manière ou d'une autre aiguillé par ce que nous acceptons ou rejetons, mais un nouveau problème surgit: combien de fois nos croyances se sont révélées inexactes, incomplètes ou non fondées? Combien de fois avons-nous causé du tort, en croyant pourtant bien faire? Combien d'atrocités doivent encore être commises au nom de nos croyances, qu'elles soient d'ordres moral, politique ou religieux? Et s'il nous est impossible de savoir de manière *absolue* si une croyance est juste et effectivement ancrée dans la vérité, est-il préférable de ne croire en rien, ni même en l'amour? Ni même en la beauté? Sans croyances, pourquoi même sortir du lit, se nourrir ou s'habiller?

Comme l'écrivain et philosophe Albert Camus le dirait:

> *Devrais-je me tuer*
> *ou boire une tasse de café?*

Mais attendez… c'est de la folie tout ça! Même la croyance populaire que cette phrase fut écrite par Camus est… fausse?! Il n'aurait jamais écrit des mots!? C'est si étourdissant! Si RIEN n'est ultimement vrai, TOUT est illusion et recouvert du voile de Maya, qui suis-je!??! Que suis-je?!?!

Stop! Empressons-nous de regarder tout ça de manière plus large avant de sombrer dans le nihilisme, assurément d'ailleurs un des plus redoutables pièges de la voie mystique. Allez, retirez cette corde d'autour de votre cou et descendez de ce tabouret. Respirez, tout va bien. Récapitulons calmement. Si nous ne sommes définis ni par nos goûts, notre apparence, nos opinions, notre métier ou notre situation financière, ni par nos comportements, notre corps matériel, nos aptitudes ou nos limites, puis pour finir, ni par nos croyances, que reste-t-il de nous-même? S'il ne suffit pas de pouvoir énumérer tous ces détails de notre personne pour prétendre savoir qui nous sommes, qu'est-ce que ça signifie de se connaître? Bien sûr, beaucoup se satisferont de ces différents paramètres pour se définir. C'est sûrement même le cas pour la plupart des gens. D'ailleurs, si vous faites partie de ce groupe, ce chapitre doit vous sembler bien étrange, absurde ou carrément stupide. Peut-être même dangereux. Mais pour vous qui êtes réellement fascinés, ou même désemparés devant le mystère de l'Être, sachez que je ne suis pas insensible à votre curiosité (ni à votre désespoir). Néanmoins, je réitère qu'il vous appartient de répondre à cette énigme, par et pour vous-même. Nous parlerons plus en détails de *ce qu'il y a à connaître* un peu plus loin, mais en attendant, voici tout de même quelques pistes de réflexion.

S'il peut sembler insuffisant de résumer l'être à l'ensemble de ses croyances, sa physicalité ou à sa passion pour la cuisine Thaïlandaise, c'est peut-être parce qu'on cherche ici quelque chose, disons, d'immuable. Et si tous les éléments vus à présent sont sujets à changer, certains même très fréquemment, ils gravitent néanmoins autour d'un noyau central qui lui demeure constant. Constant et… ineffable, indescriptible, expliquant pourquoi je vous rabats les oreilles avec la notion que vous devez faire l'expérience de ce noyau par vous-même. Se connaître se résumerait-il alors à l'expérience vécue de ce noyau central, de ce point sacré? Si tel est le cas, beaucoup d'entre vous pourront ressentir du découragement. Certains se sentiront carrément démunis devant la tâche, surtout s'ils croient maintenant, grâce aux précédents paragraphes, qu'ils ne sont rien de ce qu'ils croyaient être, leurs repères maintenant incertains. Après tout, quel espoir possédons-nous de se connaître soi-même réellement, depuis ce point de transcendance, quand si peu sinon rien dans nos sociétés dites modernes ne nous pousse réellement à y accorder de l'importance? Hm. Bon d'accord. Voici peut-être un peu de quoi vous ragaillardir.

La bonne nouvelle est qu'il est probable que sans même le savoir, vous ayez déjà fait l'expérience de ce centre. Probable aussi qu'il s'agisse de la raison même vous ayant poussé à ouvrir ce livre, car ce type d'expérience nous laisse souvent avec l'impression que la vie consiste à « plus » que ce qu'on peut mesurer et percevoir de nos cinq sens. Ainsi voici une de mes croyances, qui rappelons-nous peut bien changer éventuellement, mais qui jusqu'à présent semble se confirmer de plus en plus solidement, au fil du temps et des expériences:

Dans cette quête de soi, de vérité plus grande, nous sommes assistés par une pulsion de vie primaire, celle-là même qui fait pousser les arbres et couler les rivières. Vous n'êtes donc pas seul à ressentir cet élan et il n'est *pas* illusoire. C'est ce qu'implique d'être vivant, de croître et d'évoluer. Tout l'univers non seulement vous y pousse, mais vous y assiste… non pas parce que l'univers est gentil, mais parce qu'il est synonyme de Vie. Oui, celle avec un grand V, qui englobe morts et naissances de toutes variantes. Je suis convaincu que la plupart d'entre vous ont goûté à l'essence de cette Vie. Bien qu'un certain recul vous sera nécessaire pour en prendre réellement conscience, sachez que cette expérience n'est pas réservée aux ermites, aux génies ou à quiconque possédant des aptitudes exceptionnelles développées avec effort, ou présentes naturellement. L'univers, par sa nature-même, supporte la recherche de votre profonde identité, et ce, en tous temps et qui que vous soyez.

Rassurés de ce support, terminons avec une hypothèse menant vers une réponse possible à la question initialement posée en début de chapitre. Il serait futile de faire l'inventaire de nos particularités fluctuantes, de les scruter et se définir par leurs détails, espérant ainsi que la réalité se fasse statique, parfaitement moulée à ce que nous croyons être et désirer. Cependant, le simple fait d'*observer*, d'être *témoin* de la mouvance de nos caractéristiques permettra possiblement une compréhension et un ressenti plus juste de la réelle identité de l'adepte. Nos particularités, bien qu'elles ne soient pas intrinsèquement liées à notre nature profonde, forment ce qui se manifeste de nous dans le monde. Comme elles sont issues de nos croyances, remettre ces dernières en question représente possiblement *le fondement de l'action même de se connaître*. Autrement dit, se révéler à soi-même ne consiste pas à l'accumulation de données, ou même à un apprentissage ayant pour but le développement de certaines capacités. La machine ne peut connaître la machine. Se découvrir consisterait alors plutôt à l'adoption d'une attitude générale engagée et active, une sorte de vigilance, de présence à ce qui vibre en soi comme étant la vérité. Se connaître signifierait en réalité se *reconnaître*, encore et encore, afin de s'actualiser subséquemment aux travers de nos actions, de nos paroles et… *de la formation de nos croyances*. Ainsi, celui qui se connaît, plutôt que d'être de marbre, fixé et défini dans ses plus menus détails, possède avant tout le pouvoir de se réinventer, s'adaptant symbiotiquement à ce que la pulsion de Vie lui présente d'instant en instant.

Chapitre VII

Avant toute chose, je précise et rappelle que j'ignore ce qui est réellement important pour ce monde. Cela dit, comme la Vie s'exprime à travers chacun de nous, je me permets d'exposer ce qui m'incite à percevoir la quête mystique comme étant de première importance, bien qu'il ne s'agisse que d'une série d'opinions émises de mon point de vue.

Naviguer le chaos d'un monde en transformation

Ces questions et perspectives psycho-philosophico-spirituelles peuvent sembler ennuyantes, ou même vraisemblablement terrifiantes pour une grande partie des humains de cette planète. Du moins, pour ceux dont les conditions de vie permettent encore de rêver et de se divertir par les loisirs, les relations ou le travail. Il semble plus simple de s'appuyer sur des demi-vérités et de se convaincre de leur solidité pour se procurer un semblant de contrôle sur les circonstances, que de développer l'objectivité nécessaire à percevoir les plus profondes structures de notre être. Or, nous sommes tous plus ou moins présentement confrontés à la terrible (ou excitante?) idée que le sol s'effrite à vue d'oeil sous nos pieds. Je n'affirmerais pas que notre monde tire à sa fin, bien qu'assurément il se transforme à vue d'oeil. Il ne s'agît pas de délires paranoïaques, pessimistes ou apocalyptiques; le vent tourne bel et bien. Nos présents systèmes conventionnels, tout comme les alternatives proposées par ce que certains considèrent comme « l'élite », ne peuvent supporter les rêves et désirs de tous s'ils dépendent uniquement que l'argent tourne et que la Terre soit pillée. Il est donc impératif de revoir les bases et implications du fait de rêver ou encore les mécanismes nous poussant à se fixer buts et objectifs afin qu'ils soient en accord profond avec la force de Vie qui souhaite s'exprimer par notre entremise. Ces grands bouleversements que nous traversons sont aussi et surtout signe que les fondations de nos sociétés sont assouplies, malléables, créant par le fait-même une occasion parfaite de les influencer vers plus d'harmonie. Cependant, la première étape demeure celle, eh oui, de se connaître soi-même.

De manière générale, une véritable connaissance de soi connectera directement l'individu à son environnement. S'observer implique tôt ou tard de comprendre les liens d'interdépendance qui nous connectent à tous les niveaux, ainsi risquant d'influencer *naturellement* le caractère de nos impacts sociologiques et écologiques. À son tour, cette connexion nouvellement révélée poussera l'adepte à tendre vers un certain équilibre *instinctif* interne autant qu'externe. En effet, la prise de conscience de ces liens d'interdépendance dévoile une notion qui peut sembler bien paradoxale; *la connaissance de soi-même entraîne la connaissance de son environnement.* Par ce type de connexion, il est possible de trouver une certaine stabilité *individuelle*, elle-même ressentie viscéralement, s'appuyant sur une vision personnelle claire et des expériences vécues, plutôt que sur les dires d'entités institutionnelles ou sur les potins en vogues. En résumé, se connaître rend possible l'aplomb nécessaire à une relation équilibrée tant avec soi-même qu'avec son environnement, et ce même en temps de grands remous.

INÉBRANLABLE FACE AU TSUNAMI D'INFORMATIONS

Nous avons vu précédemment le rôle prépondérant qu'occupent les croyances dans la vie entière d'un individu. Il n'est donc pas difficile d'imaginer l'ampleur de l'impact que peut avoir l'information sur les priorités et décisions de l'individu. Considérez alors ceci: si nos croyances dictent nos vies, l'information quant à elle, dicte nos croyances. Ne devient-t-il pas alors primordial de savoir *qui* dicte l'information et pourquoi? J'entends déjà près de la moitié d'entre vous crier au conspirationnisme, et l'autre acquiescer vigoureusement. Mais rappelez-vous; ce chapitre traite de la connaissance de soi, non pas des préjugés face aux croyances d'autrui ou de la prétention de connaître leurs intentions.

De manière absolue, je suggère que pour la majorité des informations qu'on reçoit, il est quasi impossible d'en vérifier la justesse et la véracité. Nous vivons après tout dans l'ère:

→ *postmoderne*: caractérisée notamment par la remise en question, et parfois même par le rejet de l'histoire, des traditions et des idéologies;

→ *de l'information*: de l'accès à celle-ci, en quantité gargantuesque, au point d'être envahis par elle, qu'elle soit vraie ou non;

→ *post-vérité*: nommée entre autre ainsi selon la notion que médias et politiciens, faisant fi de la vérité et des faits, visent uniquement divers impacts émotionnels utiles à leurs intérêts personnels, idéologiques ou financiers.

Tout pour évoquer (ou invoquer) la confusion, quoi!

Revenons donc à ce sur quoi nous avons un réel pouvoir, c'est-à-dire, nos propres croyances. Je suggérais plus tôt que de les observer rigoureusement fait partie intégrante de la révélation de notre propre nature. Ainsi il peut être libérateur de contempler non pas la véracité des informations reçues, mais plus encore, notre rapport à celles-ci. Ce que ces informations, ces idées, font vivre en nous. Je sais, c'est beaucoup moins enivrant que la dopamine générée par les boucles de rétroactions ultra-addictives générées par les médias sociaux, et choisir la vérité plutôt que le divertissement n'est pas toujours facile. À l'époque actuelle, ce choix, cet engagement envers soi-même doit être réitéré plusieurs fois par jour, par heure même, pour quiconque souhaite libérer son esprit de ce climat de conflit artificiel et hypnotique. Du moins, pour quiconque choisit également de consommer de grandes quantités d'informations. Car bien que de demeurer en relation avec son environnement peut s'avérer être un outil précieux pour l'observation de nos réactions et croyances, être en constante immersion dans les histoires, données et idéologies représenterait un défi additionnel pour quiconque souhaitant se soustraire au bruit ambiant afin de s'observer clairement.

Tôt ou tard dans le processus de connaissance personnelle, on fera face à nos propres biais, indiquant par le fait-même que tous ceux qui nous entourent subissent l'influence des leurs. En connaissant notre histoire et en ayant revisité nos traumas, il est possible en adoptant *la position de témoin* d'extrapoler, encore une fois par expérience directe, sur les fonctionnements de la psyché humaine. Exprimé plus simplement, en observant comment et pourquoi les croyances naissent en nous-même, on peut conséquemment reconnaître ces mécanismes en action chez autrui. Puis, comme cette propension pour la connaissance de soi est toujours bien peu répandue, même chez les personnalités publiques les plus influentes, il devient évident que la quasi-totalité des conflits de ce monde résulte de ce manque de perspective. Le *pattern* est omniprésent: une histoire éclate, on est choqué, on se conforme ou on se révolte, on solidifie une croyance, et on agit en fonction d'elle. Répétez le cycle, encore et encore. Quant à lui, l'adepte éveillé demeure stable dans l'agitation, habilité par la maîtrise de ses émotions et son discernement. En sachant que toutes informations émises le sont en fonction d'une multitude d'intentions et de croyances, il arrive à y réagir avec intégrité, ou parfois même à ne pas y réagir du tout. Car voyez-vous, adopter cette attitude d'observation de soi nous révèle aussi le défi de discerner ce sur quoi nous avons du pouvoir, et là où nous sommes impuissants. Là où nous devons intervenir, ce dont il est préférable de s'éloigner et ce qu'on souhaite protéger. En bref, distinguer ce qu'on a le pouvoir de changer et ce à quoi il est plus sage de s'adapter.

Une autre capacité peut aussi être rendue accessible grâce à la réalisation, plus profonde cette fois, de qui nous sommes. Par la transcendance de sa nature physique, le mystique arrive, quand bon lui semble, à percevoir le monde avec un important recul. En se posant hors de l'espace-temps, il est possible de devenir spectateur des événements dans leur ensemble et de les observer comme on le ferait pour des vagues sur une berge. Le terrier d'une famille de lièvres est détruit pour créer une route pavée qui, elle-même gît maintenant sous un gigantesque récif de corail. Une guerre se déclare au nom de la paix, puis se termine riche d'enseignements pour la génération suivante qui vivra dans une certaine harmonie, une harmonie qui sera quelques décennies plus tard, préservée au coût d'innombrables injustices. Les forêts brûlées deviennent luxuriantes, puis déserts de glace, pour ensuite reverdir glorieusement. Ainsi dansent le chaos et l'ordre, éternellement. Ça me rappelle un poème composé par un de mes personnages préférés de la tradition Zen, le moine Ryōkan, après lui-même avoir été rué de coups de bâton:

Il est ainsi possible de poser ce type de regard sur les informations qu'on reçoit ainsi que sur les émotions et croyances qu'elles suscitent, nous permettant d'y accorder une importance bien différente. Cette perspective et ses probables effets calmants requièrent tout de même un certain détachement temporaire face à nos émotions, ainsi que la capacité de s'extraire soi-même de l'équation, ou encore l'aptitude à ne pas s'inclure *égoïquement* dans la situation observée. Sans qu'il soit souhaitable pour autant d'adopter ce point de vue de manière permanente, il peut s'avérer être un excellent antidote aux mélodrames populaires auxquels nous sommes consciemment ou non attachés. Libérés de cette tempête émotionnelle, nous pouvons enfin distinguer entre croire et *savoir*, entre vivre selon une dynamique constante de soumission/opposition et vivre selon ce qui nous anime profondément.

Comprenez que je n'incite ici personne à se retirer de la société dans l'espoir de demeurer constamment dans cet état de spectateur. Mon intention pour cette section demeure celle de démontrer ce qui rend la connaissance de soi si importante. Ainsi je suggère plutôt que quiconque se connaît réellement et activement devient, par sa capacité de recul sur ses propres croyances et son discernement, un pilier stabilisateur pour lui-même, pour son entourage direct, et pour la société à laquelle il participe.

UNE CRISE DU « SENS PROFOND ET RESSENTI »

Vous avez possiblement entendu parler, au moins en échos, de cette fameuse expérience scientifique conduite sur des rats pour déterminer l'addictivité de certaines drogues comme l'héroïne, la morphine et la cocaïne. En résumé; on place un rat dans une cage avec deux bouteilles d'eau, une des deux contenant une certaine quantité d'opioïde. Le rat goûte aux deux, et finit par ne choisir que la dernière au point d'en abuser et d'en mourir. Conclusion: la drogue induite dans l'eau de la deuxième bouteille est *très* addictive. Simple et évident, non? Enfermez un rat dans une cage, sans rien pour s'amuser, faire de l'exercice physique, privez-le de la présence d'autres rats pour socialiser et plus spécifiquement de rats du sexe opposé… et offrez-lui de l'héroïne. Surprise! Le rat ne désire rien de plus que d'être anesthésié à la souffrance de sa terrible réalité.

Voilà un bien bel exemple du simplisme inhérent au paradigme réductionniste et matérialiste qui semble prévaloir de nos jours. Heureusement, un psychologue canadien du nom de Bruce K. Alexander a répondu à l'expérience par une seconde, disons, plus naturelle. Dans la fin des années 70, il répéta la fameuse expérience mais remplaça les petites cages austères par ce qu'il nomma des *Rat Parks* (des parcs à rats). Dans ces parcs, couvrant 200 fois l'espace d'une cage de format standard, 16 à 20 rats des deux sexes vivaient avec nourriture, jouets et roues d'entraînement, et même les meilleures conditions pour s'accoupler. Pour l'eau, même principe que dans l'expérience originale, soit une bouteille d'eau ordinaire provenant du robinet, et une autre d'eau légèrement sucrée contenant de la morphine. Les résultats furent pourtant bien différents de ceux de l'expérience mentionnée dans le paragraphe précédent. Si la quasi-totalité des rats de la première expérience sont morts d'overdose, ceux du professeur Alexander rejetaient majoritairement la deuxième bouteille, bien que certains l'utilisaient parfois sans toutefois affecter négativement leur santé physique. Il semble ainsi qu'ils ne se contentaient pas de survivre, mais qu'en plus, ils avaient bien du plaisir!

Personnellement, ce qui me surprend dans tout ça, c'est que certains soient surpris des résultats, parfois même au point de remettre leur validité en question. Nous avons été si bien conditionnés à croire que les causes de l'addiction étaient strictement de nature chimique, donc physique et matérielle, que nous avons rarement le réflexe d'attribuer le comportement autodestructeur des rats isolés à leurs terribles conditions de vie. Les addictions de tous types comportent assurément une dimension biochimique, mais il semble qu'elle soit très loin d'être leur cause principale. Chez les rats comme chez les humains. Si l'expérience des *Rat Parks* démontre quelque chose, c'est bien qu'il est primordial d'étudier ce qui mène à ce type de comportement autodestructeur.

Sans avoir besoin de m'appuyer sur des recherches scientifiques, je crois pouvoir affirmer qu'en transposant les conditions de vie des rats de la première expérience aux humains, nous verrions apparaître au minimum de sérieux cas de dépression. Assurément, ils se traduiraient par de fortes tendances à l'addiction. Cela dit, il n'est pas bien difficile d'observer la dépendance de gens aux technologies, alcool et drogues, puis il s'avère que la dépression afflige nos sociétés au point qu'on puisse aisément la considérer comme étant épidémique. Nous sommes ainsi en droit de soulever l'inquiétante question suivante: vivons-nous réellement de plus en plus comme des rats en cage?

Il existe des centaines sinon des milliers d'ouvrages dédiés aux sujets des addictions et de la dépression, et il est évident que plusieurs considérés comme experts en ces matières pourraient en parler de manière beaucoup plus détaillée que moi. Je m'appuierai donc strictement sur mon expérience personnelle de ces sujets, plus spécifiquement celui de la dépression, pour relier ces calamités *à l'ignorance de ce qui cherche à vivre en nous.* Sans être un « expert », je sais très bien que plusieurs d'entre eux partageraient mon opinion que ces crises de dépression et d'addictions sont causées par un manque de *sens profond et ressenti* à notre existence. À cette notion, j'ajoute un argument en faveur du sujet qui nous intéresse dans ce chapitre, c'est-à-dire, pour la connaissance de soi, car c'est par elle qu'il nous est possible de constater ce qui est le plus significatif à nos yeux, ce qui nous remplit du sentiment d'être *réellement vivant.*

Ce sens profond étant un besoin aussi essentiel que ceux de se nourrir et de se loger, et qui nous préserve également des fléaux mentionnés plus tôt, il nous arrive toutefois de le percevoir de manière purement instinctive. Cependant, les besoins reliés à ce sens profond sont habituellement camouflés encore une fois par une foule de croyances adoptées et entretenues, elles-mêmes provenant de n'importe où sauf de notre coeur. C'est pourquoi l'adepte de l'auto-observation, introspectif, s'enquiert de ces pensées et idées qui l'habitent pour les valider (ou non) en lui-même selon le *principe de résonance**. De cet examen, seul ce qui *fait du sens* pour lui-même persiste à générer les croyances lui permettant de vivre avec intégrité, et il se retrouve allégé par l'abandon parfois automatique de ce qui ne lui correspond pas.

Sans même verser dans le simplisme, je dirais qu'en s'observant avec parcimonie et une honnêteté inébranlable, il se peut bien qu'on s'aperçoive que nos besoins de base, nos besoins égoïques, ne diffèrent pas tant de ceux de nos frères rongeurs. En fait ils sont si simples qu'il n'est pas bien difficile de les combler artificiellement. On remplace l'eau à la morphine par un ordinateur de poche qui procure des interactions sociales virtuelles, par des films, séries télé et jeux vidéo qui nous offrent l'illusion de grandes quêtes et histoires d'amour, puis par des promesses de grandeur si on accepte de tout sacrifier pour gravir les échelons. Ces mêmes choses agissent par le fait-même en anesthésiants,

---

** Plus de détails à ce sujet dans la section de chapitre intitulée* Crier dans une guitare.

nous insensibilisant à la douleur résultant du fait de ne pas répondre à ce que notre coeur nous demande d'incarner. Comprenez-moi bien: ces besoins sont *réels*. C'est bien pourquoi, par exemple, l'emprise des médias sociaux est si efficace, si puissante. Ces besoins innés représentent l'expression de la force de Vie en nous et sont généralement reliés à ce qui a pour nous un sens profond. Cela dit, pour se libérer des panacées technologiques et idéologiques ainsi que de leur facticité, il est nécessaire de percevoir les rouages de leur emprise sur nous-même. Ces mécanismes parasitaires s'intègrent à notre psyché et usurpent notre énergie vitale à sa source pour nous préserver dans un état de dépendance. Bien souvent, le simple fait de voir ces systèmes opérer en soi suffit à l'amorce de leur démantèlement. En fait, comme ces derniers agissent fondamentalement sur nos croyances, il est surprenant de constater que leur pouvoir est aussi artificiel que la « réalité » dans laquelle ils tentent de nous maintenir. Ça m'évoque l'histoire du magicien d'Oz, une grande fable gnostique s'il en est une. Bien que la quête soit parfois longue pour se rendre au coeur de soi-même, une fois arrivé, il ne reste plus qu'à tirer le rideau pour voir la machine en action et le magicien perdre instantanément la totalité de ses pouvoirs artificiels.

Ainsi, s'extraire de la dépendance à la main qui ajoute la morphine à notre eau est une résultante directe de la connaissance de soi. Si nous souhaitons un jour quitter nos cages austères, qui sait, peut-être pour des « *Human Parks* » idylliques, ce qu'est essentiellement la Terre elle-même, nous devons voir un nombre grandissant d'humains ayant gravé l'adage *Nosce te ipsum* à leur esprit.

En résumé, la connaissance de soi serait donc indispensable pour:

→ développer stabilité et repères intérieurs dans un monde en pleine révolution;

→ affiner notre sens du discernement pour faire face au torrent d'informations qui nous inonde constamment;

→ découvrir en soi un sens profond à la vie afin d'en faire l'unique élément motivateur de nos choix et actions.

Il va de soi que la notion d'importance est hautement subjective, et donc que ce que vous considérez comme étant primordial peut différer de ma petite liste. Mais vous, qu'y ajouteriez-vous? Ou encore, quels éléments de cette liste voyez-vous comme étant accessoires, de seconde importance?

Je me permets ici une prédiction: peu importe la manière dont vous altèreriez cette liste, ou même votre point de vue sur la vie elle-même, vous serez très rares à remettre en doute l'importance de se connaître. Peu importe même ce que cela implique selon vous. Je crois donc que, qu'on le veuille ou non, cette propension sera toujours vivante en nous, en surface ou en profond-eur. En vérité, tant et aussi longtemps qu'il y aura des humains en vie et même si la connaissance de soi devait continuer d'être restreinte par une infinité de bytes au service de l'inconscience, la Lumière de la connaissance persistera. L'essence véritable de l'entité humaine est faite d'éternité et bien que cette essence puisse être camouflée, elle n'en demeure pas moins indestructible.

Chapitre VIII

Nous faisons face ici à ce qui est certainement un des plus grands paradoxes opposant, en apparences du moins, la quête personnelle de l'adepte à la réalité d'autrui. Après tout, par définition, s'observer soi-même est synonyme d'égocentrisme, n'est-ce pas? Néanmoins, on découvre pourtant bien souvent l'effet inverse chez ses adeptes, soit celui d'une plus grande ouverture sur son entourage. Remarquez d'ailleurs que dans le chapitre *Pourquoi serait-ce important?*, je n'ai pas réellement mentionné de raison ayant des impacts strictement personnels pour l'adepte, même s'il va de soi qu'il goûtera lui-même aux fruits de son labeur. Après tout, d'aller à la découverte de soi révèle aussi potentiellement une myriade de connexions de tous types avec ce et ceux qui nous entourent. Pour plusieurs, la révélation de ces connexions produira une expansion de leurs considérations, et ils verront leurs valeurs tendre graduellement vers plus d'altruisme, sans pour autant nier leurs propres besoins. Ce processus s'effectue souvent de manière naturelle, car il devient simplement évident, pour qui sait s'observer en relation avec son environnement, que le bien-être de tous dépend… du bien-être de tous.

Sachez cependant que cette voie de la connaissance de soi ne garantit pas, croyez-le ou non, qu'une personne l'ayant adoptée agira avec sagesse, compassion et humilité, ni qu'elle sera systématiquement capable d'une plus grande empathie. Il arrive que l'adepte doive traverser une période pendant laquelle il sera en effet centré sur lui-même, parfois par mégarde (parce que cette voie en est une d'essais et erreurs), parfois par besoin. Dans de plus rares cas quelqu'un pourrait même emprunter *en toute conscience* un chemin d'autogratification, faisant de l'égocentrisme l'essence même de sa voie, tentant de couper pour une raison ou une autre les liens d'interdépendance avec son entourage direct et éloigné.

La voie de la connaissance de soi comporte en effet différents stades qui impacteront l'adepte de plusieurs manières. Je ne crois pas nécessaire de dresser une liste de ces étapes, mais l'une d'elles m'apparaît assez courante pour en pointer l'existence. Le psychologue et auteur Marshall Rosenberg, dans son livre *Les mots sont des fenêtres (ou ce sont des murs): initiation à la communication non violente*, décrit cette étape par l'adoption d'un comportement qu'il attribue à une « phase exécrable », la deuxième dans le processus d'apprentissage lié au rapport à l'autre. Selon Rosenberg, cette phase qui est caractérisée par de la colère, ainsi que par le refus d'endosser les sentiments d'autrui, se solde fréquemment par l'utilisation d'expressions telles que « c'est TON problème! ». Je crois qu'il s'agit bien là d'une des conséquences probables et, on l'espère, passagères du processus de connaissance de soi. Il arrive qu'en observant la source de nos propres comportements, émotions et traumas, on soit confronté à de bien sombres souvenirs. Comme par exemple certaines situations, parfois même très nombreuses ou s'étendant sur de très longues périodes, où on sent qu'on a profité de nous, ou encore, pendant lesquelles on s'est senti obligé de nier notre nature afin de se protéger soi-même ou quelqu'un d'autre. Il arrive qu'on se sente alors victime de personnes ou de circonstances et qu'en réponse, on tente de rétablir un certain équilibre en se faisant soi-même passer avant tout et tous, démontrant ainsi une indifférence face à la réalité d'autrui. Qui plus est, on observe actuellement une tendance de *self care* (prendre soin de soi), selon moi issue du mouvement *New Age*, qui contribue à populariser la notion du respect de nos besoins personnels, ce qui est évidemment tout à fait bienvenu. Cependant on le sait bien, il y a toujours deux côtés à une médaille. Découvrir nos besoins demande bien souvent de fouiller les sombres souvenirs mentionnés plus tôt, révélant de quelles manières ils ont été bafoués, et contribuant ainsi à stimuler la colère contre tous ceux qui semblent vouloir s'interposer entre nous et notre bi-en-être. Conséquemment, il n'est pas surprenant de voir devenir en vogue des expressions comme « personnes toxiques », une horrible étiquette attribuée, bien souvent à la légère, par des personnes n'ayant pas encore bien développé l'aptitude à prendre responsabilité de leurs gestes et émotions, ni de réelle notion d'empathie.

Tout cela peut sembler bien dommage, mais ne l'est pas nécessairement. Dans certains cas, l'entrée d'une personne dans sa « phase exécrable » peut s'avérer être une heureuse nouvelle. Car si certains ont tendance à s'imposer aisément aux autres, d'autres éprouvent d'énormes difficultés à s'affirmer. Pour ces derniers, il peut s'agir d'un passage indispensable afin d'arriver à manifester ce qui est vivant en eux. Briser leur coquille requiert bien souvent une bonne dose d'énergie guerrière, et l'écho de leurs cris peut retentir pendant une certaine période, une période que tout le monde espérera courte! Car bien que libérée de ses chaînes, une personne en phase exécrable n'en demeure pas moins… exécrable. Toujours est-il, qu'il ait à traverser cette phase ou non, l'adepte découvrira tôt ou tard la responsabilité qui vient avec la connaissance de soi.

Voilà donc un exemple de situation où un individu en quête d'exploration personnelle peut se comporter de manière égocentrique, par mégarde ou par inconscience. Un autre exemple serait celui d'un adepte obsédé par sa quête au point de négliger son entourage, et possiblement se couper brusquement de celui-ci. Néanmoins, les apparences étant souvent trompeuses, le dernier exemple ne révèle pas automatiquement les motivations profondes menant quelqu'un à s'isoler de sa communauté, de sa famille ou même de sa société. Car qui dit paradoxe dit généralement dilemme. D'une certaine manière, répondre par nous-mêmes à nos besoins nous rend plus disponibles et aptes à répondre à ceux d'autrui, mais des situations se présentent constamment où le sacrifice est de mise. La question apparaît sempiternelle: sacrifier nos besoins ou ceux de nos êtres chers? Ainsi donc l'adepte sera fréquemment appelé à trancher, et la solution est rarement évidente. Il ressentira parfois la nécessité de s'isoler. D'autres fois, il devra prendre des décisions qui sembleront absurdes ou égoïstes pour quiconque n'est pas investi dans une quête similaire. Il verra son comportement et son langage changer au fil des prises de conscience, provoquant l'incompréhension de certains, et donc, l'adepte devra choisir entre l'intégrité et la familiarité. Autrement dit, se choisir soi-même, ou choisir les autres, l'égoïsme ou l'altruisme. Puis comme le principe d'interdépendance s'illumine en croissance, plus on observe que le bien-être de notre entourage dépend du nôtre, et vice versa, plus ces décisions peuvent s'avérer déchirantes.

Avec le temps, s'il sait demeurer vigilant face aux pièges inhérents à sa quête, permettre l'expression de la Vie pourra devenir l'ultime objectif de l'adepte *éveillé*. Il verra ainsi s'effacer les distinctions hiérarchiques d'importance entre ses besoins et ceux des autres. Il tranchera alors plus naturellement et aisément, sa spontanéité lui conférant toutes sortes de qualificatifs, de l'égoïste narcissique au dévoué serviteur du bien. En effet, même le plus illuminé des illuminés ne parviendra jamais à plaire à tout le monde.

Revenons donc à la question première: cette quête de la connaissance de soi est-elle égoïste? Vous vous en apercevez sûrement maintenant par vous-même, y répondre est complexe. D'une part, se centrer sur soi-même peut pousser l'adepte à espérer que tout et tous, incluant parfois même l'univers (!), se plient à ses désirs. D'autre part, l'égoïsme apparent d'un individu, dans une certaine mesure, peut incidemment servir au plus grand bien de sa communauté. Que de nuances donc, et aucune réponse binaire à cette question, mais je suggère tout de même la synthèse suivante: il serait faux d'affirmer que cette voie est essentiellement égoïste, mais il serait irresponsable de ma part d'absoudre ses adeptes de toutes responsabilités. La vigilance est *toujours* de mise, et même le mystique doté d'un vaste champ de conscience est susceptible de voir tout son travail spirituel usurpé par son propre ego.

L'égocentrisme, qui sous-entend que l'individu soit centré uniquement sur lui-même et donc aveugle ou indifférent à ce qui est vivant chez autrui, est un *bug* et non une propriété du processus de connaissance de soi. L'égoïsme quant à lui peut s'avérer parfois nécessaire, du moins dans une forme légère, quand l'adepte éprouve le besoin de rétablir son équilibre interne. En tout temps, ses comportements peuvent être perçus comme étant motivés par de l'égoïsme ou de l'égocentrisme, sans qu'ils ne le soient nécessairement.

Voilà. Bon, c'est assurément plus court, mais pas nécessairement plus clair, n'est-ce pas? Eh bien c'est parfait ainsi, pour la raison suivante; en *aucun* moment l'adepte, qu'il soit novice ou bien engagé sur la voie, ne doit cesser de questionner la source de ses motivations. Ce doute, d'une certaine manière, doit toujours demeurer dans son esprit: « est-ce que j'agis pour l'expression de la Vie, ou pour mon nombril? », car d'un instant à l'autre, même dans l'espace de quelques secondes, la réponse à cette question peut changer. Sachez ceci: la connaissance de soi est un *pouvoir* qui vient avec des responsabilités. L'adepte doit donc se connaître non pas seulement dans le passé, mais aussi au travers de chacun de ses gestes, dans le présent.

Comme si ça n'était pas déjà assez complexe, je vous laisse avec cette énigme: l'abnégation, consistant à nier ses propres besoins au profit de ceux d'autrui, est-elle strictement une vertu, ou possiblement une forme d'égoïsme? Et si les lacunes générées par cette attitude poussent l'adepte à se nier, peut-être au point de s'autodétruire, causant par la même occasion des soucis à son entourage? Ou encore, si elle est motivée par une insatiable soif de plaire ou d'être validé? Encore une fois, les apparences peuvent être bien trompeuses!

 2ème partie: « Nosce te ipsum »

Chapitre IX

Vous vous en doutez, il existe autant de manières de se connaître qu'il existe d'individus. Qui plus est, l'adepte verra son éventail de méthodes, processus ou rituels grandir et se raffiner au fil de ses expériences. Votre personnalité faisant partie intégrale de votre véhicule d'incarnation, vos rites d'auto-observation devront y être parfaitement adaptés pour être efficaces. Ce qui soulève le problème suivant: si révéler notre « personne authentique », libre de corruption et de fausses croyances, est requis pour trouver ces dites manières de se connaître, comment doit-on procéder pour… révéler notre « personne authentique », libre de corruption et de fausses croyances? Ne s'agit-il pas de ces mêmes outils et méthodes? Eh bien, oui. Se connaître réellement, c'est se percevoir dans sa *totalité*, incluant notre personnalité. Ainsi il n'y a pas plus de début que de fin à cette quête. Elle aura sûrement en fait plusieurs débuts et plusieurs fins. Je vois déjà les regards confus, s'interrogeant « mais alors, on commence par quoi? ».

Le plus important, peut-être même la seule chose qui soit réellement importante, est d'être réellement, viscéralement dédié à cette quête. Son commencement quant à lui n'est pas marqué dans le temps par un seul événement. Il consiste à renouveler notre serment personnel envers la vérité à chaque instant, car d'une certaine manière il n'y a rien de plus à faire que de tendre vers une forme d'honnêteté radicale envers vous-même. Le souhait *actif*, ou l'intention de s'aligner à percevoir *autant que possible* ce qui est vrai « en soi » suffit à la voie mystique.

Sachez aussi qu'absolument *tout* ce que vous vivez est riche d'enseignements. De nos plus banales expériences physiques, nos relations et interactions, nos particularités psychologiques, nos réflexions et émotions, jusqu'aux expériences spirituelles les plus transcendantes, tous ces domaines sont également sources incarnées d'apprentissage. Elles représentent, reflètent et comportent toutes différents aspects de notre être.

Récapitulons. Donc, les manières de se connaître sont quasi infinies et l'adepte découvrira les plus appropriées pour lui au fil du temps et des expériences. Il n'y a pas de point de départ ou d'amorce spécifique pour débuter la quête. L'intention d'être radicalement honnête envers soi-même est suffisant pour « être sur la voie », et absolument tout ce qu'on expérimente est susceptible de nous apporter la connaissance.

Bon… ça dit tout et ça ne dit rien, me direz-vous. Mais à nouveau, je me permets d'être fier du flou que laisse ce dernier paragraphe. *Il est d'importance majeure de se rappeler que je n'ai aucune réponse à vous apporter qui serait supérieure à ce que vous puissiez expérimenter par vous-même. Il en va donc* de même pour les meilleures méthodes à employer pour la connaissance de soi. Toujours la même rengaine: personne ne peut les découvrir à votre place.

Cela dit, je suis conscient qu'on peut avoir parfois besoin d'un peu d'inspiration, ou de propositions de matières à explorer. Je veux bien vous en fournir quelques unes. Certaines d'entre-elles ne seront pas nécessairement définies en détails dans ce chapitre car on y reviendra en profondeur plus loin dans le livre. Cependant, je vous invite à considérer cette liste comme s'il s'agissait d'un menu de restaurant. Certains items vous sembleront familiers, d'autres totalement inconnus, voire même étranges. Êtes-vous du genre à toujours prendre le même plat ou plutôt à tout vouloir essayer? Peu importe la réponse, êtes-vous absolument certain qu'il s'agisse bien de l'expression de votre nature profonde? Profiteriez-vous d'un peu de nouveauté, ou de plus de stabilité? Allez. J'arrête de vous torturer. On passe au menu.

QUELQUES PISTES D'EXPLORATION

L'introspection

Jusqu'à preuve du contraire, l'introspection est le seul élément de cette liste qui m'apparaît comme étant indispensable à la connaissance de soi. À bien y penser, elle est plus un catalyseur qu'un outil comme tel. Sans introspection, tout le savoir contenu dans chacune de vos expériences demeurera enfoui. Sans la présence qu'elle requiert, tout ce que vous apprendriez demeurerait statique et sans réel impact sur votre vie de tous les jours. Mais pour ceux qui s'ennuient à la seule idée d'être assis, immobiles, à scruter leur pensées, rassurez-vous. Contrairement à ce qu'on croit, l'introspection se vit de beaucoup de façons et il en existe assurément une qui vous sera non seulement plus appropriée, mais aussi, plus agréable et naturelle.

Bien que l'introspection puisse prendre une multitude de formes, la plus courante est sans aucun doute l'écriture dans un journal personnel. Cette pratique n'a plus à faire ses preuves. Cependant, non seulement elle ne s'adresse pas à tout le monde, mais il faut savoir qu'elle comporte aussi ses limites. Être introspectif, contrairement à la définition généralement acceptée, ne signifie pas systématiquement de s'analyser sur le plan psychologique à l'aide de notre intellect. L'introspection, c'est d'abord d'*inspecter ce qui est vivant en soi*, et « soi », c'est aussi un corps physique complexe et ses cinq sens de base, un esprit, un corps émotionnel irrationnel, et possiblement des corps plus subtils. Le « je » qu'on observe est le véhicule égoïque dans sa totalité. Cependant, rappelez-vous bien que les outils les plus efficaces sont ceux qui s'harmonisent le plus avec notre personnalité. Ainsi, l'introspection n'est pas réservée à ceux qui ont le désir et l'aptitude nécessaires pour écrire pages après pages dans un journal intime. Pour certains, entrer en soi-même se fait d'abord via le corps physique en observant bien-être et tensions. Pour d'autres, cette exploration s'opérera plus dans l'espace *imaginal** du rêve et des visions, leur perception étant de nature symbolique. Ou encore, tout simplement par l'entremise du corps émotionnel, en vivant ou revivant certains moments tout en portant une attention particulière aux émotions, et en se permettant uniquement d'exprimer tout ce qui remonte à la surface *sans tenter d'analyser* les raisons du pourquoi et du comment.

Il est en effet important de distinguer le processus d'observation de celui de l'analyse. Bien que cette dernière ne fasse pas partie de l'introspection, elle demeure un outil à part entière qui, comme tous les autres outils, peut être utilisé judicieusement ou à l'excès. Ainsi l'introspection, mot dérivé du latin *introspectus* et signifiant « voir à l'intérieur », n'implique pas le processus mental de décortication ou de compréhension intellectuelle. Le produit de l'introspection est plutôt la *prise de conscience*, qui elle s'expérimente bien plus au niveau du ressenti que dans l'espace mental. Cette distinction est très importante pour la raison suivante: pour plusieurs, si la mention même de l'introspection semble ardue et ennuyeuse, c'est qu'elle est souvent automatiquement associée à l'exercice mental, mais tel n'est pas le cas. Elle se traduit uniquement par l'acte d'observer ce qui est présent, actif et vivant en nous. Dans notre corps, notre esprit, notre intellect ou notre coeur, de petits « phares » brillent pour indiquer ce qui mérite notre attention. L'introspection, c'est créer un moment, en secondes, en minutes ou en heures, pour aller observer ces lieux lumineux.

** Mot utilisé pour parler du monde suprasensible. Henri Corbin, orientaliste français à qui l'invention du terme est faussement attribuée, l'utilise en s'inspirant de la philosophie mystique iranienne. Le mot « imaginal » est cependant bien avant mentionné par le philologue britannique Frederic W.H. Myers, fondateur de la Society for Psychical Research à la fin du 19ème siècle, qui lui attribue une signification se situant à cheval sur la réalité subtile et la réalité physique cellulaire. À distinguer donc de l'imaginaire qui représente ce qui est irréel, et de l'imagination qui est la fonction donnant accès au monde imaginal.*

Avant de passer officiellement à la liste d'outils de connaissance de soi, il me faut préciser un point important au sujet de l'analyse. Assurément, plusieurs seront sceptiques à l'idée qu'elle ne fasse *pas* partie intégrante du travail introspectif et qu'elle ne soit pas *absolument* essentielle pour tous et chacun. Premièrement, pour certains dont peut-être pour vous-même qui lisez ces lignes, l'analyse *est* un outil essentiel à la tâche de vous connaître, ce qui pourrait porter à croire qu'il en va de même pour tous. On ne pourrait vous en vouloir d'entretenir cette croyance car, deuxièmement, la notion de connaissance est bien souvent associée à la stricte acquisition de données. Cette croyance est si bien ancrée en nous, humains « modernes », qu'elle nous rend aveugle au fait que ce qu'on connaît le plus profondément est ce dont on a fait l'*expérience directe* et ce, qu'on puisse habiller ces connaissances d'un concept exprimable en mots ou non. En d'autres termes, ce qui est le plus vivant, le plus conséquent en nous, ce qui influence donc chacune de nos croyances et perceptions, est extrêmement difficile à verbaliser. L'introspection donc se limite à être témoin direct de ce qui nous anime, et ce, qu'on soit présent par voies corporelles, oniriques, intellectuelles ou émotionnelles. Ainsi, nous avons tous cette capacité de *présence* et la seule chose rendant certaines méthodes supérieures à d'autres demeurent nos particularités intrinsèques.

À vrai dire, l'introspection est même accessible aux enfants qui sont pourtant toujours au stade du développement de leurs facultés intellectuelles. Qui sait même si elle leur est plus accessible, eux-mêmes étant moins encombrés que les adultes par toutes sortes de croyances, concepts et requêtes faisant obstacle à une réelle présence à soi, à une vision *pure* de qui ils sont. Il demeure que l'exercice introspectif est accessible à tous et c'est avec enthousiasme que je vous invite à découvrir la porte, la vôtre, qui s'ouvrira vers ce monde intérieur. Une fois que vous l'aurez trouvée, vous serez en mesure d'utiliser efficacement tous vos outils d'exploration personnelle favoris de manière réellement introspective.

Cela étant dit, voici la liste non exhaustive et tant attendue des outils de la connaissance de soi.

Les méditations

Pour les besoins du moment, prenons pour acquis qu'il existe bel et bien quelque chose appelé *méditation*. Aussi variées soient ses formes, elle peut s'avérer être un outil précieux aux utilités aussi multiples que ses modalités. De la transcendance du monde matériel au voyage initiatique en passant par les expériences extrasensorielles, la méditation a généralement le pouvoir d'élargir notre conception de nous-même. Elle nous offre l'opportunité de se découvrir selon d'innombrables points de vue, révélant ainsi certaines facettes insoupçonnées de notre personne, et de l'humain lui-même. Je n'en dis pas plus pour l'instant, son importance étant telle qu'un chapitre entier de ce livre y sera dédié. Pour une réflexion profonde sur ce sujet fascinant, voir la section intitulée « La méditation: l'esprit vivant ».

L'analogie de la calèche

Vous êtes peut-être déjà plusieurs à la connaître, mais je dois la mentionner au moins brièvement car elle n'en est pas moins un excellent modèle à travers lequel s'observer. Évoquée dans d'innombrables ouvrages de croissance personnelle, cette analogie est très ancienne. Elle nous provient en fait de l'hindouisme, plus spécifiquement des *Katha Upanishad* (1.3.3-4). Il existe quelques variantes de son interprétation et je vous encourage à rechercher celle qui vous semble être le meilleur modèle pour vous-même. Pour l'instant voici celle qui m'inspire depuis quelques décennies. Bien que plus simple que d'autres, elle me semble malgré tout bien efficace.

Imaginez donc une calèche tirée par un cheval, lui-même guidé par un cocher. Dans la calèche, un passager. Ce modèle représente l'humain, chaque partie de l'ensemble étant analogue aux éléments qui le composent:

→ Le cocher: l'intellect, la raison;

→ Le cheval: les émotions;

→ Le passager: le Soi, l'âme, l'essence, l'*atman* (en sanskrit), etc.

Le cheval est guidé par le cocher qui, lui, reçoit ses instructions du passager, et donc selon ce modèle, les émotions sont le moteur de toutes actions, l'intellect les guidant selon les volontés du Soi.

Je vois déjà vos regards dubitatifs. Si ça ne semble pas être un modèle bien efficace, c'est peut-être uniquement parce qu'on l'observe rarement en soi ou dans nos alentours. Il faut donc savoir qu'il s'agit d'un modèle, disons, équilibré de ce qu'est un humain, ou de la dynamique souhaitable entre ces éléments dont le véhicule égoïque est composé. À partir de là, il est plus facile d'imaginer d'autres métaphores qui elles, nous semblent un peu plus familières. Par exemple, qu'arrive-t-il si le cheval (les émotions) s'emballe et se met à courir dans tous les sens? Est-ce que ce comportement est dû à son tempérament? À un cocher (intellect) trop restrictif? Et qu'en serait-il d'un cocher qui n'en peut plus de voir le cheval causer blessures et destruction? Qu'arriverait-il s'il décidait d'abord de fouetter le cheval au sang pour l'asservir? Ou encore si, concluant que le cheval est trop inefficace pour l'amener où il le souhaite, le cocher descendait de son poste pour tirer lui-même la calèche? Puis avec tous ces mélodrames, qu'en est-il du passager (le Soi) lui-même? Est-ce qu'on peut encore même entendre sa (propre) voix à travers tout ce boucan?

                                    2ème partie: « Nosce te ipsum »

Tel que mentionné plus tôt, cette analogie peut être appliquée et interprétée de bien des manières. Malgré ses différentes permutations, elle persiste dans son efficacité depuis environ 2500 ans. Ainsi, s'observer par son entremise peut nous en dire bien long sur les besoins et particularités de nos corps émotionnel et mental, sur leurs interactions, permettant alors au Soi d'arriver où il est appelé à se rendre.

L'astrologie

Un des plus grands défis de la connaissance de soi est possiblement celui de distinguer le vrai du faux dans ce qu'on *croit* être. Cependant, notre personnalité dans son état incorrompu existe en nous sous de multiples couches de croyances surimposées, et elle manifeste parfois sa présence en éveillant des sentiments forts lorsque nous nous observons aux travers des bons filtres. L'astrologie peut s'avérer être un d'entre eux. Avec l'aide d'un bon astrologue, un portrait de soi peut être dressé à partir de notre ciel de naissance, susceptible de révéler des aspects cachés de notre personne. Possiblement, l'exercice nous aidera à comprendre pourquoi certaines sphères de nos vies sont si problématiques, alors que d'autres nous apparaissent fluides et naturelles. En utilisant l'introspection pour se « mesurer » à ce portrait, certains faits deviennent parfois évidents, que ça soit l'existence de facettes inassumées de soi-même ou les causes de certains de nos choix et patterns. De telles prises de conscience permettent plus de discernement face à ce qu'on veut et ce qu'on peut changer dans nos comportements, ou encore, face à ce qu'on considère préférable d'assumer pleinement. Voir la section « Astrologie: météo des archétypes » pour une exploration plus détaillée du sujet.

Pour certains courants de pensée modernes, souvent influencés par les traditions orientales, l'expression _vous n'êtes pas vos pensées_ est reçue et acceptée comme une évidence. Bien qu'elle m'apparaisse véridique sous un certain angle, l'expression a parfois aussi l'effet pervers de rendre les personnes l'ayant adoptée aveugles à l'emprise sur elles de ces dites pensées. Autrement dit, sans observation de nos pensées et croyances, on risque d'en devenir la proie et l'esclave. Car s'il est vrai que notre essence se distingue en nature de nos élucubrations mentales, nos comportements sont néanmoins généralement motivés par elles. De fait, les nier ou les rejeter comme étant illusoires peut s'avérer être une grande erreur si nous faisons tout, inconsciemment, pour les incarner. De cette manière, la psychologie peut être d'une grande aide pour observer quelles pensées nous rendons concrètes par nos actes. Puis, si de percevoir intellectuellement la provenance de certaines de nos croyances ne suffit pas à nous libérer de leurs impacts sur nos émotions, cette compréhension est parfois tout de même un premier pas vers la libération.

Je ne débattrai pas ici de la supériorité d'une approche ou d'une autre. Tout thérapeute _ayant plus à coeur de voir surgir votre lumière intérieure_ que de vous caser dans un modèle pathologique est susceptible de vous être d'une grande aide dans votre quête de connaissance de soi. Cette quête, bien que souvent solitaire, peut être enrichie par la présence d'alliés bienfaisants, et certains d'entre eux vous attendent dans un bureau, avec un fauteuil confortable à votre nom.

L'amitié (ou la Sangha)

Comme mentionné dans le paragraphe précédent, la voie de la connaissance de soi est essentiellement solitaire, du fait qu'il est impossible pour quiconque de la parcourir à notre place. Paradoxalement, si cette voie ne nous met pas en relation *directe* avec ce et ceux qui nous entoure, elle demeure incomplète. C'est pourquoi l'amitié, cette qualité d'énergie, est infuse d'un potentiel de révélation de notre véritable nature.

Dans certains cas, l'amitié serait même essentielle pour quiconque s'engage dans une quête dite spirituelle. Bien que je ne sois pas moi-même bouddhiste, j'apprécie l'importance primordiale que ceux-ci attribuent à ce qu'ils appellent *les trois joyaux* ou parfois *les trois refuges*, soit le *Bouddha* (l'être éveillé), le *Dharma* (l'enseignement ou la connaissance), puis, la *Sangha* (la communauté). Pour les bouddhistes, la sangha est composée de gens de la même tradition avec qui ils pratiquent, laïcs et monastiques. Thich Nhat Hanh, enseignant Zen et poète renommé, suggère que même les arbres, une rivière ou les oiseaux peuvent faire partie de notre sangha, une notion qu'il identifie comme étant très ancienne. D'un point de vue purement séculier, cette idée s'étend à l'environnement entier de l'adepte car sa pratique est équivalente à son incarnation, à l'entièreté de son existence, et non limitée à quelques visites hebdomadaires au temple. Pour cette personne, la sangha est composée de ses plus proches amis, parfois de certains membres de sa famille, ou de quiconque avec qui il lui est possible d'échanger en toute liberté. En effet, l'adepte verra parfois le concept d'amitié dépasser largement l'idée qu'on s'en fait généralement.

Par l'intermédiaire de ces profondes connexions, elles-mêmes rendues possibles par une grande confiance en l'autre, on sera régulièrement invités à considérer des points de vue différents des nôtres, points de vue qu'on pourra considérer sérieusement pour affiner la justesse de notre image personnelle. Ensuite, un rapport de réciprocité et d'empathie peut nous offrir une vision sur ce qui est vivant chez l'autre, et donc de considérer différentes perspectives sur la vie elle-même. Pour terminer, la nature investigatrice de la quête de soi nous poussant parfois à développer de nouveaux ensembles de croyances, de forts liens d'amitié nous permettent d'en discuter. Ces liens peuvent donc nous servir de précieux points d'ancrage dans la réalité commune. Ce dernier point est tout particulièrement important: bien des mystiques étant de nature solitaire, il arrive que les plus isolés d'entre eux sombrent dans leurs univers mentaux, en proie parfois à la paranoïa, parfois à des illusions de grandeur, ou pire, à d'horribles délires psychotiques. L'amitié véritable est imbue de ce merveilleux pouvoir d'enracinement dans ce qui est concret et manifesté, nous évitant ainsi de virevolter sans fin dans un flou informe d'idées et d'émotions.

Le Daemon

Qui dit « Connais-toi toi-même » dit Socrate, et qui dit Socrate dit *Daemon* (ou daimon, ou daimôn). Le « concept » date donc d'il y a très longtemps mais demeure à ce jour assez obscur, hormis peut-être pour les occultistes et ésotéristes, et n'est attribué à aucune tradition spécifique. De résumer ce qu'est le daemon en quelques lignes est tâche difficile car il demeure à ce jour bien mystérieux. S'agit-il d'un guide spirituel? De la voix de notre conscience? D'une hallucination utile? De notre « soi supérieur »? Est-ce une entité externe dotée de sensibilité et d'un libre arbitre propre, ou d'un complexe d'idées squattant notre subconscient? Je laisse planer le mystère pour l'instant car ce sujet mériterait un ouvrage entier, mais mon propre daemon me pressait de l'inclure dans cette liste! En effet, peu importe la nature et le statut de ce daemon, discuter avec lui peut fournir de surprenantes révélations à notre sujet.

Les sports et arts martiaux

Parce que les sports sont si différents entre eux, ils offrent de ce fait une multitude de façons de se connaître soi-même, ne serait-ce que physiquement. Puis à la base, nos rapports à la performance, la coopération (dans les sports

     2ème partie: « Nosce te ipsum »

d'équipe), la compétition, la persévérance, la discipline et l'échec, sont bien sûr tous des points riches d'enseignements sur nous-mêmes d'une perspective psychologique et émotionnelle. Cela dit, au même titre que plusieurs arts martiaux le sont d'emblée, il est possible de pratiquer tous les sports comme des « voies », leur procurant ainsi plus de profondeur qu'une simple activité physique. Ayant moi-même sérieusement pratiqué le *kendo** pendant plusieurs années, je dois naturellement mentionner que tout sport peut être joint à votre quête pour nourrir vos moments d'introspection. En unifiant les réalités physiques et immatérielles, de grandes illuminations sont accessibles!

Histoires, paraboles et métaphores

Contes, fables, légendes et mythes semblent faire partie de l'épopée humaine depuis toujours, et avec raison. Les métaphores sont effectivement bien plus puissantes que les informations crues pour transmettre leur message, et si elles survivent aux époques plus que les bulletins de nouvelles, c'est parce qu'il nous est possible d'entrer en relation intime et directe avec elles. Une bonne histoire est vivante parce qu'elle se rallie à ce qui est tout aussi vivant en nous, par le médium de notre imagination. Parce qu'elles ont ce pouvoir, elles nous permettent, le temps d'un film ou de quelques chapitres, de vibrer au rythme des plus grands archétypes. En entrant en relation métaphorique avec les personnages d'une histoire ou d'une légende, des feux s'allument en nous sous formes de réflexions ou d'émotions, nous révélant ainsi des facettes insoupçonnées de soi.

Puis en y réfléchissant bien, qu'est-ce qui n'est *pas* un histoire? La plupart des héros qui nous inspirent, qu'ils soient, aient été ou non incarnés dans une

---

* *Art martial. En français, la « voie du sabre ». Forme moderne de l'escrime japonais.*

enveloppe charnelle, vivent dans notre esprit une vie tout à fait idéalisée. Vrai ou non, tout n'est que mythes et métaphores du point de vue de la psyché.

Inversement, et plus subtilement peut-être, une histoire peut être extraite de tout ce qui nous entoure. Du haut de mes 14 ans, j'affirmais dans un journal personnel que « je serais capable de tirer une leçon de vie d'une paire de bas sales sur le plancher de ma chambre ». Je ne sais donc pas si l'aptitude à percevoir une certaine poésie dans l'ordinaire est innée ou peut s'apprendre. Malgré tout, les métaphores abondent dans chaque objet, chaque ambiance et chaque personne que vous rencontrerez. Tout est fécond d'esprits et d'histoires, et en établissant une vision métaphorique de la réalité, votre entourage s'animera de la magie nécessaire à rendre votre vie non seulement plus fascinante, mais si vous utilisez cette faculté avec sagesse, plus vraie que vraie.

Les traditions et religions

La quête de connaissance de soi n'appartient à aucune religion ou tradition particulière, mais celles-ci peuvent néanmoins contribuer de manière significative à révéler l'ampleur de notre personne. Si certains adeptes se sentiront encombrés par la structure rigide des pratiques et préceptes traditionnels, d'autres apprécieront les échafaudages et les perspectives que ces derniers procurent pour leur développement. Certaines traditions religieuses sont millénaires et par conséquent, permettent au pratiquant de s'appuyer sur l'expérience de lignées entières de maîtres et d'êtres illuminés pour guider leurs expériences personnelles. De plus, il arrive que l'adepte fasse la rencontre d'une personne, un enseignant, un maître ou un mentor, qui le supportera dans son processus évolutif par sa compréhension des textes sacrés et de la philosophie sous-jacente. Ou peut-être plus encore, par l'intégration des préceptes dans sa propre personnalité et le rayonnement qui en résulte. En effet, une telle personne, prêchant par l'exemple et non pas seulement par ses paroles, infuseront courage et inspiration chez plusieurs adeptes.

Certains critiqueront mon choix d'inclure les traditions religieuses comme outils de connaissance de soi, prétextant que d'adhérer à des systèmes de croyances externes et parfois non fondées aura plutôt pour effet de nous éloigner de notre essence. Cette critique est justifiable, mais j'y ajouterais un détail fondamental; toutes doctrines, qu'elles soient classées comme religieuses, politiques, idéologiques, étant acceptées et intégrées aveuglément dans nos croyances auront cet effet. Les risques liés à l'endoctrinement sont présents de manière égale dans les églises, les universités, les temples, les milieux de travail, et même dans les foyers familiaux. Ainsi, *tout* ce qui peut contribuer à l'expansion de notre conscience est passible au contraire d'y contrevenir si le discernement, l'introspection et l'emphase sur l'*expérience* ne font pas partie de l'équation.

L'étude des rêves

Se connaître soi-même, tel que mentionné plusieurs fois, c'est aussi de s'observer en lien avec son environnement, et cet environnement ne se limite pas aux objets et organismes avec lesquels on peut interagir à l'aide de nos cinq sens « ordinaires ». L'espace-temps lui-même affecte notre réalité et quiconque a déjà rêvé sait à quel point ce dernier est souvent distordu dans le monde des songes. Ainsi, bien que l'analyse de nos schèmes émotionnels et psychologiques subconscients via le langage métaphorique des rêves puisse être extrêmement révélateur, l'étude de nos rêves ne se limite pas à cet exercice. S'observer en relation avec l'espace du rêve, en état de conscience *hypnagogique* ou *hypnopompique** permet d'élargir notre champ d'interaction avec la réalité. Plus simplement, l'étude des rêves permet non seulement de révéler les secrets de notre psyché, mais aussi comment nous occupons réellement l'espace-temps. Nous explorerons ce sujet de manière large dans la section de chapitre nommée « Les synchronicités et l'espace du rêve ».

Les arts divinatoires

L'erreur est fréquemment commise d'associer le mot *divination* à la prédiction d'événements futurs, quand il est en réalité relié à *la découverte de ce qui est caché*. L'utilisation d'instruments tels que le tarot, le *i ching* (ou *yijing*), les runes, les cartes-oracles, etc, a donc pour réelle utilité de révéler certains patterns actifs en nous sous la surface, et parfois de confirmer ce qui a été amené à notre conscience qu'il nous est difficile d'admettre. Il n'est donc pas nécessaire de croire à la magie ou au « surnaturel » pour utiliser ces méthodes d'exploration de soi. Il suffit de créer un moment de calme et de laisser ces messagers nous suggérer certaines réponses à nos questions, poussant ainsi nos réflexions vers des avenues surprenantes. Malgré tout, voici une petite mise en garde: l'exactitude de certains résultats étant parfois déconcertante, ces outils sont susceptibles de remettre en questions nos plus rigides croyances!

Peu importe, que vous soyez familiers avec les arts divinatoires ou non, c'est l'état de réceptivité et l'honnêteté dans votre compréhension des résultats qui comptent. Les arts divinatoires ne sont réellement efficaces qu'en faisant abstraction de nos désirs de confirmer ce qu'on croit déjà vrai, et en étant ouvert à leurs pouvoirs de révélation. On développe dans la section de chapitre intitulée « Divination ».

---

* *États de conscience généralement associés aux moments précédant tout juste le sommeil (hypnagogique) et le réveil (hypnopompique). La différence entre ces états est cependant sujet à débats, tout comme leur lien direct avec le sommeil.*

On le comprend maintenant, les voies de la découverte de soi traversent toutes autant nos corps physiques qu'émotionnels ou astraux. Une de ces voies est celle de la compréhension intellectuelle, et donc de la philosophie. Pour ses pratiquants, il semblera peut-être que j'ai gardé le plus évident pour la fin. Après tout, l'adage-thème de cette première partie du livre est, plus souvent qu'autrement, évoquée et ravivée par des philosophes en tous genre, et les grecs anciens eux-mêmes sont à ce jour grandement responsables de sa popularité. La place de la philosophie, dernière dans la liste, n'a cependant pas été assignée aléatoirement, car bien qu'elle puisse être d'une grande utilité, son rôle dans la connaissance de soi n'est pas d'emblée si évident. C'est possiblement l'outil de cette liste qui doit être utilisé avec le plus de nuances et d'exactitude, car un des plus grands obstacles à la connaissance de soi demeure, malgré tout, celui de s'identifier soi-même à ses pensées.

Cependant, l'ordre des éléments mentionnés n'a rien à voir avec mes préférences ou avec leur efficacité. La contemplation d'idées possède en effet un grand potentiel révélateur, du moins, pour les personnes aptes et intéressées à pousser la pratique dans ses extrêmes. Malgré le risque de ne jamais voir s'incarner le fruit de nos réflexions, ou celui de se satisfaire à flotter incessamment d'un concept à l'autre, l'exercice de nourrir un concept fondamental et de le voir croître jusqu'aux limites du verbe est susceptible d'ouvrir la conscience à de toutes nouvelles manières de comprendre et d'interagir avec la réalité.

Ainsi le mystique n'est pas intéressé à errer tout bonnement dans un univers de croyances inconséquentes et en constante mutation. Il cherche plutôt à passer de la croyance à la connaissance, de la connaissance au savoir, puis du savoir à la gnose. Qui sait, peut-être que l'outil de la philosophie sera pour vous non seulement utile à vous connaître, mais vous mènera jusqu'à savoir ce que vous êtes!

Il est vrai que le proverbe *tous les chemins mènent à Rome* s'applique aussi à la quête de connaissance de soi, mais pour s'y rendre, il faut bien sûr parcourir le chemin. Ça semble évident, mais ce que la métaphore ne mentionne pas est que la route est parsemée de distractions de toutes sortes, peut-être de nos jours plus que jamais. Il est si facile de s'effacer de soi-même dans une activité, une idéologie, un pattern émotionnel, etc, et ce comportement est validé par d'innombrables acteurs et supporteurs du divertissement, de la diversion. Tant de voix s'unissent dans un chant constant, pour nous attirer vers l'illusion du confort, de la certitude, de la reconnaissance et du succès, nous implorant de joindre notre voix à la leur. Même Ulysse qui dû résister à l'enchantement des sirènes avait la tâche plus facile, leurs mélodies s'effaçant à mesure que son bateau s'éloignait de leur berge. Pour nous, humains modernes, le chant est constant et les voix de la perdition semblent omniprésentes.

Voici cependant la bonne nouvelle. Comme mentionné en début de chapitre, absolument *toutes* les expériences d'une vie peuvent être récupérées par le Soi pour contribuer à sa révélation. Cette action elle-même est analogue au fait d'être engagé sur la route vers Rome. Il n'y a rien à faire de spécifique, pas de chemin meilleur qu'un autre. Votre travail, vos relations, vos passe-temps sont *tous* riches d'enseignements. Marcher ici signifie uniquement être présent et attentif à soi aussi souvent que possible. Voici une autre analogie pour illustrer cette attitude:

Imaginez un sculpteur devant son oeuvre en développement. Voyez-le se pencher vers elle, y apposer un ciseau qu'il frappe de quelques coups de massette. Puis il s'arrête, recule d'un pas et… *bang*! Pause. À ce moment spécifique, pendant ne serait-ce qu'une fraction de seconde, il n'est *plus* un sculpteur. Il est son propre public, un observateur détaché, peut-être même un impitoyable critique, s'imprégnant de la vie présente dans son oeuvre. Il redevient ensuite le sculpteur, seule personne apte et responsable de matérialiser fidèlement sa vision, déterminant où il donnera ses prochains coups de ciseau. Ainsi cet acte d'observation est tout ce qui est requis pour découvrir et manifester *activement* votre nature profonde. Agir, adopter une perspective externe, mesurer l'oeuvre qu'est votre personne à ce que vous percevez de plus sacré, et agir à nouveau en cohérence et en intégrité face à votre vision. Cette position de témoin peut être adoptée sur une longue période, ou sur quelques micro-instants d'innombrables fois pendant une journée, et ce indépendamment de l'activité en cours.

Vous pouvez donc vous détendre et relâcher la pression de faire les bonnes choses ou celle de repousser les mauvaises à tous prix. La liste de ce chapitre, en plus de n'être absolument pas exhaustive, sert simplement à suggérer des modèles et des méthodes dont le potentiel révélateur *me* semble plus évident. Mais tout comme on peut découvrir un héros qui sommeille en soi en s'imprégnant de l'histoire d'un jeu vidéo, rien n'empêche qu'on puisse utiliser notre temps de méditation pour fuir la réalité et se donner bonne conscience. Il n'y a donc pas de conditions spéciales à l'éveil lié à la découverte de soi. Le miracle se produit constamment, ici et maintenant, dans les temples comme dans votre salon.

Chapitre X

On l'a vu dans le chapitre *Que signifie se connaître?*, la définition même de cette quête est hautement discutable, voire même controversée. Si se connaître se limite à lister nos goûts, nos valeurs, nos plus fortes opinions et nos particularités physiques, on peut probablement clore le dossier en un après-midi. Cependant, si c'était si simple, je crois pouvoir affirmer que notre monde ne serait pas affligé par les fléaux actuels, des épidémies de dépression aux guerres les plus sanglantes. Pour l'exercice, supposons qu'il y ait quelque chose de plus profond à connaître de soi. Adoptons une vision plus large de la tâche. Disons plutôt qu'il s'agisse d'abord de déterminer ce qu'on croit être afin de distinguer les vraies des fausses croyances, pour ensuite révéler les facettes cachées de soi-même, des plus troublantes aux plus merveilleuses. De quoi s'occuper pour un bout de temps, n'est-ce pas? Mais pourquoi donc est-ce si ardu de se révéler pleinement à soi-même? Bien qu'aucun obstacle ne soit insurmontable, il y en a plusieurs qui semblent communs à la plupart d'entre nous, et les identifier est essentiel pour s'en libérer. Voici donc cinq obstacles courants à la quête de connaissance de soi, classés du plus terrestre au plus subtil.

1. Apprivoiser Chronos

Vous le savez maintenant, la voie mystique de la connaissance de soi n'est pas fixée dans un ensemble de pratiques prédéterminées. Cependant, il est néanmoins nécessaire d'y consacrer un minimum de temps, ça va de soi. Ceci représentera bien sûr un défi pour plusieurs personnes au rythme de vie effréné. Que ça soit parce que votre horaire est chargé ou simplement parce que vous vous sentez las et indisciplinés, j'ai peut-être quelques paroles encourageantes pour vous. Se connaître étant une pratique de chaque instant plus qu'une mission à accomplir, elle s'applique à *l'ensemble* des moments de votre vie. En fait, votre vie elle-même devient le terrain de jeu et donc tout le temps que vous passez en état d'éveil est propice à l'observation. L'essence de cette pratique *est* la vie de tous les jours, et ce, que vous soyez assis à un bureau, en train de laver de la vaisselle, dans votre lit les yeux fermés, ou méditant dans un temple au coeur des Himalayas. Chaque geste, chaque parole prononcée sont porteurs d'un aspect de votre vérité. Bon, avant de vous rendre fous avec l'analyse des micro-détails de votre vie, comprenez que je ne suggère pas d'établir un profond dialogue interne avec votre conscience à chaque fois qu'on vous demande « comment ça va? ». À vrai dire, cette attitude s'intégrera naturellement dans votre quotidien si, et c'est là que l'espace-temps entre en jeu, vous prenez régulièrement de petits moments d'introspection.

Par « régulièrement », j'entends *au besoin*, ou *au ressenti*. Allons-y d'une analogie: Pensez à quelqu'un conduisant une voiture. Voyez ses mains sur le volant qui effectuent constamment de petits ajustements, même sur une route parfaitement droite. La fréquence et l'amplitude de ces ajustements dépendent

principalement de deux choses: de l'état de la route et des spécificités mécaniques du véhicule. De la même manière, il vous appartient de découvrir vos
spécificités (vos besoins d'introspection) et de les ajuster aux conditions de
votre vie perceptibles entre autres par votre corps émotionnel. Ainsi certaines
personnes auront besoin d'une certaine constance et, par exemple, décideront
de consacrer quelques minutes par jour à l'écriture ou à toute autre forme
de réflexion. D'autres fonctionneront mieux au ressenti, s'arrêtant une heure
par-ci par-là quand se manifeste un besoin de se « recentrer ». Et d'autres
encore seront satisfaits par une rencontre hebdomadaire avec leur thérapeute.
Puis, pendant ou suivant une période plus déstabilisante, certains sentiront un
besoin d'isolement un peu plus grand, tandis que d'autres auront plutôt besoin
de « lâcher leur fou » pour recommencer à voir clair. La fréquence idéale
des moments d'introspection appliquée est… celle que vous ressentez ici et
maintenant. Et peu importe si vous tournez un peu le volant vers la gauche ou
vers la droite, ou encore, si vous y consacrez plus ou moins de temps, selon un
horaire précis ou à l'instinct, l'important est uniquement de faire le nécessaire
pour garder la route.

La difficulté reliée à l'espace-temps est donc double. Premièrement, il
faut réserver ces périodes pour soi. Que votre horaire soit très chargé ou complètement vide, le choix de se consacrer à des moments pour faire le point peut
demander un effort. Ensuite, d'arriver à trouver l'équilibre entre être obsédé
par son nombril et tournoyer aveuglément comme feuille au vent est tâche
parfois délicate. Chronos ne se laisse pas toujours aisément apprivoiser. Cela
dit, rappelez-vous que ce qui est primordial est votre *qualité d'attention*, à
vous-même comme à votre entourage. Rien ne sert de s'acharner. Croyez-le ou
non, ce que vous *pouvez* en ce moment faire est *toujours* suffisant.

2. L'oeil de l'ouragan

Comment définir l'ampleur et la complexité du « bruit social » dans lequel nous baignons sans cesse? Cette cacophonie constante de publicités aguichantes, d'idéologies révoltantes, de menaces imminentes, de conversations déchaînées me semble si ubiquiste, en fait même quasi impossible à ignorer, qu'il m'apparaît vain d'en dénuer la mention de son truisme. Assurément, hormis l'isolation sociale, les seules manières de se rendre sourd à ce bruit incessant, sont de s'étourdir en y participant soi-même, et/ou de s'engourdir les sens par le divertissement.

Pour l'adepte, une alternative à l'assourdissement est cependant accessible, bien que son application demande tout de même un certain dévouement. En isolant chacune des sources composant cette symphonie chaotique, on peut parvenir à identifier le message de chacune des voix et son influence sur nous. Reconnaissez-vous, en vous-même, ces voix distinctes qui vous influencent? Celles de vos parents, à ces moments-clés de votre jeunesse, vous indiquant ce qui est souhaitable ou non? Celles de vos amis, provoquant rejet et admiration dans votre psyché juvénile en formation? Puis celles de vos professeurs, de leurs yeux fiers ou réprobateurs en fonction du nombre ou de la lettre figurant en première page de votre dernier examen? Ou encore celles des célébrités, qu'elles soient artistiques, politiques ou scientifiques, verbaliser leurs dictats moraux avec l'assurance de l'autorité qu'on leur accorde? Et pour finir, et peut-être plus important encore, pouvez-vous identifier la voix de votre propre ego, suintante d'orgueil, protégeant par la critique ou les flatteries, ce dont toutes les autres voix vous ont convaincu de l'importance? « Je suis tellement ci! Je ne serai jamais ça! », ou « Oh… comme je suis cela! ». Ou encore « Je dois être telle chose! Plus comme ci, moins comme ça! ». Sans compter le retentissement des sempiternels *il faut que*: « Il faut que je fasse ceci! Il faut que j'arrête ça! ».

Cette voix qui semble être la nôtre, car c'est dans notre esprit qu'elle est perçue, est plus souvent qu'autrement émise par une sorte d'intelligence *artificielle* s'occupant de compiler plaisirs et douleurs, dangers et bénéfices, pour nous inonder d'un flot continu de pensées. Oui, ce flot de *bla bla* qui vous a assailli à chaque fois que vous avez « essayé de méditer ». Cette voix s'exprime parfois très franchement, d'autres fois de manière confuse, et s'efforce à dicter la majorité de nos actions et réactions. Mais cette voix est généralement celle de tout et tous sauf la nôtre, car elle s'exprime en suivant ses propres modèles incohérents de ce qui est bien ou mal. Elle résulte d'un calcul statistique basé sur les expériences du passé qui, malgré sa nature froide et algorithmique, fera naître en nous toutes sortes d'émotions. Plus exactement, elle *régit* notre flot émotif (rappelez-vous le cocher dans *l'analogie de la calèche* du chapitre précédent). Elle est donc responsable des débordements comme de la répression de nos émotions. Mais les dommages liés à ces pertes et excès de contrôle ne sont pas les seuls effets pervers de cette voix composite et interne. Son plus grand pouvoir est possiblement de bloquer l'accès à notre intuition, ce qu'elle arrive à faire de deux façons. D'une part, cette voix peut être méprise pour celle de nos ressentis les plus profonds par sa capacité à nous faire ressentir des émotions très intenses. Ainsi, une émotion forte ou un grand sentiment de certitude peut provenir de cette calculatrice du passé. Deuxièmement, elle a le pouvoir de nous faire douter de ce qui provient réellement de notre intuition car ce qu'on perçoit par celle-ci *ne semble pas toujours logique*, ou analogue à des expériences vécues. D'une certaine manière, cette intuition est nécessaire à la perception de qui nous sommes réellement: elle s'exprime de la voix de notre *noyau central**. Même s'il nous est tous possible d'y avoir accès et que des « signes » particuliers nous indiqueront s'il s'agit bien d'elle, il semblera peut-être toujours plus simple de se fier uniquement à ce qui nous attire ou nous repousse pour se définir et se guider.

---

* *Beaucoup plus à ce sujet dans le chapitre La voie de la Voix.*

Plus simplement, nous agissons généralement en fonction non seulement de nos vieilles programmations mais aussi en résonance, par la soumission ou la révolte, à celles de tous les gens et événements ayant eu un impact sur notre psyché. Ajoutez à ceci des siècles de propagande de toutes sortes et il est difficile de reconnaître un individu *authentique* par ses seules paroles et actions. À vrai dire, il est souvent beaucoup plus difficile qu'on le croit de se reconnaître soi-même dans sa propre authenticité.

Ainsi se connaître réellement est en quelques sortes équivalent à traverser un ouragan de puissantes croyances diverses et contradictoires, certaines anciennes de plusieurs millénaires, pour se rendre dans le calme de son oeil, au centre de soi-même. Plusieurs choses peuvent nous y guider et traverser la tempête peut se faire instantanément. Mais pour bien des gens, la tâche d'investir le centre absolu de leur être pour se percevoir tels qu'ils sont pourra impliquer des années d'efforts.

3. Pas de mode d'emploi!

Une autre difficulté potentielle à la démarche est l'absence d'exemples et de modèles. En effet, une personne pleinement « réalisée » n'adopte pas de comportement spécifique et ne se reconnaitra ni par ses paroles, ni par ses actions. Or, la croyance qu'un être illuminé se conduit et s'exprime d'une manière particulière est une illusion dont plusieurs gourous, motivés par le gain et le pouvoir, auront fréquemment profité. Je me permets donc de briser le mythe: les authentiques maîtres spirituels ne s'expriment pas nécessairement constamment d'une voix calme et posée, ni vous sembleront toujours positifs et joyeux. Un sourire béat n'est pas un signe absolu d'illumination. Leur conduite ne vous semblera pas toujours irréprochable et ils sont toujours aptes à créer de la souffrance chez autrui. Ils ne sont ni immunisés contre la douleur, ni en tous temps équanimes. Ils ne porteront pas nécessairement de toge ou autres vêtements affichant leur statut, ni ne seront systématiquement dépouillés d'apparats. Toutes ces caractéristiques ont servi plus d'une fois à tromper les masses, parfois même à tromper la personne même jouant le rôle de « l'illuminé ». Or, peut-être aussi qu'un tel individu *décidera* d'adopter ces comportements et symboles. Il est en effet difficile d'identifier une personne réalisée sans l'être soi-même. Par conséquent, calquer le comportement et la pensée d'un soi-disant gourou ou maître quelconque est une quasi garantie de se priver notre vérité propre, et ce, peu importe si cette personne est bel et bien illuminée.

S'il nous est impossible de se fier uniquement sur un individu pour nous mener à la vérité de qui nous sommes, il en va de même pour les traditions et religions, ou tout autres *systèmes* du genre. Une recette, même une créée par un chef très réputé, ne plaira pas automatiquement à tous les palais. En poussant l'analogie plus loin, un poisson tuera une personne gravement allergique, et ce peu importe qu'il soit préparé par un grand artisan culinaire ou qui que ce soit. Ainsi, il en va de même pour tout système de croyances ou ensemble de pratiques. Aucun ne peut promettre éveil ou liberté de manière uniforme pour tous les êtres. Certains seront d'une grande aide pour un type de personnalité, et potentiellement causer des dommages à un autre. Puis même en découvrant une voie qui lui sied à merveille, une personne devra néanmoins se l'approprier et l'adapter à ses particularités propres, en faisant usage de l'introspection et de son discernement.

Ainsi, un obstacle majeur à la connaissance de soi est l'absence de références ou de modèles. C'est possiblement ce qui explique la disparité des groupes et traditions dites mystiques. Prenons l'exemple du *gnosticisme*. À vrai dire, on devrait peut-être toujours mettre ce terme entre guillemets car les courants qu'il est supposé désigner sont si multiples, eux-mêmes caractérisés par des croyances si variées, qu'il semble illogique de tous les catégoriser sous un unique « isme ». La voie gnostique, ou celle de la gnose, consiste principalement à faire l'expérience *directe* de Dieu, entre autres par la connaissance de soi, reniant ainsi la croyance que l'intermédiaire de l'Église ou d'un de ses représentant soit obligatoire. Cependant, comme les voies vers le divin sont innombrables, aucun système ou doctrine n'a pu être synthétisé de manière suffisamment concise et cohérente pour que « le gnosticisme » s'incarne dans une tradition assez forte pour survivre aux époques. Il en va de même pour tous les efforts visant à créer des systèmes de connaissance de soi. Une telle entreprise ne peut simplement pas être schématisée de manière à convenir à l'humanité toute entière.

Cela dit, si sa nature informe peut sembler faire obstacle à l'expérience de se connaître, elle en est aussi une de ses plus importantes caractéristiques. Il est normal et parfois même souhaitable de s'appuyer sur des courants de pensée, mentor, rites et gourous pour s'inspirer et nourrir notre quête. Cependant, rien de tout ça ne peut se substituer à l'introspection essentielle à la découverte de soi et pour ce faire, il est bien souvent nécessaire d'abandonner tous repères… et toutes croyances!

4. Entre croire et savoir

Ce quatrième point est de loin le plus complexe à résumer à l'aide des mots, ce qui en fait possiblement le défi le plus délicat à surmonter pour l'adepte. Dans le processus de connaissance de soi, comment discerner ce qui est *vrai* de soi de ce qui n'est qu'une nouvelle illusion générée par l'ego? Comment *réellement* différencier ce que je crois être de ce que je suis profondément? Quiconque croit qu'il est simple de répondre à ces questions, assurément, sous-estime gravement le pouvoir trompeur du son propre véhicule égoïque.

Une prière chrétienne très connue représente parfaitement la profondeur de cette énigme: celle de savoir distinguer le fait de *savoir* du fait de *croire*.

                    2ème partie: « Nosce te ipsum »

Quand j'étais enfant, il y avait, accrochée à un mur de la salle à manger, une plaque de bois sur laquelle était gravée cette prière. Comme elle était face à moi pendant les repas, je l'ai lue d'innombrables fois. Cette prière est fréquemment récitée, notamment par les membres des Alcooliques Anonymes, desquels mon père faisait partie. La voici, telle qu'elle était formulée sur la plaque:

> *Mon Dieu, donnez-moi*
> *la sérénité d'accepter les choses*
> *que je ne puis changer*
> *le courage de changer*
> *celles que je peux,*
> *Et la sagesse d'en connaître la différence.*

Ce n'est que récemment que j'ai pu comprendre l'ampleur du problème que soulève cette prière, en ayant été confronté des milliers de fois à ce choix: celui de changer ou de s'adapter. Un choix parfois si difficile qu'on pourra comprendre ceux qui s'en remettent à un dieu pour leur conférer ce super-pouvoir de décision. Cette difficulté, semble-t-il, est toujours causée par le processus mental du calcul. On pèse le pour et le contre en opposant morale et désirs, eux-mêmes issus des systèmes de croyances qui servent à nous définir.

Or, cette attitude de déduction, de calcul mental, en plus d'anéantir la créativité et une réelle connexion au « flot » naturel, minera tout effort de se révéler à soi-même. Et c'est ici que le sujet devient difficile à verbaliser: la *véritable* connaissance de soi n'est *pas* le résultat d'un processus. Elle ne consiste pas à s'étudier autant qu'à se défaire des croyances entretenues à son propre sujet. Une fois le voile égoïque de l'intellect soulevé, la connaissance se produit instantanément. Cependant, il arrive que ce dépouillement fasse paradoxalement lui-même partie d'un processus graduel, sans pour autant qu'il se produise de manière systémique ou sur une durée spécifique. Ainsi, le rôle de l'intellect consiste plus à s'apercevoir de ses propres limites qu'à former de nouvelles théories au sujet de l'essence de l'âme qu'il est supposé servir.

Bien que ces théories et croyances limitantes soient purement illusoires, elles n'en sont pas nécessairement moins puissantes. Beaucoup d'entre elles sont actives depuis tellement de temps, s'étant propagées de génération en génération, qu'il peut être difficile de concevoir que la réalité puisse être différente que ce qu'elles nous présentent comme portrait. Puis tant qu'elles seront présentes à nos esprits, tant qu'elles nous diront ce qu'on peut ou non être ou faire, nous prierons les dieux de nous fournir courage, sérénité et sagesse. Pendant ce temps, votre vrai visage, seule réelle source de sagesse incarnée, attend patiemment d'être dévoilé ici et maintenant. Ainsi nécessaire à ce grand dévoilement, l'abandon de ces croyances (ne serait-ce que le temps d'une introspection) est le quatrième et peut-être, le plus grand obstacle à la connaissance de soi.

La ligne séparant l'observation et la génération d'une pensée est d'une subtilité telle que les mots sont bien faibles devant la tâche de la décrire. Néanmoins, c'est dans l'appréhension de la nature de cette ligne que l'adepte conscientisera ce qui distingue *croire* et *savoir*.

5. Le damné « lâcher-prise »

En contemplant plus en profondeurs les quatre difficultés recensées précédemment dans ce chapitre, on s'apercevra qu'elles partagent toutes plus ou moins la même « solution », c'est-à-dire, celle du *lâcher-prise*. Plus précisément, le lâcher-prise sur le désir de contrôle, sur les opinions, sur les modèles et les idéaux, et bien sûr, sur les croyances. J'entends déjà certains d'entre vous soupirer fortement « plus facile à dire qu'à faire! », et sachez que vous avez toute ma sympathie. En effet, même si le lâcher-prise peut contribuer à

 2ème partie: « Nosce te ipsum »

surmonter les défis mentionnés plus tôt, il représente lui-même une difficulté substantielle, parfois même insurmontable en apparences.

Je l'avoue, je pousse parfois aussi ces mêmes soupirs d'exaspération quand de soi-disant enseignants spirituels accompagnent la notion de lâcher-prise du mot « simplement ».

« *Dans telle situation, faites* simplement *ceci.* »

« *Quand on vous dit telle chose, répondez* simplement *cela* »

Ou pire encore, « *Il vous faut* simplement *lâcher-prise* ».

… comme si l'univers entier ne semblait pas parfois s'aligner pour que *rien* ne soit simple! De plus, les croyances auxquelles on s'agrippe nous apparaissent comme ce qui nous relie à ce monde. Il n'est pas « simple », ni même systématiquement souhaitable de couper ce lien à la réalité, même s'il est parfois purement imaginaire. En revanche, sans jamais prendre de recul sur la validité de ces repères, aucune *connaissance* de soi n'est réellement possible. Ce paradoxe est précisément ce qui rend le lâcher-prise nécessaire à la révélation si délicat à appliquer.

Récupérons l'analogie de la conduite automobile vue précédemment, lors du point 1. Tout comme il est généralement préférable de ne pas tourner le volant d'une voiture de manière violente, il serait tout aussi dangereux pour un individu de tenter intentionnellement de s'effacer à lui-même en lâchant prise sur l'ensemble de ses croyances et de ses repères. Les risques de dérive psychotique supplanteraient largement les chances d'en tirer bénéfice. Rappelons-nous ceci: la force primordiale de Vie *supporte* notre éveil et une intelligence *globale, holistique*, de loin supérieure à celle de nos corps mentaux, s'active en tous temps pour permettre l'expansion de nos champs de conscience. Cela est aussi vrai que les arbres poussent, et tout comme il est déconseillé de tirer dessus pour qu'ils grandissent plus vite, mieux vaut ne rien forcer pour que la croissance, la vôtre comme celle des végétaux, s'opère. Il n'existe donc pas de recette « simple » pour lâcher prise sur quoi que ce soit. Chaque situation requiert des conditions spéciales, et la subtilité du discernement vous sera salutaire.

Ironiquement et dans les faits, c'est absolument vrai que le lâcher-prise est simple… extrêmement simple même. D'une simplicité déconcertante. À vrai dire, tout processus de réflexion ou de calcul intellectuel l'empêche de survenir. Il ne requiert qu'une dose de volonté et qu'un « geste ». Cependant, l'accumulation de croyances cristallisées par les années, et maintenues par les émotions se dresse parfois entre nous et notre épanouissement comme un mur aux apparences infranchissables, indestructibles. Comme une montagne si haute qu'on n'en voit pas le sommet. Ainsi, la première petite fissure dans ce mur ou le premier pas sur cette montagne, les premiers lâcher-prises donc, sont de loin les plus difficiles à entreprendre. Cependant, il arrive qu'un unique et minuscule geste, accompli dans un esprit de pure honnêteté, d'humilité et d'intégrité, soit parfois mille fois plus puissant qu'une retraite d'un mois dans le silence total, ou dix ans de psychanalyse stérile… et ça, l'ego ne le sait que trop bien! Son emprise ne tient qu'à un fil, après tout. En tous temps, vous êtes à un millimètre de votre nature divine, même s'il semble que des vies d'apprentissage et des milliers d'expériences vous en séparent.

Une des choses que j'ai particulièrement à coeur pour ce livre est qu'il ne laisse pas son lecteur avec un sentiment de désespoir face à la notion d'illumination (!), sans pour autant valider sa complaisance dans une sorte de laxisme pseudo-spirituel. Il s'agit là, vous vous en doutez peut-être, d'un défi de taille. Car s'il est vrai que la connaissance de soi est une voie sans finalité précise qu'il nous appartient seulement de parcourir, une certaine vigilance est requise en tous temps et ce, *peu importe ce que vous croyez avoir fait comme chemin.* Cette connaissance ne requiert certes que l'abandon de soi, un banal lâcher-prise sur notre identité (facile, non?), mais rien n'est acquis par ce procédé qui permette soudainement de se laisser diriger par une sorte de « rivière magique de lumière divine ». Un problème survient alors: tenter consciemment de demeurer dans un état d'abandon est contradictoire avec la notion même de lâcher-prise. Comment faire alors pour comprendre et percevoir ce que nous sommes en réalité, si de s'abandonner est nécessaire mais à la fois impossible par l'intention seule? Comment décider de ne pas décider? Cette question est un paradoxe et sa réponse est peut-être mystérieusement… 42.

En résumé, la difficulté de se connaître est à la fois bien réelle et totalement fausse. Elle n'est basée sur aucune vérité mais on ressent indubitablement une puissante résistance. Qui sait ce qui sommeille au fond du lac de notre psyché, derrière ce voile de noirceur totale? Et peut-être plus effrayant encore, qui sait de quelle manière ce qui s'y cache nous transformera? Plus insidieux encore serait de s'être convaincu que derrière le voile se cache une version merveilleuse de soi, libre de toutes souffrances vécues et causées. Alors apparaît la crainte qu'il n'en soit pas ainsi, celle d'être dévasté de déception. L'adepte se niera alors lui-même en poursuivant désespérément ce qui s'apparente le plus au mirage réconfortant qu'il s'est créé.

Ainsi toutes difficultés sont peurs manifestées. Mais alors, quel est le remède à la peur? Certains répondraient ce qu'ils considèrent être son opposé, soit l'amour. Le concept relié au mot *amour* étant plutôt vague, ma réponse serait différente.

Et si l'ultime antidote à la peur était…

… le jeu?

Je vous laisse y réfléchir.

Chapitre XI

Les plus observateurs d'entre vous l'auront remarqué, au fil de cette deuxième partie du livre, le vocabulaire entourant la connaissance de soi a subi une mutation graduelle. Si au début on ne parlait vaguement que de se découvrir soi-même, peu à peu se sont mêlés au langage des termes comme *éveil*, *révélation*, et même *illumination*. Je ne sais pas si je devrais vous le dire mais je vous ai joué un petit tour. La voie mystique de la connaissance de soi est *aussi* celle de l'illumination. Voilà, c'est dit. Mais ne vous en faites pas trop avec ce terme aussi galvaudé que surutilisé (même par moi!). Tenons-nous en seulement plutôt à l'adage du départ:

Connais-toi toi-même.

Si cette voie est louangée par d'innombrables mystiques de tous acabits, presqu'aucun d'eux ne mentionne une finalité claire à celle-ci. Enfin, elle l'est peut-être pour quiconque s'est révélé à soi-même, mais il semble que personne ne soit arrivé à dépeindre efficacement un portrait de ce qui nous attend après cette illumination. Cependant, l'ancien précepte Grec, souvent attribué à Platon, Socrates, Héraclite, etc, a parfois été étiré pour y ajouter une mention bien intrigante:

> *Connais-toi toi-même*
> *... et tu connaîtras l'univers et les dieux.*

Bien qu'il soit difficile de déterminer qui est responsable de cette greffe, on retrouve cet ajout mystérieux ailleurs, dans d'autres cultures. Fréquemment cité par les soufis, un des *hadîths* islamiques attribués au Prophète dit:

> *Celui qui se connaît lui-même*
> *connaît son Seigneur.*

On trouve chez les chrétiens gnostiques, dans l'évangile selon Thomas (3.7-12) le passage suivant:

> *Mais le Royaume, il est le dedans*
> *et il est le dehors de vous.*
> *Quand vous vous serez connu,*
> *alors vous serez connu*
> *et vous saurez que c'est vous*
> *les fils du Père Vivant.*

On retrouve aussi la notion dans le bouddhisme. Dōgen Zen-Ji, maître Zen important*, évoque à son tour quelque chose de similaire dans cette citation:

---

* *Moine japonais, fondateur de l'école Sōtō, une des deux plus grandes traditions du Zen.*

           2ème partie: « Nosce te ipsum »

L'idée qu'une profonde connaissance de soi mènera à découvrir bien plus que notre unique personnalité, semble-t-il, traverse les cultures et traditions. Cependant, malgré leur choix d'utiliser les mêmes termes, les auteurs des textes cités auraient assurément tous une définition différente de ce que signifie se connaître, et surtout de connaître Dieu. N'étant ni théologien, ni pratiquant d'une religion institutionnelle particulière, je ne prétends pas être qualifié pour analyser et comparer ces écrits et leurs multiples interprétations. Mais ce que je trouve le plus intéressant, et ce qui m'amène à citer ces extraits, est de retrouver des échos de mes propres expériences dans presque toutes les traditions qu'il m'ait été donné d'observer. Ma route, bien qu'elle chemine généralement hors des sentiers battus, m'a mené au même constat: se connaître est susceptible de mener l'adepte à une sorte de transcendance de sa réalité « normale ». Il semble donc en effet que peu importe leur situation géographique ou temporelle, peu importe les détails et pratiques liées à leurs croyances, tous mystiques ayant entrepris de se connaître *réellement*, et je dirais même de façon objective, découvriront Dieu, le *Dao*, la Force de Vie, la Nature, etc.

Visiblement, l'expérience de se révéler à soi-même appartient à l'humanité toute entière, à tous les individus, et je me demande si les différentes religions, quand elles deviennent rigides et complexes, n'interfèrent pas parfois avec cette quête primordiale. Un homme que j'admire beaucoup, le Dr Jeffrey Mishlove*, disait d'ailleurs un jour en entrevue que les mystiques

---

* *Psychologue américain, unique détenteur d'un doctorat en parapsychologie émis par une université reconnue (University of California, Berkeley) et animateur de l'émission New Thinking Allowed de 1986 à aujourd'hui.*

de traditions différentes s'entendent souvent mieux ensemble qu'ils y arrivent avec leur compatriotes orthodoxes. Or, rappelons-le, l'individu est *lui seul* responsable de son illumination et tous outils qu'il considèrera (pratiques religieuses, sports, méditation, écriture, etc) auront le potentiel de l'aider ou de lui nuire dans sa quête.

Cela dit, revenons à la question première de ce chapitre. Il se peut bien que tôt ou tard, se découvrir soi-même au-delà des plans émotionnels, intellectuels, psychologiques et physiques impliquera une ou plusieurs expériences, disons, d'apparence mystérieuse. Déjà, être témoin de la façon dont toutes ces parties de nous sont interreliées peut s'avérer être très autonomisant, mais aussi un peu surréaliste, car là ne se termine pas le processus. En s'observant de l'extérieur, en se voyant agir, parler, ressentir et penser, l'adepte pourra en venir à se demander *qui* est cette conscience qui perçoit tous ces mouvements. Et c'est là qu'un *éveil* se produit. Parfois lors d'un minuscule instant, ce qui était sujet devient objet, et le sujet fait face à une toute nouvelle réalité. Le sujet lui-même se trouve réalisé. Ce qu'il observe alors, en tournant son regard vers lui-même, est indicible, invisible mais pourtant plus vrai. À la fois inexistant et fondamental. L'adepte voit alors le « corps » de cette conscience, *son* corps, comme étant le pivot, le centre de gravité de l'Univers. Il est fait de substance divine, expression même de la pulsion primaire de Vie. Son expérience humaine prend une toute nouvelle signification. Il *sait* maintenant: chacun de ses gestes, chacune de ses pensées et paroles sont Lumière incarnée. La turbulence de ses émotions, l'effervescence de ses idées, et son enveloppe charnelle en mutation constante… Lumière. Même cette soif qu'il ressent présentement dans son gosier asséché émane de la danse sacrée du Cosmos.

Il se lève alors, dans son corps de Lumière pour se faire un café.

Ou qui sait, peut-être même un Café.

L'histoire ne dit pas s'il en profitera pour lire Camus.

Bon d'accord. Trêve de grandiloquence. La question posée dans ce chapitre est pourtant simple: qu'y a-t-il à découvrir de soi, hormis corps, coeur et cerveau? Certains affirmeraient qu'il n'y a rien d'autre à découvrir, que tout le reste est balivernes générées par notre imagination. D'autres eux diraient qu'au contraire, corps, coeur et cerveau ne sont qu'illusion et qu'en fait, il n'y a pas de « je » à observer car *tout est un*. Qui croire? Qui a raison?

Mais qui d'autre? Vous-même, bien sûr! J'ai l'air de tenter de me défiler, d'éviter de répondre à la question? À vrai dire, je me demande si je ne vous en ai pas déjà dit trop long. Mon espoir pour ce chapitre est uniquement qu'il aura su piquer votre curiosité, nourrir votre esprit inquisiteur, non pas de vous parler de mes découvertes personnelles comme si je vous montrais des photos de voyage. Ce que vous êtes *véritablement* si unique, si vaste! Pour vous-même, aucune histoire ne sera plus grandiose, plus originale et émouvante que celle qui *vous* relie à l'univers. Aucune lumière ne sera plus éblouissante que celle qui brille derrière le voile de l'ego.

Voici donc ma réponse: à part corps, coeur et cerveau, il y a Dieu.

De grâce, ne me croyez pas sur parole.

3ème partie:

Quelques mots de la Terre

Pour comprendre le titre de cette troisième partie du livre, je vous invite à prendre un certain recul pour considérer cette planète qui a vu votre corps naître et le verra s'éteindre. La Terre n'est pas qu'une grosse roche mouillée qui s'adonne par chance à vous servir de maison. Elle est si inexorablement liée au théâtre de la réalité humaine qu'on pourrait théoriser qu'elle en compose la quasi-totalité. Le corps de ses acteurs, les animaux-humains dont vous faites partie, est composé de ses éléments. Les jeunes amoureux qui partagent leur premier baiser sont maintenus en vie par son oxygène. Milliardaires, mendiants, mères et poètes se nourrissent tous de ses fruits. La pluie à sa surface attriste l'enfant et réjouit le fermier. Sa rotation nous promet inlassablement éveil et sommeil, songes et vigilance. Les minéraux extraits de ses entrailles deviennent des flûtes enchanteresses, de terrifiants missiles, et de banales (mais très pratiques!) cuillères. Même les plus lointaines découvertes révélées à l'aide de nos meilleurs télescopes, eux-mêmes issus de la chair terrestre, trouvent leurs utilités ici, sur cette planète. D'un point de vue humain, tout ce qui est imbu d'une quelconque signification aura tôt ou tard laissé sa trace sur Gaïa. À vrai dire, bien que tout ce qui est actif sur Terre n'est pas fait de sa matière, rien n'est *réellement* vivant qui est sans impact sur son existence, la mienne et la vôtre. Par elle nous avons un début et une fin. Ce qui provient d'elle nous procure tragédies et extases, et c'est aussi sur elle que les retours de ces dernières se font ressentir. D'une certaine manière, la Terre *est* la vie. C'est pourquoi l'adepte est conscient du lien vital reliant sa quête à la Terre, et s'assurera que chacune de ses expériences contribuent à l'entretenir.

Ainsi, tout ce qu'on puiserait en soi par l'introspection et la connaissance de soi demeurerait insignifiant sans une forme ou une autre de manifestation terrestre. La deuxième partie de ce livre portant essentiellement sur la relation de l'adepte face à lui-même, cette troisième concernera plutôt certaines notions importantes à considérer afin d'entrer *pleinement* et *activement* en contact avec son environnement. En effet, si la quête mystique est caractérisée par une connexion aux mondes immatériels, il est aussi vrai qu'elle requiert un ancrage solide à la vie terrestre. On doit pouvoir, au moins pour soi-même, percevoir tangiblement les effets transformateurs de nos explorations des mondes subtils. Ainsi tout comme demeurer aveugle aux aspects immatériels de notre être équivaut à survivre plutôt qu'à vivre, traverser les ponts vers les sphères archétypales sans appliquer ce qu'on y trouve sur notre *réalité* incarnée tient plus du divertissement que de la véritable quête mystique. Ce qui est réel *est* la vie, et vice versa. La vie n'est illusoire que dans la mesure où on se refuse à connecter ce qui est potentiel à ce qui est manifesté. Autrement dit, tout ce qui est du domaine de l'illusion, non-incarné, est essentiellement mort. Seul ce qui est réel est vivant. La vie n'est *pas* un rêve. C'est pourquoi l'adepte doit ancrer ses pratiques dans la réalité, mais pour ce faire, il doit d'abord observer et faire par lui-même l'expérience de celle-ci. Sans ce lien entre le subtil et le manifesté, sa vie demeurera sans substance, dénuée de sens profond.

Dans cette troisième partie donc, nous verrons comment s'assurer de l'efficacité de nos efforts sur la voie mystique, ainsi que ce qui est essentiel à la connexion entre les mondes.

Afin que nos pratiques soient effectivement ancrées dans la réalité, il peut s'avérer préférable d'avoir une idée de ce vers quoi renvoie le mot lui-même. C'est quoi ça, la réalité? Un petit exercice philosophique et sémiotique est susceptible de nous être utile. À vrai dire, observer par et pour soi la définition même du mot *réalité* suffit parfois à sa transcendance. Or, le sujet semblera peut-être lourd, froid et ardu pour certains lecteurs. Si vous faites partie de ceux-ci, ne soyez pas démoralisés et ne vous forcez pas trop à comprendre. *Zinfaendel* vous exposera à nouveau à ce thème de façons différentes, vous permettant de l'intégrer à votre manière. Je vous encourage à persister sans non plus trop insister. Cela étant dit, mystiques, à vos cervelles!

Si des milliers d'ouvrages, de carrières et même de vies entières sont dédiées à l'étude de la nature de la réalité, depuis on ne saurait trop dire quand, un consensus est de toute évidence toujours loin d'être atteint. Philosophes, physiciens, scientifiques cognitifs, religieux, informaticiens, mathématiciens et autres penseurs, tant se sont penchés sur la définition de ce terme qu'on ne pourrait les énumérer. On observe cependant une tangente intéressante. De plus en plus de scientifiques empiristes s'accordent pour affirmer que la réalité serait essentiellement une *simulation*. Tout aussi intéressant, on retrouve plus ou moins cette croyance dans les plus anciennes philosophies orientales qui elles utilisent plutôt le terme *illusion* pour qualifier ce qui est généralement considéré comme étant réel. Le principe demeure le même au-delà des subtilités et des théories: il existerait un niveau de réalité plus fondamental que celui qui nous est accessible par nos cinq sens.

De mon point de vue, bien que les débats entourant l'énigme de la réalité puissent être passionnants (ou au moins, divertissants), ils demeurent tout aussi importants qu'absolument futiles, du moins dans leurs formes courantes. À la base ces débats portent généralement sur la *signification du mot* « réalité » bien plus que sur sa nature, et sont donc de nature purement sémantiques. S'il vous semble que ce détail soit de moindre importance, considérez ceci: nous nous sommes plus ou moins tous retrouvés un jour dans un conflit où les deux parties s'obstinent sur une idée ou un principe, pour éventuellement s'apercevoir qu'elles expriment le même propos en utilisant des mots différents. Or, l'inverse est aussi possible et c'est ce qu'on observe bien souvent dans ce genre de débats philosophiques. Tenant compte qu'un mot est un « contenant à signification », les opposants se disputent l'appropriation de celui dans lequel ils souhaitent tous deux insérer quelque chose de spécifique, différent de l'autre. « C'est *mon* mot, et il doit contenir ce que *je* considère le plus logique ». Comprenez-moi bien, je n'insinue aucunement que ce type de débat soit inutile. Bien au contraire, les mots et l'exactitude de ce qu'ils symbolisent sont dans plusieurs situations de première importance. Il semble malgré tout que, comme dans la parabole des trois personnes aveugles décrivant la

 3ème partie: Quelques mots de la Terre

trompe, la queue et l'oreille de l'éléphant comme étant l'animal lui-même, les différents penseurs s'essoufflent bien souvent à définir *l'ultime* réalité en prenant pour acquis que tous font référence à la même chose. Cependant, nul ne pourrait décrire autre chose que ce qu'il est apte à percevoir. En aucun cas, personne n'a décrit autre chose que *sa* réalité propre, et il m'a toujours semblé bien étrange de ne jamais voir quelqu'un interrompre le débat avec la question : « Attendez… est-ce qu'on parle bien de la même chose? ».

Cela dit, pour l'adepte, il est possiblement plus important encore d'être conscient de la portée concrète des mots, aussi flous puissent-ils être, sur nos croyances et notre vie. Car si la signification de certains mots est effectivement controversée au point qu'on ne puisse les utiliser de manière réellement efficace, ces mêmes mots s'imposent invariablement comme les piliers les plus centraux de notre existence. Pour ne donner que quelques exemples, amour, sagesse, intelligence, succès, liberté, beauté, moralité, sont de ces termes exerçant une influence majeure et constante sur nos vies, et ce, bien qu'il n'y ait pas de réel consensus sur leur signification. Qui plus est, une définition claire ne leur sera vraisemblablement pas attribuée de sitôt. Il est tout aussi vrai pour ces mots que d'innombrables penseurs ont dévoué leurs vies à élucider leurs mystères, sans pour autant arriver à une caractérisation universellement reconnue. Mais que faire donc de ces concepts s'ils ne sont basés sur rien de précis, sur rien qui ne soit fondamentalement vrai? D'instinct, l'humain ne se laisse-t-il pas guider par ce qu'il considère vrai, s'opposant à ce qu'il croit être faux? Essentiellement, pour l'individu, ce qui compte au-delà de la définition consensuelle de ces mots-piliers est le rapport qu'il entretient avec ceux-ci. Autrement dit, nos croyances liées à la signification que nous acceptons d'un mot ont plus d'impact sur nos vies que ce qu'ils sont *véritablement* (ou non).

Ce qui me ramène à la définition du mot *réalité*, en considérant aussi celle du terme *vérité**, car il semble en effet qu'il s'agisse de deux concepts différents. Ces définitions sont d'une grande signification car elles donnent forme à toutes les autres. Quelle est la *réelle* sagesse, ou le *réel* amour? Comment se manifestent les notions de succès, de beauté, de moralité, ainsi que leur opposés, dans votre *réalité*? Chacun bâtira sa propre idée de la signification de ces termes en fonction de ce qu'il croit être vrai ou non, ainsi que ce dont est composé sa propre réalité. C'est pourquoi l'adepte devra examiner rigoureusement non seulement ce qu'il considère véridique et de quelles façons sa réalité s'en trouve affectée, mais s'il souhaite sincèrement purifier son système de croyances, il étudiera de même les mécaniques de la réalité elle-même, ainsi que la nature de la vérité. Ce qu'il observera aura assurément des répercussions sur tous les aspects de sa vie.

* La notion de Vérité sera adressée quelque part vers la fin du livre. Une chose à la fois!

ILLUSION DE MES FESSES!

Honnêtement, s'il doit être analogue à *illusion* ou à *simulation*, le mot *réalité* m'apparaît comme étant parfaitement inutile pour suggérer des façons efficaces d'intégrer votre quête mystique à votre vie courante. En ce moment du moins, j'ai besoin qu'il serve à vous remettre dans votre corps et sur la Terre. Pour les besoins de ce chapitre donc, ou en fait pour l'entièreté de la troisième partie de cet ouvrage, assignons strictement la définition suivante au nom *réalité*, comme on attribuerait une valeur à une variable en algèbre:

> *Réalité,*
>
> *[ʁe.a.li.te], nom féminin*
>
> *Ensemble d'occurrences interinfluentes et axiomatiques subjectivement perçu par un individu sensible.*

Ça y est? J'ai réussi à brûler votre cerveau? Si tel est le cas, sachez que là n'était pas mon intention. Rappelons-nous que le but de ce chapitre est de communiquer la valeur du pragmatisme dans la voie mystique. Loin de moi donc le désir de vous étourdir avec des principes philosophiques creux et inapplicables. Voici alors plus simplement ce qu'on peut déduire de cette définition:

→ La réalité, contrairement à la vérité, est entièrement subjective;

→ Elle se limite à ce qui est actif dans la vie incarnée d'un individu.

Elle constitue les détails des situations physiques, émotionnelles et intellectuelles qu'il est apte à percevoir;

→ L'individu est doté de l'unique et ultime pouvoir de transformer sa réalité;

→ Ce qui est actif dans la réalité d'autrui, parce qu'elle est interreliée à la sienne est susceptible d'influencer la nôtre.

C'est déjà un peu moins cryptique, mais je crois qu'une définition métaphorique illustrerait ma théorie temporaire peut-être plus efficacement:

Réalité,
[ʁe.a.li.te], nom féminin
Ce qui est intégré par l'individu comme étant les règles du jeu de la vie, ainsi que l'ensemble des pièces actuellement engagées dans la partie.

Cette partie représente votre incarnation sur Terre. Si la vie n'est pas un rêve, qui sait, elle est peut-être un jeu! Les pièces elles, symbolisent ce sur quoi vous appliquez votre pouvoir d'action et tout autres éléments passibles d'influencer le cours de la partie. Ainsi, elles constituent l'ensemble de ce qui est *réel* pour l'individu.

La liste de ces pièces comprendra bien sûr tout ce qui constitue l'univers matériel. Selon cette définition de la réalité, habitat, nutrition, situation financière, particularités du corps physique et son état de santé, etc, en font partie intégrante. Il semble évident d'inclure le monde matériel dans ce qui constitue la réalité, mais rappelez-vous qu'au début de ce chapitre, on spécifiait que beaucoup le considèrent simulacre ou illusoire. Cependant, un mot dont la définition est son contraire, bien que l'exercice d'en assimiler le sens puisse être riche de sens, le rend inutilisable d'un point de vue pratique. Autrement dit, même en acceptant intellectuellement l'idée que la réalité est illusion, mon corps physique ressentira tout de même la faim et la soif, le froid, les brûlures et la nécessité de respirer. Aussi bien inclure le monde matériel dans ce qui est considéré comme étant réel.

Ensuite, si tout ce qui est passible d'influencer le cours de notre vie est considéré comme réel, il va de soi que les émotions doivent figurer à la liste, n'est-ce pas? À nouveau, peut-être que certains s'opposeraient à l'idée, peut-être parce qu'elles ne sont essentiellement que le résultat d'une série d'influx chimiques et électriques, ou encore parce qu'elles ne définissent pas d'elles-mêmes l'essence de l'humain. Il demeure malgré tout indiscutable qu'un événement, peu importe lequel, n'aura pas la même portée sur une personne anxieuse que sur quelqu'un de calme. Ainsi, dans la mesure où la réalité comprend ce qui est perçu et influent, les émotions y jouent indubitablement un rôle important. Les émotions contribuent bel et bien à la réalité et en font partie intégrale.

Puis vient tout ce qui provient du corps mental, soit les pensées, les opinions, les réflexions, etc. Sans être moins réelles que les émotions, leur portée sur la réalité n'est substantielle que si des paroles, des gestes et des émotions en résultent. Cela dit, vous n'auriez pas tort d'intervenir en signifiant que la majeure partie de nos pensées s'exprimeront d'une manière ou d'une autre dans la réalité. Cependant, elles se distinguent des actions et émotions car l'intellect (ou le corps mental) agit à la fois comme filtre et comme catalyseur. En effet, c'est dans le mental que se produit le *choix* des pensées qui deviendront réelles en générant elle-mêmes ce qu'on dit, ce qu'on fait et ce qu'on ressent. C'est par le biais de l'intellect que se décident quelles pièces sont actives ou non dans le jeu de votre vie, et de quelles manières elles seront utilisées.

Mais venons-en aux faits. Pourquoi est-ce que ce modèle de la réalité serait plus valable qu'un autre? Je l'indique à nouveau; il ne s'agit *pas* d'un modèle, mais simplement d'une définition du mot lui-même étant plus efficace pour observer et comprendre ce qui est en jeu, *ce qui est vivant* dans notre vie. Avec une notion claire de la réalité, nous pouvons plus aisément élargir notre champ de sensibilisation, distinguer nos automatismes réactifs de nos réels agissements, et donc agir *en faisant usage de notre libre arbitre* pour influencer par nous-mêmes notre réalité.

Ainsi en prenant un certain recul sur vos propres actes passés, êtes-vous capable de discerner ceux qui étaient machinaux de ceux réellement délibérés? Pouvez-vous percevoir dans vos gestes ce qui n'est que réflexe à la peur, au plaisir ou à tout autres conditionnements? Autrement dit, est-ce que votre réalité manifestée, ce qui est en jeu dans votre vie, reflète adéquatement ce qui est *vrai* en vous? Quand agissez-vous *véritablement*?

Bien qu'il soit effrayant pour l'ego de se poser ces questions avec une brutale honnêteté, y répondre est à l'essence même du « travail de l'ombre » (appelé parfois en anglais *shadow work*). Il peut parfois être déchirant d'observer que la majorité de nos actions et paroles sont automatiques, fondées sur des traumas, des promesses de bonheur, des ouï-dires, de la propagande, ou simplement sur notre propre absence à soi-même et à un certain besoin de fuite. Sachez cependant ceci: l'ombre n'est pas ce qui est malsain mais plutôt ce qui est caché, et pour chaque nouvelle fente dans le moule de vos actes vient un nouveau rayon de lumière révélatrice et libératrice.

« OH... IT HURTS SO GOOD... »

Ok. Moment de « coeur ouvert ».

Au-delà de la difficulté de (re)définir la notion du terme *réalité* pour qu'il soit plus utile à notre quête, un obstacle plus grand encore en ce moment m'afflige de ce qu'on appelle *le syndrome de Cassandre**. Je ne suis pas une princesse grecque et je ne peux prédire l'avenir, mais je sens malgré tout une sorte d'impuissance face à la question suivante:

« *Comment arriver à communiquer l'importance* primordiale *de revoir notre rapport au plaisir et à la douleur afin de percevoir efficacement la Vie qui cherche à s'exprimer en nous?* »

Très certainement, cette dynamique binaire (plaisir/douleur) s'interpose-rait dans votre compréhension du message, tout comme dans l'interprétation même de votre réalité propre. Tant et aussi longtemps que l'ego n'est pas apprivoisé, qu'il n'est pas un tant soit peu maîtrisé, il classera préemptivement l'information reçue comme bonne ou mauvaise conformément à ses données acquises sur ce qui est agréable ou souffrant. Ce mécanisme égoïque est à la fois vulgaire et subtil: bien que sa manière de trancher soit effectivement simpliste (bien ou mal), il ne se limite pas systématiquement à nous pousser à fuir ce qui est désagréable pour accueillir ce qui est plaisant.

Beaucoup cherchent en effet à tendre vers la facilité, et ce, même en dépit de l'efficacité. Ces derniers se réconfortent généralement dans l'idée qu'ils ne font que « surfer la vague, *man* ». Chez d'autres, on observera la tendance inverse. Ils seront plus fréquemment poussés vers ce qui est le plus difficile,

---

* *Mythologie grecque. Cassandre, dotée du pouvoir de divination mais qui, suite à une malédiction du dieu Apollon, était incapable de convaincre quiconque de la véracité de ses visions.*

peut-être suivant une croyance que la douleur est *requise* pour qu'un geste soit valide. *No pain, no gain*, vous diront-ils. Mais par dessus tout, ce qui rend ces dynamiques particulièrement insidieuses est qu'elles ne sont ni fondamentalement dommageables, ni adéquates! Un équilibre sain prendra une forme totalement différente d'une personne à l'autre… tout dépendant, on y revient, de la *réalité* de l'individu.

Quoi qu'il en soit, sans observer honnêtement si ces comportements sont purement égotiques ou réellement alimentés par la pulsion de Vie, on ne peut être certain d'agir en toute conscience. Pour considérer avec lucidité ce qui est réel et actif en lui, l'adepte en introspection se soustraira autant que possible du magnétisme des pôles de plaisir et de douleur. Sans nécessairement analyser la totalité de ses agissements, il pourra tout de même reconnaître en lui-même les signes, la « couleur » de ce qui est motivé par son ego. L'adepte mystique verra ainsi sa vie devenir de plus en plus *vraie*, pas nécessairement plus facile mais définitivement plus cohérente.

Bien que ce détachement puisse éventuellement devenir seconde nature, il demande généralement un grand élan de volonté, un puissant désir de clarté. Je le rappelle, l'ego est un système extrêmement nuancé et trompeur, et l'état de *doute sacré* requis pour mettre ses mécaniques en lumière peut parfois s'avérer drainant à maintenir. Mais ne vous découragez pas avant-même de considérer ce point de vue. Ce travail intense et parfois austère n'est pas éternel. Pour certains, révéler à eux-même les procédés de leur propre ego entraînera automatiquement, d'une part, plus d'authenticité dans leurs paroles et décisions, mais aussi plus de présence à soi et à autrui. Rappelez-vous: l'ego est un très grand prestidigitateur, mais il ne s'agit d'être témoin que quelques fois de ses méthodes pour cesser de croire en ce qu'il fait passer pour de la magie. Une fois qu'on connaît le truc, l'illusion disparaît.

Ce que je tente d'exprimer au sujet du rapport à la dualité plaisir/douleur est peut-être encore un peu vague, mais je ne suis pas certain qu'il soit possible de faire autrement. Remplir un livre entier d'exemples de comment se manifestent cette dualité chez l'humain ne serait pas suffisant à vous permettre de l'observer en action en vous-même. Encore une fois, je n'ai ni réponse, ni méthode universelle, ni recette à vous offrir pour comprendre votre relation à ce qui est agréable ou souffrant. Voici tout de même une petite histoire, sans fin prédéterminée, illustrant les différentes facettes et implications de ce qui nous attire et de ce qui nous rebute.

***

Imaginons une personne, disons, une femme prénommée Françoise. Très jeune, Françoise adorait peindre. Elle aimait le faire librement, sans structure ou méthode particulière. Voyant son intérêt et ses aptitudes, ses parents l'inscrivirent à des cours privés. Son professeur reconnut tout de suite son talent naturel et tenta d'encadrer son développement en lui enseignant techniques et théories. En plus du programme de l'école régulière, Françoise devait maintenant remettre des travaux de peinture. Cette activité qui lui offrait liberté, expression, détente et plaisir était maintenant régie et limitée. Elle avait 8 ans quand elle dit à ses parents qu'elle ne voulait plus aller aux cours. Leur déception visible, elle perdit foi en la valeur de son talent, ce qui bloqua en elle inspiration et agrément. Françoise ne peignait plus et se contentait de regarder des livres remplis d'oeuvres célèbres.

Adolescente, rêvassant toujours devant le travail des plus grands artistes, Françoise s'intéressa un peu plus à leurs vies et histoires. Elle se miroitait dans leur marginalité et, peut-être encore plus que de peindre, elle voulait être peintre. Ses parents quant à eux tentaient alors de la décourager car il leur semble évident qu'elle n'a pas la discipline requise. À ce moment, par-dessus tout, le plaisir devint facultatif car ce qui importait était le rôle de rebelle qu'elle avait décidé d'incarner. Son désir d'être reconnue pour son esprit libre supplantait celui de s'exprimer par son pinceau. Il devenait donc obligatoire pour Françoise de peindre, mais l'enthousiasme, généralement absent, était remplacé par une colère revendicatrice. À vrai dire, elle se plaisait plus à regarder des séries télé et dans les soirées entre amis que devant son chevalet. Malgré tout, du milieu de l'adolescence à sa jeune vie adulte, elle réussit à produire quelques toiles faisant montre de son talent brut. Elles furent exposées à quelques reprises et à chaque fois, des personnes susceptibles d'aider sa carrière en développement lui manifestèrent de l'intérêt, ce qui était aussi pour elle une source éphémère de satisfaction. Elle s'accrochait désespérément à ces petits moments de gloire pour entretenir son image personnelle d'artiste. Elle ne pouvait cependant jamais répondre aux requêtes pour plus de matériel, car en plus d'avoir peu de temps en dehors de son emploi alimentaire (qu'elle détestait d'ailleurs), son processus de création était pollué par d'innombrables remises en question.

Pour Françoise, être dans son atelier était devenu une torture. Maintenant au début de sa trentaine, elle sentait toujours le même désir brûlant d'expression qui l'habitait à l'enfance, bien qu'elle investissait la majeure partie de ses énergies dans ses relations amoureuses, ou du moins, dans l'extase que lui procurait les passions romantiques. Elle était désormais incapable de manifester son inspiration sur la toile. Chaque coup de pinceau faisait surgir un nouveau torrent de questions en elle, des questions comme « Vont-ils comprendre? Vont-ils apprécier? Qui voudrait afficher ça dans sa galerie? Est-ce que ce style est dépassé? Est-ce que ça ressemble trop à un autre artiste? Est-ce que ça reflète vraiment ce que je ressens, ou est-ce que je souhaite seulement plaire? Mais qu'est-ce que je souhaite réellement exprimer? Ai-je réellement quelque chose de pertinent à dire? ». Par dessus tout, Françoise était paralysée par la croyance, formée très jeune, que ce qui résultait uniquement de son plaisir de peindre était inadéquat, insuffisant. Elle *persista tant bien que mal dans sa « carrière », convaincue que la souffrance liée à la perversion de sa créativité était normale et qu'elle devait apprendre à surmonter la douleur si elle souhaitait toujours pouvoir être considérée et reconnue comme peintre.*

Cette croyance ne suffit évidemment pas à maintenir sa flamme. Elle dut se rendre à l'évidence: la peinture ne lui apportait rien. Ni plaisir, ni épanouissement, ni la reconnaissance qu'elle souhaitait tant, et encore moins d'argent. De plus, les gens qui auparavant s'intéressaient à son travail la reniaient maintenant, refroidis par son manque d'implication. Consciente de ces réalités, elle rangea graduellement son matériel en commençant par ce qui prenait le plus d'espace. Elle stocka ses quelques oeuvres restantes, la plupart inachevées, dans le garde-robe. Son intérêt pour le travail des autres peintres s'était aussi estompé. Françoise était à chaque jour de moins en moins peintre, jusqu'à ne plus l'être du tout. Il lui a fallu près d'une décennie pour ne plus répondre timidement « je suis peintre » quand on lui demandait son métier, et ce, même si ça a toujours été plus vrai dans son esprit que dans sa réalité concrète. Françoise ne savait plus qui elle était.

Les années passèrent et les expériences de vie se multiplièrent pour elle. S'il peut sembler triste de voir quelqu'un délaisser un rêve de jeunesse, Françoise, alors quarantenaire, était maintenant habitée d'une liberté qu'elle n'avait jamais ressentie auparavant. Ce fait n'est pas dénué d'ironie: en cessant de faire ce qu'elle croyait nécessaire pour célébrer et incarner la liberté d'être, elle est devenue réellement, profondément libre. Elle pouvait maintenant percevoir et comprendre plus clairement ce qui était nécessaire à son épanouissement, à l'expression de sa force de vie. Elle revivait en pensées ces moments en retournant dans son corps de cinq ans, alors fascinée par la magie des couleurs qu'elle superposait grossièrement sur le papier, désireuse de manifester ce sentiment d'enchantement. Françoise réalisa qu'elle avait vécu de tels moments par centaines, souvent même loin de ses pinceaux. Il lui était alors évident que la magie était présente partout et la peinture n'était pour elle que sa première forme d'expression. Ce qui avait persisté de son enfance était ce désir de contribuer tant à la vie d'autrui qu'à la sienne en les enrichissant de beauté et d'émerveillement. Françoise, qui grâce à son histoire s'était toujours perçue elle-même comme une personne indisciplinée et lâche, se trouve maintenant animée d'une volonté de fer pour la réalisation de ses nouveaux projets, eux-mêmes dictés par la flamme de la communication. Les défis demeurent multiples et elle tombe encore occasionnellement dans les pièges de l'autocritique. Elle doit demeurer vigilante pour éviter de se couper de son flot d'inspiration. L'histoire ne dit pas à quoi Françoise consacre maintenant son temps. Est-elle devenue thérapeute? Entrepreneuse? Qui sait, elle est peut-être enfin une peintre dévouée, ou même, un peu de chacune de ces réponses!

***

Tous ne se reconnaîtront pas personnellement dans l'histoire de Françoise, et c'est bien normal. Qu'elle soit similaire à la vôtre ou non n'est pas ce qui compte. Si je l'ai choisie, c'est qu'elle démontre bien les multiples formes que prennent notre rapport à la dualité plaisir/douleur. C'est précisément ce vers quoi je souhaite attirer votre attention.

On peut clairement voir au fil de l'histoire de Françoise qu'elle n'était ni systématiquement attirée vers ce qui lui procurait du plaisir, ni toujours repoussée par ce qui la faisait souffrir. En fait, et ceci est ce que je souhaite le plus vous communiquer, *les bons comme les mauvais sentiments peuvent être tous deux utilisés par l'ego pour juger de la validité des pensées et actions.* On peut ainsi voir que Françoise…

→ … jeune enfant, sa pulsion de vie étant toujours bien peu freinée par son ego en développement, était effectivement attirée par ce qui est agréable et repoussée par ce qui lui semblait ennuyeux;

→ … de l'adolescence au début de sa vie adulte, valide ses choix par les souffrances liées à la peinture (discipline, jugement, sentiment d'inadéquation, etc). Elle retire un certain plaisir de la reconnaissance de ses pairs, bien que très peu de ses oeuvres accomplies, et encore moins du processus créatif en lui-même;

→ … encore jeune adulte, n'éprouve que de rares plaisirs ne provenant plus du tout de la peinture. En fait, elle considère ces derniers comme futiles et même nuisibles, croyant qu'ils l'éloignent de sa mission première. On ne peut dire qu'elle éprouve du plaisir à souffrir, mais elle demeure néanmoins convaincue qu'il s'agit de la seule voie qui lui permettra un jour d'être réellement qui elle est, et donc, d'être heureuse;

→ … bien engagée dans sa vie adulte et suite à un certain recul, observe en elle-même la pulsion de vie qui l'anime sans ses filtres habituels. Elle fait toujours l'expérience de plaisirs et douleurs mais elle n'y réagit plus de manière compulsive. Voyant sa réalité telle qu'elle est, cette dualité ne dirige plus sa vie.

Ainsi, on observe de quelles manières tout ce qu'on vit et qu'on choisit de vivre (travail, passe-temps, études, relations aux autres et à soi-même, activités physiques, sommeil, nourriture, etc), donc tout ce qui est susceptible d'être source de plaisir ou de douleurs, est aussi source potentielle d'illusion. Quelque chose d'agréable peut servir à nous rendre aveugle à notre essence, tout comme ce sentiment peut résulter du courant de Vie qui s'exprime par nous. C'est tout aussi vrai pour quelque chose qui serait souffrant et passible de nous détruire, mais d'autres fois aussi nous sauver. Malgré tout, beaucoup basent leur existence entière sur la poursuite effrénée des bonheurs et malheurs qu'ils croient mériter, subir ou devoir incarner, ignorants de leurs réelle nature.

Qui sait si vous-même qui lisez ce livre, en ce moment, travaillez très fort à entretenir et protéger vos illusions de fierté et d'apitoiement?

Cela dit, il est aussi possible que vous incarniez plus l'expression de votre pulsion de Vie que vous ne le croyez. En effet, comme je l'ai mentionné à quelques reprises, cette force vitale qui vous anime suit le flot naturel des grands mouvements universels, et donc, toute la Nature conspire à votre éveil et votre épanouissement. Ainsi en s'observant avec recul, il n'y a pas que des illusions à découvrir. Il y a aussi tous ces moments où spontanément, la Lumière a jailli de vos gestes ou de vos paroles… des moments marqués par une sorte de « pureté ». Ils prennent parfois la forme d'une violente tempête émotionnelle, et d'autres fois, celle d'un calme transcendant. Cependant, plus souvent encore, cette Lumière se fait discrète, mais constante. Cherchez-la dans votre passé et vous la trouverez dans les meilleurs comme dans les pires moments. D'ailleurs, je suis certain que Françoise serait bien d'accord que la Vie s'exprimait en elle parfois par ses pinceaux, mais tout autant par sa rébellion adolescente, par ses précieuses amitiés, par ses passions amoureuses, par ses désirs d'harmonie et de connexion. Toute sa vie la Lumière a voulu s'incarner dans sa réalité et elle sait maintenant, je n'en doute pas, qu'il y a peu à faire sinon cesser de s'interposer, à cesser de courir pour embrasser ou pour fuir. Comme Françoise, nous aussi pouvons jouir et souffrir en toute présence, en toute conscience.

EN RÉSUMÉ

Réaffirmons l'idée première de ce chapitre. Si la quête mystique implique une connexion avec les aspects subtils de nos vies, son intérêt réside principalement dans l'incarnation concrète de nos efforts. Nos journées sont remplies d'actions de toutes sortes mais sans recul sur ce qui les motive, elles n'incarnent que le reflet des peurs et des désirs créés par notre passé. Sans la conscience de nos actes, nous courrons aveuglément dans cette roue de hamster karmique, personnelle et collective, des cycles de dualité. Et nos histoires se répètent: confort/misère, amour/haine, guerre/paix, insouciance/conflit. On retombe dans les mêmes pièges et à chaque fois, on rêve au retour des jours meilleurs, demeurant esclaves des circonstances. C'est pourquoi avoir un mot pour se relier à notre expérience, pour l'encadrer, est si important. Le mot « réalité » demeure le plus approprié pour désigner ce qui est accessible par nos sens, réflexions et émotions qui influence *réellement* notre vie et celle des autres.

Munis de ce mot et de cette définition, nous pouvons plus clairement poser de ces questions essentielles à la quête mystique. Qu'est-ce qui est *réel*, ou encore, qu'est-ce qui est actif, vivant, dans ma réalité? Qu'est-ce que je croyais vivant qui ne l'est pas réellement, et quelles actions ai-je posé machinalement pour donner vie à quelque chose d'incohérent? Peu importe ce qu'on décide pour soi-même et pour notre quête, ces interrogations sont primordiales pour quiconque souhaite que ses pratiques soient incarnées, fructueuses et en harmonie avec la force de Vie.

Porter une attention particulière aux impacts de la danse de nos désirs est sans doute une des plus précieuses aptitudes que l'adepte puisse développer. Toujours plus conscients de chacun des mouvements de ces désirs, nous devenons aptes à distinguer ceux qui surviennent d'eux-mêmes comme des esprits possesseurs faisant de nous leurs marionnettes, de ceux qui proviennent de notre essence et n'attendent que d'être manifestés en toute conscience. Cet exercice peut d'abord s'avérer déconcertant car bien souvent il révèle à quel point si peu dans nos vies, jusqu'à présent du moins, résulte de nos propres décisions conscientes. On peut parfois voir s'effondrer nos plus profondes convictions sous le poids d'années de mensonges et d'illusions. D'autres fois l'exercice est plus encourageant. On prend conscience de comment notre Lumière s'est manifestée dans nos gestes et paroles, réaffirmant ainsi notre engagement envers elle. Cependant, peu importe ce qu'on observe de notre réalité, ce qui compte est avant tout d'avoir observé.

Ainsi donc, on peut comprendre qu'une vie spirituelle détachée de la vie physique n'est que fabulations et divertissements. Même les rituels et concepts les plus élaborés, au-delà des plaisirs ou douleurs qu'ils procurent, peuvent servir les élans égoïques de l'adepte s'il cumule compulsivement les « expériences spirituelles » comme un avare entasse son or. Inversement, un simple repas avec une personne chère, quelques minutes à contempler un vieil arbre ou remplir une page d'un éclair d'inspiration peut permettre d'entrevoir la source même de la Lumière en soi. C'est pourquoi le mystique s'efforce de demeurer extrêmement pragmatique en plus d'être attentif aux forces subtiles. Conscient de la nature illusoire et subjective du monde, il s'affaire néanmoins à s'y manifester avec la plus grande efficacité. Il doit son pouvoir de manifestation à sa lucidité, car il sait allier son intention au flot des forces de Vie actives plutôt que de tenter d'imposer ses désirs sur la Nature par la force. Pleinement réalisé, le mystique est plus que réel: il incarne par-dessus tout ce qui est *vrai*. Maître du libre arbitre, il aligne, guide et accorde sa *réalité* à la *vérité*.

CONCLUSION

Dans ce chapitre, nous avons exploré des concepts d'une certaine complexité philosophique. Pour certains d'entre vous, ce contenu aura été ardu et austère tandis que d'autres en auraient pris plus. Mais malgré cette complexité, son but est extrêmement simple: encourager l'adepte à fortifier les racines de ses pratiques et intérêts pour bien les ancrer dans sa réalité terrestre.

Je ne sais pas encore bien qui sera attiré par ce livre mais il est très probable, considérant les thèmes qu'il aborde, que beaucoup de ses lecteurs auront déjà entrepris une certaine démarche spirituelle. De plus, c'est bien connu que dans les moments les plus difficiles de notre histoire, les gens ont fréquemment eu tendance à se retourner vers eux-mêmes et s'ouvrir aux mondes subtils, espérant réponses et réconfort. On voit en ce moment même une recrudescence de l'intérêt pour les différentes formes d'arts divinatoires, pour le shamanisme et autres pratiques magiques, pour les substances hallucinogènes, tout comme pour la méditation sous toutes ses formes. Quoi qu'il en soit, cette ouverture sur l'immatériel ne garantit ni liberté, ni éveil. Les activités qui en découlent ont autant le pouvoir de nous relier à des aspects inconnus de nous-mêmes que de nous couper de la réalité. Dans certains cas, un tirage au tarot ou une retraite de yoga auront le même impact sur la réalité d'un individu qu'une soirée de « binge watching* » ou qu'un weekend à Las Vegas. Comprenez-moi bien: je suis conscient de la nécessité de se laisser aller, de s'évader occasionnellement des pressions du quotidien. Il arrive même que se déconnecter soit nécessaire à bien se reconnecter. Malgré tout, il faut savoir reconnaître quand nous sommes embourbés dans un cycle oscillant incessamment entre souffrance et anesthésie, et mon message, plus spécialement pour ceux qui s'enorgueilliraient

---

* *Écoute compulsive d'une grande quantité d'épisodes de séries télé.*

d'un « taux vibratoire élevé », consiste à rappeler que tout ce à quoi on attribue l'étiquette « spirituel » est aussi potentiellement engourdissant.

L'importance de l'honnêteté et de l'intégrité face à soi-même et à notre perception du monde dans la quête mystique ne peut être assez stipulée. On a vu dans la deuxième partie du livre de quelle manière cette attitude nous est bénéfique quand on porte un regard sur soi-même, mais elle est toute aussi fondamentale pour manifester harmonieusement dans notre réalité externe, subtile ou matérielle. Pour que notre vie soit porteuse de sens profond et ressenti, connaître nos filtres, biais et tendances illusoires est essentiel. Ce principe est au coeur de cette troisième partie du livre, et ce chapitre sert à y fixer l'ambiance. Nous y explorerons plusieurs « ponts » entre les mondes subtils et la vie concrète, et bien que certains d'entre vous soient déjà familiers avec ceux-ci, je tenterai de les présenter de manière à faciliter l'incarnation de votre Lumière dans votre *réalité*.

Si certains se rebutent à l'idée d'avoir la tête dans les nuages et que d'autres préfèrent flottailler à garder les pieds sur Terre, la connexion aux deux pôles est requise pour que le circuit soit complet, pour que la Lumière de votre coeur resplendisse. Bien ancrés à notre réalité dans le monde, allons maintenant faire quelques pas dans les espaces liminaux du rêve, de l'imaginal et de la Vérité.

Chapitre XIV

La méditation: l'esprit vivant

Quoi de mieux pour débuter un chapitre sur la méditation que de prétendre qu'elle n'existe pas. Bon, vous vous en doutez peut-être, je joue encore sur les mots. Cela dit, si on voyait dans le chapitre précédent que le sens du mot *réalité* est aussi vague que disputé, je me demande si celui du mot *méditation* ne l'est pas tout autant, sinon même plus. En fait, je l'avoue, le mot en lui-même me rend quelque peu inconfortable. La plupart des gens prennent pour acquise sa signification et donc, il faut toujours vérifier auprès d'eux ce à quoi ils font référence quand ils l'emploient. Imaginez si, à chaque fois qu'une personne vous demande une pomme, vous deviez vous assurer qu'elle ne s'attend pas à recevoir une orange ou un tournevis! Quelle serait l'utilité de ce mot? Le mot *méditation* est un peu comme ça: pas clair. Cependant, autant il peut m'incommoder, autant je l'affectionne profondément car peu importe l'activité (ou la non-activité) à laquelle il réfère, il comporte généralement une certaine charge *sacrée* pour la personne qui l'emploie. Ce qui est sacré étant imprégné de sens profond, les activités appelées *méditation* sont potentiellement toutes source d'une certaine Lumière. Dans ce chapitre, nous explorerons les différentes incarnations de ce mot ainsi que leurs multiples « utilités », pour terminer en tentant d'en dévoiler l'essence.

« NON, NON, NON, C'EST PAS COMME ÇA (qu'on médite) »

Commençons tout d'abord par comprendre l'ampleur de la confusion entourant la signification du mot *méditation*. Certains sont bien sûr convaincus que leur définition est la seule qui soit valide, et s'opposeront donc d'emblée à mon hypothèse. Qu'à cela ne tienne, l'exercice d'en explorer toutes les facettes peut néanmoins être très enrichissant. Pour beaucoup de gens encore, « l'activité méditative » ne prend qu'une seule forme alors qu'ils bénéficieraient peut-être d'en utiliser une seconde, ou même plusieurs. Je précise: il n'y a évidemment rien de mal à n'en pratiquer qu'une seule forme. Par contre, je disputerais l'idée qu'en adopter une seconde soit *systématiquement* nuisible dans la pratique de la première, en autant bien sûr de respecter les principes de base de chacune des méthodes. Autrement dit, utiliser un marteau pour planter des clous n'impacte en rien notre habileté à nous servir d'un tournevis. Enfin, toujours dans la mesure où on ne s'acharne pas à appuyer la tête du marteau en tournant, en espérant voir le clou s'insérer dans le bois comme le ferait une vis. Trêve d'analogies boiteuses, commençons le débat (ou l'exploration).

Considérons d'abord que la méditation soit une activité pratiquée uniquement dans le silence, dans l'absence de sons. Pouvons-nous nous entendre universellement sur cette particularité? Est-ce qu'un certain silence est requis pour la méditation? Il y a bien sûr des gens qui affirmeront que c'est préférable, d'autres que c'est essentiel. Cependant, bien d'autres utiliseraient le mot pour décrire une activité qui impliquent des sons, des paroles, de la musique. Déjà, plusieurs méthodes impliquent de réciter des mantras à voix haute, ou de les entendre être récités. D'autres utiliseront le pouvoir de la musique pour assister leur pratique, que ça soit celles d'instruments traditionnels asiatiques ou encore de sons vaporeux générés par des synthétiseurs. Ensuite vient ce qu'on appelle les méditations guidées ou une personne contribue à notre état par une série d'instructions. Il est donc impossible de réunir tout le monde dans l'idée que la méditation se pratique uniquement dans le silence, ni dans celle qu'elle requiert sons, musique, ou paroles.

Ensuite, la première image qui vient à l'esprit de la plupart des gens quand on mentionne le mot est celle d'une personne aux paupières rabattues. Alors, est-ce que la méditation demande impérativement de fermer les yeux? Déjà, certains considèrent une activité sportive, comme la course à pied par exemple, comme étant méditative. Certes, il est déconseillé d'aller jogger à l'aveugle. Plus significatif encore, plusieurs pratiques très anciennes s'effectuent les yeux entrouverts, entre autres pour éviter de s'endormir. Par exemple, pour *zazen**, il est recommandé de fixer le regard, paupières mi-closes, à plus ou moins un mètre devant soi. Le mot *méditation* ne désigne alors pas systématiquement une activité pour laquelle on doit obligatoirement fermer les yeux.

Une autre image courante illustrant la méditation est celle d'une personne se tenant assise et immobile. Sans parler de la posture elle-même, peut-on néanmoins affirmer qu'elle requiert de s'abstenir de bouger? Il est évident que beaucoup de méthodes se pratiquent ainsi, mais certains contesteraient la notion que demeurer figé est essentiel. Les premiers à s'y opposer seraient peut-être les pratiquants du yoga, et possiblement les sportifs mentionnés précédemment. Ensuite, à nouveau dans la pratique de *zazen*, des périodes de *kinhin* (méditation marchée) entrecoupent généralement celles de méditation assise. Un autre exemple serait celui des adeptes de la *Pleine Conscience*, ou des disciples de la lignée de maître Thich Nhat Hanh, connus pour s'adonner eux aussi à une forme de méditation marchée. On pourrait aussi mentionner les transes mystiques des derviches tourneurs. Ainsi, quand on utilise le mot, on ne fait référence ni à l'immobilité, ni à la mouvance du corps.

---

* *« Méditation » bouddhiste Zen.*

Toujours sur le thème du corps physique, qu'en est-il de l'attention qu'on y porte pendant la pratique de la méditation? Si on le considère strictement selon ses origines étymologiques*, il ne concerne en rien le corps. Dans la plupart des méditations guidées, la première étape est celle de le détendre au point même de l'oublier momentanément. En poussant cette notion encore plus loin, on pourrait mentionner certaines pratiques impliquent une distanciation ou une déconnexion de notre enveloppe charnelle, comme les « voyages astraux », certains rituels shamaniques, ou autres quêtes visionnaires. Inversement, la conscience corporelle est au centre des pratiques de plusieurs traditions. Deux bons exemples seraient les disciplines chinoises du *qigong* et du *taichi*, bien qu'on pensera aussi automatiquement au yoga, activités dites méditatives pour lesquelles la présence consciente dans le corps est primordiale. Pour terminer, certaines méthodes visent la transcendance de l'aspect physique, donc y accordent une certaine importance en tant qu'ancrage, ou véhicule, l'incluant dans un processus d'expansion métaphysique. Le mot *méditation* ne peut être universellement associé ni à la présence consciente au corps physique, ni au fait d'en faire abstraction, pas plus qu'à sa transcendance ou sa simple omission.

On peut déjà déduire que le terme n'implique rien de spécifique quant à la pratique du point de vue concret ou matériel. Mais qu'en est-il de ce qui se passe « en nous » qui puisse porter l'étiquette *méditation*?

En abordant le thème avec des gens, il m'est souvent arrivé d'entendre la phrase suivante: « j'ai essayé de méditer, mais je n'arrive pas à arrêter de penser ». On peut donc commencer par soulever cette question: est-ce que la méditation consiste à cesser de penser? À nouveau, si on se fie à l'étymologie du mot, méditer *est* penser, réfléchir intensément. Plusieurs pratiques d'in-

---

tériorisation dites méditatives requièrent l'activité mentale et l'imagination. Quelques exemples seraient les méthodes de visualisation (guidées ou non), les quêtes visionnaires tels les voyages shamaniques et les méthodes *Jungiennes** d'imagination active, ainsi que l'oraison silencieuse chrétienne. Mais, si de manière générale les différentes techniques visent plus l'apaisement ou un détachement du flot de pensées, il en demeure d'autres qui impliquent une sorte de surcharge du mental par une concentration exclusive sur, par exemple, la flamme d'une chandelle ou la respiration. L'exemple le plus extrême serait celui de certaines traditions reliées à la magie qui consiste à pratiquer l'intensité de concentration afin de développer la capacité de diriger son intention puissamment sur un unique « point ». Cependant, même de manière générale, on qualifie souvent de *méditatives* toutes activités calmes et répétitives, demandant un grand focus, ayant pour effet l'apaisement et l'abstraction de l'intellect. Pour terminer, d'autres fois, on recherche plutôt à transcender la pensée. On retrouve par exemple dans le bouddhisme Zen ce qu'on appelle l'esprit *hishiryo*. Le moine Yakusan a peut-être évoqué cet état indescriptible le plus efficacement: alors qu'il faisait *zazen*, un autre moine lui demanda « Que penses-tu maintenant? », ce à quoi il répondit: « Je pense du tréfonds de la non-pensée ». Cet état de présence est peut-être même analogue à celui requis dans certains arts martiaux, où les pensées doivent être absentes sans pour autant affecter la vigilance du mental. Je suis conscient que toutes ces approches s'entrecoupent, comme par exemple que parfois l'effort pour stopper l'activité mentale n'est que momentané pour simplement aider à s'en détacher. Malgré tout, il demeure vrai que le mot *méditation* n'est collectivement et strictement associé ni à l'arrêt, ni à l'utilisation et ni à la transcendance des pensées.

---

* *Le psychiatre Carl Jung, bien qu'il ne soit pas l'inventeur des principes d'imagination active, est connu pour avoir développé et utilisé plusieurs de ces techniques en psychanalyse, sur des patients mais aussi sur lui-même, notamment lors des expériences menant à la création de ce qui sera plus tard inclus dans son mythique Livre rouge.*

Toujours dans la catégorie « ce qui se passe en nous pendant ce qui est appelé *méditation* », on pourrait se demander quelle place occupent les émotions dans la pratique. Est-ce que la méditation implique de les ignorer, de les observer ou même plutôt de les exprimer? Déjà, on peut adresser le sentiment de calme intérieur car elle fait normalement partie de l'idée que les gens se font de l'esprit méditatif. En fait, certaines techniques visent à générer un état paisible chez le pratiquant, suggérant qu'un contrôle, ou peut-être plutôt une maîtrise des émotions est recherchée. Malgré tout, même en tentant d'atteindre un état émotionnel spécifique, il arrive que certains sentiments surgissent, parfois même de manière inattendue. Dans plusieurs traditions, on recommandera de ne les pas nourrir pour plutôt se contenter de les observer, ou encore, de respirer « dans » l'émotion sans y participer. Mais si cette approche est courante, elle n'est pas commune à toutes les pratiques. Par exemple, en hypnose ou en « *rebirth* », on cherchera plutôt à libérer la charge émotionnelle en laissant notre corps y réagir librement, parfois en pleurant, en criant, en bougeant ou en riant. Plusieurs méthodes menant à des états de transe *requièrent* même ce type d'expression des émotions par l'entremise du corps physique. Dans ces cas, non seulement on ne recherche pas spécifiquement le calme, mais on s'attend à des effusions de sentiments parfois spectaculaires. D'une certaine manière, les visualisations guidées peuvent aussi provoquer d'intenses émotions, et bien que pour celles-ci on cherchera généralement à demeurer immobile et silencieux, il est fréquent de laisser couler quelques larmes, de respirer plus fort et plus bruyamment, ou d'afficher un large sourire. Puis finalement, pour les techniques visant la manifestation, soit par des rituels magiques ou plus simplement par des méthodes génératrices d'abondance, on cherchera à amplifier certaines émotions spécifiques dans le but de charger d'énergie une intention, un talisman, un sigil ou un sortilège. Alors, pouvons-nous conclure que le mot *méditation* implique une attitude précise face aux émotions? Il semble qu'on ne puisse effectivement pas observer, dans l'utilisation que font les gens de ce terme, une attitude unilatéralement reconnue comme étant préférable à adopter en présence d'émotions.

On peut donc effectivement conclure ceci: il est clair que la définition du mot *méditation*… est *tout sauf claire*. Je peux déjà entendre quelques soupirs d'exaspération et d'objection de certains d'entre vous qui diront « mais non, tu exagères! [Insérer une pratique quelconque] n'est pas de la méditation! ». Imaginons donc que je vienne d'exposer cette partie du chapitre devant une assemblée et qu'un tel protestataire exprime cette opposition à haute voix, s'attendant à ce que je prouve la validité de ma proposition. Assurément, une deuxième personne répondrait à la première d'un « mais oui c'est de la méditation! », pour qu'ensuite une rumeur s'élève dans la salle. Je n'aurais assurément qu'à me tenir là, silencieux, mon point se prouvant de lui-même. Le terme *méditation*, contrairement à *pomme* ou *soleil*, ne pointe vers rien de bien précis.

Alors, si le mot n'implique ni d'être dans le silence ou accompagné de sons, ni d'avoir les yeux fermés ou ouverts, ni de demeurer immobile ou en mouvement, ni d'être conscient ou détaché de notre corps physique, ni de cesser de penser ou de réfléchir intensément, ni de stabiliser ou d'extérioriser nos émotions, que reste-t-il qui serait commun à *toutes* les expressions du terme? C'est bien ce qui est étrange: malgré le flou entourant les détails des pratiques de méditations ou considérées comme méditatives, on dirait qu'un certain sentiment, ou un concept persiste. En effet, il semble possible de rattacher *l'état méditatif* à presque toutes les activités auxquelles un humain puisse s'adonner, aussi indéfini soit cet état. À bien y penser, c'est peut-être la méditation elle-même qui est insaisissable de par sa nature. Nous explorerons cette notion plus en profondeur dans la dernière partie de ce chapitre.

CLASSER L'INCLASSABLE

Je me demande si, de manière générale, toute forme de méditation ne serait pas avant tout de nature exploratoire. Il y a bien quelques méthodes qui sont dédiées à la manifestation de quelque chose de prédéterminé plus qu'à la découverte ou à la révélation, et d'autres qui proscrivent toutes formes de recherche active, mais directement ou non, elles offrent toutes l'opportunité de dévoiler certaines caractéristiques invisibles de notre champ de réalité. Elles permettent ainsi, pendant la méditation ou en dehors des moments de pratique, d'observer les liens causaux et interrelationnels entre ces sphères d'existence. Cela dit, bien que je n'appelle ni à décourager la pratique d'une méthode unique, ni à encourager l'essai futile d'un peu de tout pour se complaire ou se divertir, je crois néanmoins qu'il peut être souhaitable afin de se situer dans sa propre réalité, d'être apte à percevoir la méditation selon ses différents angles. Comme tous les types de méditation sont, disons, multidimensionnels, il serait vain de tenter de les assigner individuellement à une seule catégorie. Par exemple, certaines méthodes axées sur la réflexion et l'intellect pourront mener à de grandes émotions, tout comme d'autres, empruntant une approche plus émotionnelle peuvent occasionnellement requérir de l'adepte de s'exprimer par le mouvement. Utilisons toutefois l'exercice de classification malgré ses limites, histoire de stimuler votre fibre exploratoire et créative.

Les méditations du corps

Dans cette catégorie, j'inclurais toutes les méthodes qui impliquent une attention particulière au corps physique. Pratiquées dans l'immobilité ou le mouvement, les *méditations du corps* ont beaucoup plus à offrir qu'uniquement se sentir confortable à l'intérieur de son véhicule charnel. Bien sûr, la plupart des gens seraient d'accord que c'est déjà beaucoup, mais l'état de santé que permettent les méditations du corps est holistique, c'est-à-dire qu'elles harmonisent notre aspect physique à tous nos autres aspects.

Plus spécifiquement, notre corps matériel est relié de très près à notre corps émotionnel. Pratiquer une activité physique à la manière d'une méditation plutôt que de simplement s'entraîner machinalement libère parfois certaines charges émotionnelles, certains noeuds dont la présence était même insoupçonnée. Peut-être avez-vous même personnellement fait l'expérience d'éclater en sanglots, ou même de rire, pendant une pratique de yoga, de *qigong*, ou à la fin d'une épuisante session de jogging. On recommande aussi souvent aux personnes ayant tendance à la dépression de pratiquer une activité physique, et j'ajouterais que de le faire en présence consciente à son corps plutôt que dans un esprit de distraction doublera l'effet harmonisateur de l'exercice. En effet, le simple rituel de bouger peut contribuer à l'équilibre des parties concrètes et subtiles de notre personne. Ce faisant, il ouvre parfois même la voie à de grandes illuminations.

Toujours dans la catégorie des méditations en mouvement, certaines s'effectuent avec une certaine lenteur permettant ainsi un rapport plus contemplatif non seulement avec son corps et chacun de ses sens, mais aussi avec son environnement. De bons exemples seraient la marche en « pleine conscience », ainsi que la préparation méditative du thé. Ce type d'exercice place l'adepte en relation différente avec le temps et l'espace, lui offrant de nouvelles perspectives sur la nature de ceux-ci. Ainsi la matérialité même du corps physique et de ses sens peut devenir une fenêtre sur l'éternel.

Or, s'il est possible de transcender la tangibilité du corps aux travers de ses mouvements, son exploration contemplative et intuitive est aussi susceptible d'ouvrir la porte vers les mondes subtils. Dans sa forme la plus simple et la plus connue, la première étape est la relaxation du corps par la visualisation et le relâchement musculaire de chacun de ses membres, les uns après les autres. Bien que généralement cette détente ait pour but de permettre au méditant d'apporter sa perception « hors » de son corps, la connexion intentionnelle à ce dernier demeure le premier pas. Dans un autre ordre d'idée, on retrouve dans le taoïsme la notion que certaines émotions sont reliées à différents organes internes. Des pratiques méditatives respiratoires consistent à y apporter son attention, parfois en visualisant des couleurs et en produisant des sons spécifiques associés aux dits organes. Sinon, plus simplement, certaines techniques se limitent à demeurer témoin des pulsations de son coeur, ou encore de son cycle respiratoire, ne requérant rien d'autre de l'adepte que sa concentration sur cette vie qui l'anime.

En effet, qui dit corps physique dit respiration et il serait bête d'omettre de mentionner son rôle primordial dans la quasi totalité des méthodes de méditation. Sa contemplation et son approfondissement sont présents dans pratiquement toutes les traditions et techniques. Plusieurs suggèrent de s'y recentrer, en l'observant ou en comptant ses cycles, quand le mental ou les émotions s'emballent. Ça me rappelle d'ailleurs une phrase écrite sur un mur d'un centre de méditation* que j'ai fréquenté il y a longtemps:

> *Dans un océan d'émotions,*
> *ma respiration est mon ancre.*

De plus, la maîtrise des subtilités de la respiration offre à l'adepte un certain contrôle sur son état d'esprit. Par exemple, la pratique yogique du *nadi shodhana pranayama* est basée sur le principe que la respiration par la narine droite produit un effet différent de celle par la gauche. Il existe aussi des distinctions notables entre les respirations abdominale et thoracique, la première favorisant la détente et la deuxième, l'état de vigilance. Le niveau

---

** Le centre « Maison Pleine Conscience » à Montréal, où pratiquaient des disciples de maître Thich Nhat Hanh. Cette citation provient peut-être de ce dernier, bien que je n'ai jamais réussi à en trouver la source officielle.*

d'oxygénation peut aussi jouer un rôle significatif sur la conscience. Entre autres, le *rebirth* et autres techniques similaires se basent sur l'hyperventilation pour ouvrir l'adepte à la perception d'autres sphères de sa réalité. Ainsi, tout comme notre respiration se modifie constamment d'elle-même pour s'adapter à ce qu'on vit, la modifier intentionnellement est une manière aussi simple que naturelle d'influencer notre champ de perception.

Qu'on souhaite incarner pleinement sa nature physique, s'en extirper momentanément ou la transcender, stabiliser le véhicule corporel et s'y déposer, dans l'espace et le temps, est généralement essentiel à toutes méditations. Relié en interdépendance à toutes les sphères subtiles, notre précieux corps physique est, de manière générale, le point de départ et de retour de nos plus grandes explorations métaphysiques.

Selon vous, suivant cette description, quelles forment prendraient les méditations du corps? En pratiquez-vous déjà certaines? Ou encore, quelles activités impliquant le mouvement de votre corps pourriez-vous pratiquer avec une plus grande attention?

Les méditations émotionnelles

Il est si courant de voir le cliché du maître « illuminé » affichant un léger sourire impassible, imperturbable et équanime en toutes circonstances, que le qualificatif *émotionnel* peut sembler contraire à la notion de méditation. À vrai dire, ironiquement, beaucoup voient cette dernière comme une façon d'éliminer les sentiments désagréables et en générer des plaisants. Quoi qu'il en soit, les fluctuations émotionnelles dans l'acte méditatif sont pour ainsi dire inévitables, et tenter brutalement de les restreindre, ou de les contrôler, risque plutôt de les amplifier. Une différence existe d'ailleurs entre *contrôle* et *maîtrise*: le premier implique une position antagoniste face à ce sur quoi

                3ème partie: Quelques mots de la Terre

on souhaite exercer son pouvoir, alors que la deuxième requiert une forme d'apprivoisement et d'équilibre entre l'action et l'abstention. Qu'on le souhaite ou non, toutes formes de méditation nous mettront tôt ou tard en contact intime avec nos émotions, et c'est dans ces situations que l'adepte sera appelé à distinguer le contrôle de la maîtrise. Or, les différentes méthodes suggérant diverses attitudes à adopter face à nos sentiments, allant de l'observation à l'interaction, passant parfois par l'acte d'aller intentionnellement à leur rencontre, ou même à celui d'en provoquer l'apparition.

Assurément, la position la plus répandue dans les enseignements est celle d'observer simplement les émotions de manière détachée et objective, autant que possible. Plusieurs méthodes suggèrent simplement de « respirer dans l'émotion », d'autres de se limiter à reconnaître leur présence. Il semble d'ailleurs qu'il soit plus commun dans les traditions orientales (bouddhisme, hindouisme, taoïsme, etc) de préserver la notion que les sentiments, bien qu'ils nous habitent au point parfois de nous posséder, nous sont essentiellement extérieurs. Beaucoup de pratiques donc requièrent de ne pas interférer mentalement avec le corps émotionnel, sans pour autant nier son existence et l'importance de son équilibre.

Continuons maintenant avec une approche moins connue, ou peut-être, moins reconnue. Si arriver à se distinguer de nos émotions peut réduire la tendance à les nourrir compulsivement ou de les fuir en panique, il arrive que cette distinction ne suffise pas à se libérer d'une charge émotionnelle récalcitrante. Interagir avec une telle charge peut parfois s'avérer plus efficace, que la méthode soit appliquée par elle-même ou conjointement à la pratique du détachement. Par certaines formes de méditation, notamment l'auto-hypnose, les visualisations (guidées ou non), ou les techniques d'imagination active, on peut aller symboliquement à la rencontre d'une émotion particulièrement puissante, pour ainsi converser avec elle et l'apprivoiser. On pourra ainsi percevoir, ressentir et comprendre sa provenance, sa raison d'être, les déclencheurs qui la ravivent, ainsi que les besoins qu'elle comble. Une autre variation de cette méthode serait celle de revivre, dans un état méditatif profond, certains événements particulièrement marquants de notre vie, les plus blessants comme les plus gratifiants. Cela dit, il est dans ce cas préférable d'être accompagné par un guide ou un thérapeute de confiance apte à procurer soutien et accueil pour entreprendre cette démarche, surtout si elle implique de revisiter des traumas pour délier les noeuds émotionnels qu'ils ont créés. En effet, il est bien de se rappeler que même si l'état méditatif est personnel et souvent introspectif, certaines pratiques peuvent nécessiter un support externe. Or pour toutes les approches mentionnées dans ce paragraphe, l'externalisation des émotions est recommandée, contrairement à celles du précédent pour lesquelles il est plus approprié de ne pas « céder » au désir de les manifester.

Outre les méditations visant à observer les émotions et celles consistant à interagir avec elles, d'autres méthodes impliquent d'en générer et même de les amplifier. Par exemple, certaines méditations guidées prennent parfois la forme de grandes épopées et sont construites de manière à provoquer d'intenses expériences pour l'imaginaire de l'adepte, le menant parfois même jusqu'à l'extase. Ces méthodes servent généralement à stimuler certaines qualités chez le méditant ou à provoquer en lui un état de conscience spécifique. Pour finir, certains penseront aux méditations visant la création, comme par exemple, celles liées à la fameuse « loi de l'attraction », pendant lesquelles l'adepte doit visualiser l'objet ou la situation désirée en prenant soin de ressentir fortement les émotions qui surviennent. Bien que la technique est souvent présentée de manière simpliste, ce principe d'amplification émotionnelle ne date pas d'hier et demeure digne de mention. On le retrouve en effet dans plusieurs pratiques magiques ancestrales et modernes. Un exemple populaire serait la création de sigils, ces petits dessins mystérieux symbolisant une intention particulière, et dont l'efficacité dépend entre autre de l'intensité de la charge émotionnelle qui lui est appliquée au moment de son inception. Ainsi donc, certaines méthodes passent par l'acte méditatif pour générer des émotions, elles-mêmes assez puissantes pour influencer la réalité de l'adepte.

Il est indéniable que l'observation détachée des fluctuations émotionnelles fait partie intégrante du développement de la *position de témoin*, une des plus précieuses aptitudes de la quête mystique. Néanmoins, il demeure que cette attitude face aux sentiments n'est pas l'unique position qu'il est possible, ou parfois même souhaitable d'adopter dans un contexte méditatif.

Et vous, pour quelle attitude optez-vous face à vos émotions pendant votre pratique? Croyez-vous préférable de n'en appliquer qu'une seule ou de demeurer flexible face aux méthodes? Est-ce que vos méditations contribuent *réellement* à vous émanciper de l'emprise d'émotions handicapantes et tenaces, au point de ne plus les voir ressurgir? Ou encore, pouvez-vous affirmer en toute honnêteté ne jamais utiliser les émotions fortes générées par certaines méditations pour renforcer vos désirs égoïques?

Les méditations de l'intellect

Une métaphore ancienne, fréquemment rencontrée dans plusieurs courants de méditation, utilise l'image d'un singe hyperactif pour décrire l'intellect indomptable qui demande constamment l'attention de l'adepte. On pourrait croire, à en écouter certains, que le mental est l'ennemi numéro un du méditant. Pourtant, l'analogie est habituellement utilisée pour enseigner qu'il est préférable de se contenter d'observer le singe ou de l'ignorer, car l'immobiliser est non seulement très difficile, mais voire peut-être même inutile. Certes, être obnubilé par les pensées est un obstacle pour la majeure partie des gens qui pratiquent des formes de méditation détachées de l'appareil mental. Rappelons-nous cependant que le mot *méditation* lui-même provient de l'acte de réfléchir avec une très grande concentration, et qu'ainsi, certaines approches viseront plutôt la maîtrise de l'intellect *par l'action consciente* sur celui-ci. Autrement dit, par le perfectionnement de la pensée plutôt que par son rejet.

En évoquant l'équation « pensée + méditation », plusieurs penseront *philosophie* et avec raison. Déjà, la racine grecque de ce mot* se traduit elle-même par « l'amour de la sagesse », une qualité que beaucoup souhaitent cultiver par leurs pratiques, suggère qu'il est possible d'atteindre une forme d'illumination par la réflexion profonde. À vrai dire, les philosophes grecs anciens avaient eux aussi un terme, « *eudaemonia* », pour évoquer la béatitude résultante de l'union avec le divin, même s'il est de nos jours parfois réduit à une vague notion de bonheur. Le terme « *henosis* », lui aussi grec, pointe vers le concept d'unicité mystique, et des présocratiques aux néoplatoniciens, nombre de philosophes vantaient la méditation comme façon d'atteindre cette fusion à la Source. Généralement, méditer impliquait pour eux de fixer l'esprit sur une seule et unique question fondamentale, ignorant toutes idées préconçues à son sujet afin de trouver la réponse en soi… un exercice qui pouvait mener à la compréhension de beaucoup plus que la question d'origine!

Quoi qu'il en soit, qui dit *philosophie* ne dit pas nécessairement *Grèce antique*. En effet, l'intense réflexion comme pratique méditative s'apparente grandement à certaines anciennes méthodes orientales. Par exemple, le *jnana yoga* ou yoga de la connaissance, utilise aussi la pensée profonde pour transcender la réalité par les voies de la contemplation intellectuelle. Il ne s'agit pas là d'un hasard: il est en effet intéressant de noter que plusieurs philosophes grecs, suite à leurs visites en Inde, ont rapporté dans leur pays des concepts et méthodes fortement inspirés de l'hindouisme, ce qui influencera la pensée hellénique de bien des manières. Les valeurs des *méditations de l'intellect*

-----

* *de philein: « aimer » et sophia: « sagesse ».*

　　　　　　　　　3ème partie: Quelques mots de la Terre

sont, on peut le voir, louangées par nombres de mystiques d'est en ouest de la Terre.

Ensuite, je me risque à mentionner les pratiques reliées à ces « énigmes » du bouddhisme Zen, les *koan**. Le risque ici est que ces phrases et contes sont aussi paradoxaux qu'ils sont source de polémiques. On en entendra affirmer que pour les résoudre, l'intellect doit être « désamorcé ». D'autres diront que les koan ont des explications logiques, mais qu'un rationnel différent doit être appliqué pour les découvrir. Néanmoins, que la réflexion active fasse partie de la recherche ou non, le mental est nécessaire au moins un minimum, ne serait-ce que pour révéler les limites de ce dernier ou même simplement pour se rappeler du koan lui-même. Indéniablement, cette pratique se distingue de celles pour lesquelles l'intellect n'est pas engagé.

D'une manière ou d'une autre, les techniques de méditation s'appuyant principalement sur l'exertion du mental ou de la pensée active semblent toutes avoir comme but, ou du moins comme aboutissement, la transcendance de l'intellect. En s'éprenant d'une question fondamentale, de l'un ou l'autre des plus grands mystères déconcertant depuis toujours l'esprit humain afin l'élucider de sa propre conscience, le mystique transmutera l'élément de sa connaissance en gnose, en expérience du divin. Lorsque le mental en vient à se court-circuiter de lui-même, une grande Lumière devient accessible que nuls mots ne sauraient décrire. Il existe autant de chemins vers cette Lumière que d'humains et bien souvent la voie de la simple intuition est préférable. Pour certains cependant, la voie de la connaissance, de l'analyse et de la philosophie sera de loin la plus salvatrice.

** Questions présentant un paradoxe, parfois posées par un maître à un disciple qui devra méditer sur sa réponse. Pratique plus courante dans la tradition Rinzai, une des écoles principales du Zen. L'exemple de koan le plus célèbre est sûrement: « Quel est le son d'une seule main qui applaudit? ». Un autre serait « que devient le blanc de la neige après sa fonte au printemps? ».*

Quant à vous, pouvez-vous affirmer vous être déjà emparé d'une question fondamentale, pour la lutter au point de ne faire qu'un avec elle? Quelle est la place de votre mental dans vos pratiques méditatives? Croyez-vous que l'intellect soit uniquement un obstacle à l'illumination, ou au contraire, qu'il puisse servir de tremplin vers celle-ci?

Les méditations imaginales

En récapitulant, on constate que l'humain utilise « la » méditation pour se connecter à son corps, à ses émotions ou à son esprit, dans des buts allant de la simple détente à l'illumination. Quoi qu'il en soit, si ces buts sont parfois difficiles à atteindre, voire même inaccessibles, il arrive que des barrages subconscients soient la cause. À nouveau, l'état méditatif peut nous être d'une précieuse aide pour accéder à l'univers subtil de l'imaginal, là où s'animent nos rêves et nos mémoires. C'est aussi le royaume des grands archétypes; dieux, égrégores, *dévas*, *djinns*, anges et démons pour donner quelques exemples. Il abrite aussi les grandes idées, les croyances les plus puissantes et les peurs les plus fondamentales, toutes personnifiées par d'innombrables symboles eux-mêmes déterminés par la psyché de quiconque s'y aventure. C'est même, pour ainsi dire, la demeure première de *Zinfaendel*. Ce monde intemporel au langage métaphorique étant intimement lié à la réalité de l'adepte, savoir s'y connecter et en interpréter les codes s'avèrera parfois indispensable à sa quête.

Tout d'abord, mentionnons que chacun de nous visite ce monde quotidiennement, inconsciemment ou non, pendant les rêves. Ce fait implique aussi que tout naturellement, nous traversons la porte y donnant accès deux fois par jour, nuit et matin. À chaque passage, nous vivons temporairement l'état de conscience liminal nécessaire à entrer intentionnellement en relation avec le monde imaginal: l'état *hypnagogique** intermédiaire entre celui d'éveil et de sommeil (ou vice versa). Un exemple célèbre de l'utilisation de l'hypnagogie est celui du peintre Salvador Dalí qui s'endormait en tenant un objet tel une cuillère ou une balle métallique. Juste au moment de sombrer dans le sommeil, sa main détendue laissait tomber l'objet qui produisait un bruit assez fort pour l'empêcher de s'assoupir entièrement. Il s'empressait alors de prendre note des images présentes à son esprit, images qui auront inspiré certaines de ses plus grandes oeuvres. Cela dit, bien qu'il ne s'agisse peut-être pas là d'une technique de méditation à proprement dit, l'exemple démontre néanmoins une façon de cultiver l'aptitude d'entrer volontairement et même de demeurer dans l'état hypnagogique par l'exercice méditatif. L'adepte serait ainsi capable d'interagir avec le monde imaginal pour mieux y percevoir ce qui influence sa réalité, ou encore pour y poser des actions qui se répercuteront dans son monde matériel.

Une fois les portes de l'imaginal ouvertes par les pratiques menant à l'état hypnagogique, le méditant appliquera différentes méthodes en fonction de sa quête. Un but couramment associé aux méditations imaginales est la recherche d'informations, de communications ou d'inspiration, sources de sagesse et de gnose. Pour ce faire, certains tenteront d'entrer en contact avec des entités ou archétypes afin de les interroger ou simplement de recueillir quelconque message elles auraient à leur transmettre. L'écriture automatique, la transe méditative ainsi que les techniques d'imagination active serviront entre au-tres de ponts nécessaires à ce type de révélation. Cependant, ces méthodes ne sont pas utilisées que pour contacter des divinités dans l'espoir de se voir livrer quelques grandioses prophéties. Plus souvent, l'adepte cherche à scruter l'imagerie de son univers intérieur afin d'y trouver indices et guidance. Bien

---

* *Comme mentionné plus tôt dans le livre, si certains distinguent l'état qui précède le sommeil à celui qui lui succède, mon expérience personnelle m'empêche d'appliquer cette distinction. Je n'utiliserai donc ici que le terme hypnagogique, qui est de plus celui le plus couramment utilisé.*

qu'il tentera parfois d'échanger avec des entités plus « personnelles » telles un ange gardien, un *daemon*, ses ancêtres ou simplement son « Soi supérieur », d'autres fois l'exercice sera plutôt exploratoire. Ainsi, toujours suivant certaines techniques méditatives, des endroits et personnages peuvent être visités, dans le monde imaginal, via le véhicule de l'imagination, afin d'y faire des découvertes. Certains de ceux-ci seront révélés en songes et l'adepte pourra les visiter en préservant l'état hypnagogique au réveil, ou subséquemment en rêve lucide ou en visualisation, quand bon lui semblera.

Sans développer une théorie entière sur le monde imaginal, je crois pouvoir suggérer qu'il est aussi intrinsèquement relié au monde physique. À titre d'exemple, mentionnons les méthodes de *remote viewing** permettent d'appréhender la nature psychique de l'espace matériel-temporel, par le même appareil de perception utilisé pour l'exploration de l'inconscient et autres mondes subtils. Une fois « positionné » dans l'imaginal, l'adepte tournerait alors son regard sur le monde manifesté. Pour la raison que ces techniques de « vision profonde » nécessitent un état de conscience très particulier, je me permets de les inclure dans la catégorie des *méditations imaginales*.

Ainsi donc, une fois le corps bien détendu et les yeux fermés, on peut s'éveiller au fait que notre réalité s'étend à bien plus large que le monde des perceptions physiques normales. L'acte méditatif peut ouvrir d'innombrables avenues, dont celles du subconscient, des différentes dimensions de notre monde, du royaume des rêves ou celui des dieux et archétypes, et les explorer non seulement permet de voir des éléments, préalablement inconnus, qui

---

** Parfois maladroitement traduit par « vision à distance », le remote viewing est une pratique permettant de percevoir des endroits, personnes, objets, etc, inaccessibles par les sens du corps physique. Le « viewer » peut aussi bien projeter sa conscience dans la pièce d'à côté que sur une autre planète, ou même dans un autre espace-temps que le sien. Tout dépendant de ses aptitudes, il sera en mesure non seulement de percevoir des éléments matériels de l'espace physique, mais aussi des sons et odeurs, et même des ambiances et émotions.*

influencent parfois même fortement nos actions et paroles. Inversement, agir dans ces mondes permettra potentiellement un peu plus de maîtrise sur notre réalité manifestée.

Quelle est la place du véhicule de l'imagination dans vos pratiques méditatives? De quelles manières l'univers de vos rêves s'imbrique-t-il dans votre réalité concrète? Croyez-vous que le monde des archétypes et des dieux soit entièrement déconnecté du monde matériel, et si oui, pouvez-vous en percevoir les influences concrètes? Vos méditations servent-elles entre autres à communiquer avec votre subconscient ou certaines entités?

Les méditations de transcendance

Sauf pour quelques exceptions, les formes de méditation mentionnées jusqu'à présent dans cette section ont toutes des objectifs plutôt précis. La détente, la recherche d'informations, de messages ou d'inspiration, développer quelques aptitudes de focus, ou encore, un état d'équilibre interne et externe sont probablement les motivations les plus courantes pour se dédier aux pratiques jusqu'alors explorées. Or d'autres méthodes et traditions visent, si l'on peut dire, un objectif des plus paradoxal, soit un *but sans but*. Il est donc bien difficile de parler efficacement de cette dernière catégorie de méditation car on ne peut réellement la qualifier en termes de pratiques ou d'aspirations très spécifiques.

Les deux traditions qui me viennent immédiatement à l'esprit en pensant à cette catégorie sont le bouddhisme Zen et le taoïsme. Dans la première, on peut percevoir la nature paradoxale de *zazen* par cette citation du maître Zen Sōtō, Taisen Deshimaru au sujet de l'état à adopter pendant sa pratique:

Puis, pour le taoïsme, une des notions fondamentales de la pratique est celle de *wei wuwei*, ou encore, agir sans agir. Ce type de philosophie est à l'essence du non-dualisme, un courant de pensée prédominant dans les deux traditions mentionnées ici, mais aussi dans l'hindouisme (plus spécifiquement dans l'*advaita vedanta*) et chez différents philosophes occidentaux de l'antiquité à aujourd'hui. Les techniques de méditation issues de ces courants seront donc fortement, sinon essentiellement déterminées par cette notion de non-dualisme. Quoi qu'il en soit, on ne peut affirmer que le *but* des méthodes regroupées dans cette catégorie soit la transcendance, mais plutôt qu'elle en représente le résultat qu'il ne faut surtout pas rechercher à atteindre… ni à ne pas atteindre!

Il est néanmoins important de préciser que cette catégorie n'est pas celles des méditations que je ne suis pas arrivé à classer dans les groupes précédents. Pour ce faire, il me faut peut-être au minimum tenter de mettre en mots la notion de transcendance, et ce de manière très brève car elle ne fait pas non plus l'objet de cette section.

(Ouch. Tout un défi!)

D'accord, allons-y:

無 ou « Mu »: Rien, non, ne pas faire.
所 ou « Sho »: Substance, matériel.
得 ou « Toku »: Saisir, obtenir, acquérir.

                                         3ème partie: Quelques mots de la Terre

La transcendance, c'est l'inclusion ontologique de la sensibilité cognitive à la supraconscience universelle. C'est l'individuation par l'anéantissement de l'objet. C'est la conciliation transmutative de l'immanence et de la rémanence. C'est l'effondrement qui révèle la forme. C'est la vision de l'Ouroboros, du serpent dévorant sa propre queue. Ou encore, c'est quand le spectateur au théâtre comprend qu'il fait partie du scénario, un scénario en mutation constante, que la salle fait partie du décor autant que la planète elle-même, et que tous les autres comédiens improvisent. Ok, je vais le dire malgré mon aversion pour les clichés: la transcendance, c'est faire Un avec le Tout.

Assurément, ce dernier paragraphe ne vous aidera pas à comprendre ce qu'est la transcendance, et encore moins à en faire l'expérience. Cependant, croyez-moi, c'est de moindre importance. Le but de cette section du chapitre, rappelons-le, est strictement d'énumérer, organiser et explorer les différentes pratiques appelées *méditation* par les gens, de manière générale. Cela dit, il est quand même intéressant de constater que quand on parle de méditation, la catégorie « inclassable » n'est pas constituée de pratiques marginales et dépareillées. *Les méditation de transcendance* sont inclassables par leur nature.

Et vous, quand vous lisez le mot « transcendance », pouvez-vous en goûter la saveur? Quel mots utiliseriez-vous pour décrire ce terme? En réfléchissant un peu, pouvez-vous trouver dans votre mémoire un de ces moments où le temps s'est arrêté pour vous permettre de « faire Un avec le Tout »? Ou tout simplement, est-ce que cette notion de transcendance fait partie de vos considérations, en méditation ou dans la vie en général?

NOTE AU SUJET DES SYSTÈMES TRADITIONNELS

Il va sans dire que la voie mystique est essentiellement personnelle. L'ego étant un véhicule d'une complexité étonnante, sa maîtrise demande d'en connaître autant sa constitution que son fonctionnement. Puis, contrairement aux voitures qui sont assemblées à la chaîne, chaque véhicule égoïque se construit progressivement de manière à s'adapter à son environnement unique, faisant de chacun un système non seulement hautement particulier, mais en évolution constante due à ses liens interrelationnels avec les autres. De ce fait, il est normal pour l'adepte de la voie mystique de tendre vers l'expérience vécue plutôt que de suivre aveuglément les instructions d'un mode d'emploi lui promettant bonheur et liberté. Certains seront ainsi attirés par l'expérimentation de diverses techniques issues d'une multitude de traditions. En soi, cette attitude, bien qu'elle comporte son lot de pièges, est tout à fait normale et souvent même souhaitable. D'une part, considérant la complexité de l'ego, certains adeptes se sentiront appelés à canaliser leur quête dans une seule école ou culture, et auront ainsi besoin d'en explorer plusieurs avant de rencontrer ce qui leur correspond le plus. Inversement, d'autres seront plutôt interpellés par une voie hautement personnalisée et indépendante, mais chercheront néanmoins à s'appuyer sur les points partagés par les différentes traditions mystiques de l'histoire humaine.

Quoi qu'il en soit, si l'adepte n'est engagé sur sa voie que de manière superficielle, il se conduira parfois à la manière d'une petite abeille butineuse, prenant ce qui lui plaît et rejetant ce qui lui semble désagréable ou futile. En effet, tout comme se plier obtusément à un système de croyances peut survenir en réponse à un ensemble de désirs égoïques, les survoler sommairement peut aussi bien servir de validation externe ou de banal divertissement. Cela

  3ème partie: Quelques mots de la Terre

dit, dans le deuxième cas, un risque additionnel se superpose. En n'intégrant qu'occasionnellement à sa pratique certaines bribes de ces systèmes, ou encore en en soustrayant certains éléments, certaines méthodes peuvent non seulement être rendues stériles, mais parfois même devenir dangereuses pour l'adepte. Deux bons exemples seraient la pratique excessive de certaines méditations bouddhistes sans professeur ou *sangha*, et celle de rituels magiques sans connaître la base des rites de protection.

Il est donc important de noter que la section précédente, cette classification sommaire des activités reliées au mot *méditation*, doit être perçue avec une certaine légèreté. L'exercice se devait d'être grossier dans une certaine mesure et se veut plutôt une réflexion sur la variété de pratiques dites méditatives. Je dois l'avouer, je suis personnellement fasciné par la myriade d'avenues s'ouvrant à l'adepte du moment qu'il ferme les yeux, et encore plus par l'impact de ces expériences sur sa réalité en mode paupières ouvertes. Mon but par cet exercice est principalement de communiquer cet émerveillement et de vous exposer à l'ampleur de cette variété dans les pratiques. Malgré tout, je spécifie que si je n'ai fait référence qu'en surface à différentes traditions ancestrales, c'est que je considère primordial de les considérer comme des systèmes à la fois complets et complexes. N'étant moi-même disciple d'aucun maître et n'appartenant à aucune religion, je reconnais et rappelle au lecteur qu'il est généralement préférable de passer par les voies traditionnelles pour profiter efficacement et sécuritairement de ce type d'enseignements. D'autant plus, vous pourrez ce faisant redonner à ces traditions en y contribuant par votre expérience directe, et à la fois, en vous joignant à de longues lignées de mystiques et d'ancêtres.

Rappelons-le, la voie mystique est sans forme précise, mais cela n'implique pas de renier d'emblée toutes formes d'organisation. Cela étant dit, qu'elle soit exprimée par l'entremise de systèmes existants ou en dehors de leurs cadres, le fondement de cette voie se limite à la présence consciente et intègre de l'adepte. L'essence de la voie mystique prend place *à la base* de la vie spirituelle et bien qu'elle influencera la formation de ses structures, elle n'en fera pas pour autant partie.

Je médite donc je suis

C'est avec un certain amusement que je constate qu'avant la phrase précédente, je n'ai pas une seule fois employé les termes *spirituel* ou *spiritualité* dans ce chapitre. S'agit-il d'un exploit ou d'une simple omission? Comment peut-on écrire un chapitre presque entier sur la méditation sans même faire mention de ces mots? Au-delà de son aspect cocasse, ce fait se révèle à moi comme étant la réponse à la question primordiale que je souhaitais soulever pour terminer le chapitre, c'est-à-dire: qu'ont en commun *toutes* les pratiques associées au mot *méditation*? Ou encore, qu'est-ce qu'on retrouve au coeur de ce terme?

Tout d'abord, dans la première section du chapitre, nous avons déconstruit le mot *méditation* en démontrant qu'il ne se définit pas par des actions ou pensées précises. Dans la deuxième, je me suis permis d'utiliser le terme de manière très large pour inventorier ce à quoi il fait référence. Pour terminer donc, mon intention est ici de découvrir, déterminer et décrire le seul facteur commun entre toutes les pratiques reliées au terme, parce que si le mot ne pointe concrètement vers rien de très précis, on peut tout de même *ressentir* son existence. Ça n'est qu'une fois dépouillé de ses accoutrements, de ses masques et formes manifestées, que l'esprit de la méditation nous est révélé. Explorons-le ensemble.

Dans ma recherche du point commun, j'ai considéré l'idée que la méditation était en quelques sortes *l'adoption de diverses postures mentales*. À l'image du yoga, il semble que les gens qui disent méditer décrivent différents états d'esprits qu'ils adoptent via l'intention. La plupart des gens se limitant à la pratique d'une seule posture, bien qu'on puisse en répertorier plusieurs, on s'éloigne de la quête d'un point commun. De plus comme on l'a vu, certaines méthodes visent un détachement du mental, et parfois même sa transcendance. Bel effort, mais on passe à la prochaine idée.

Je me suis ensuite arrêté sur la notion de *concentration*, car il est implicite que les activités mentionnées sont exécutées préférablement avec un certain focus. Rapidement, je me suis ravisé. Tout simplement, cette notion est contraire à plusieurs définitions du terme, notamment à celle de l'influent penseur Krishnamurti qui considère le fait de se concentrer comme un acte exclusif alors que la méditation devrait inclure la réalité dans sa totalité. Quoi qu'on en pense, la concentration n'est donc pas un point commun à toutes les pratiques.

De là, mon esprit a vogué vers ce que j'appellerais *l'esprit de rituel*, ou encore, *l'esprit du sacré*. On se rapproche là, selon moi, de l'esprit commun à tout ce qu'on attribue à l'acte méditatif. En effet, il me semble que tout ce qu'on décrit ainsi implique la notion que le moment est imbu d'importance. Sans évoquer pour autant la solennité, le mot *méditation* est teinté d'une qualité de présence et de disponibilité requises pour l'action désignée. Malgré tout, je ne crois pas encore avoir atteint le coeur du terme, car certains considèreraient préférable de ne pas voir les moments de pratique comme étant spéciaux ou externes à la réalité « normale » de chaque instant.

Et c'est là que m'est apparu un autre terme: *spiritualité*. Tout prend son sens. Sans une certaine notion de spiritualité, et ceci s'est magnifiquement illustré de soi-même tout au long du chapitre, le mot *méditation* est vide de toute substance. Ainsi, je suggère cette définition:

> *Méditer, c'est infuser l'agir*
> *d'une spiritualité vivante.*
> *C'est incarner l'esprit par le geste.*

C'est tout.

Pas bien précis, me direz-vous peut-être. En fait, suite à la suggestion de cette définition, certains demanderaient peut-être un chapitre sur la définition de *spiritualité*, à qui je répondrais que celle-là, vous devrez la révéler par vous-même. Afin de comprendre pour soi-même la spiritualité, il faut d'abord avoir entrepris de connaître l'esprit, son propre esprit. Je spécifie: *avoir entrepris* de le connaître, car on ne connaît réellement que par l'expérience. Puis, paradox-alement, la méditation sert elle-même à connaître l'esprit.

Wow… plus ça avance, moins c'est clair, n'est-ce pas? Récapitulons. Méditer, c'est agir spirituellement, d'accord. Mais pour agir spirituellement, il faut connaître l'esprit, et pour connaître l'esprit, il faut méditer. Donc, sans connaître l'esprit, il est impossible de méditer réellement, et à la fois, il est impossible de connaître l'esprit sans méditer. On ne s'en sort pas!

À vous qui êtes confus, frustrés devant l'incompréhension, je dis ceci: vous êtes bénis! Il s'agit peut-être là de votre premier *koan*, de votre premier pas vers une spiritualité *vivante*. Je vous encourage fortement à habiter ce questionnement de tout votre coeur, avec toute votre intention. À vrai dire, je suggèrerais la même chose à ceux qui ont lu la définition avec un sourire de satisfaction. Êtes-vous absolument certains, totalement convaincus d'avoir *réellement* compris cette définition? Rappelons-nous… la voie mystique re-quiert une honnêteté impitoyable et une intégrité de fer!

Meditatus, ergo sum

Maintenant que nous sommes allés au coeur du mot *méditation* pour s'imprégner de son esprit, j'aimerais attirer votre attention sur le titre de cette section du chapitre: *Je médite donc je suis*. Beaucoup y reconnaîtront une référence à Descartes, connu pour avoir dit *je pense donc je suis*. Parfois considéré (à tort?) comme le père du matérialisme et à l'origine de l'esprit

« cartésien », ses raisons pour être arrivé à cette conclusion font qu'elle n'est pas aussi éloignée qu'on pourrait le croire que l'énoncé du titre. Bien qu'il s'agisse selon moi d'un sujet fascinant, je vais pour l'instant me contenter de communiquer ce qui m'a poussé à réinventer la célèbre citation.

J'aimerais tout d'abord vous partager une anecdote vécue il y a environ une dizaine d'années, alors que je pratiquais encore l'art martial japonais du *kendo*. Traditionnellement, chaque période d'entraînement en groupe est précédée et terminée par une période de *mokuso*, un court moment de silence méditatif. Bien que de nos jours cette pratique est souvent accomplie machinalement, sans trop en comprendre la signification ou la nécessité, mon professeur lui y accordait une grande importance. Sûrement parce qu'il était lui-même un moine Zen ayant pratiqué auprès de maître Taisen Deshimaru. Un jour, alors que l'assistant du professeur cria « *mokuso yame* » pour marquer la fin de la méditation en début d'entraînement, un vif « Pourquoi!? » déchira mon esprit, dans le sens de « Pourquoi s'arrêter de méditer? ». Je comprenais alors que l'annonce *yame* (やめ), qui signifie « arrêt », n'impliquait pas celui de l'état d'esprit atteint grâce à cette petite méditation. Cette dernière servait certes à recentrer l'esprit, mais le centre retrouvé se devait d'être préservé pendant toute la pratique. *Yame* donc ne s'appliquait qu'à la posture physique et ne servait qu'à attirer l'attention sur les prochaines instructions. L'esprit, lui, devait persister.

Forcément, cet subite réalisation s'est étendue à l'ensemble de mes pratiques, et j'ai compris l'importance de voir se fusionner ma spiritualité et ma « vie normale ». Sans cette fusion, je demeurais fragmenté, inconséquent face aux prises de conscience que je faisais, assis sur mon coussin. Mes périodes de méditations m'apparaissaient soudainement plus comme une sorte de jeu de rôle sans incidence profonde sur ma personnalité et mes décisions de vie. Mes prises de conscience, rien de plus que de belles paroles aussi grandioses que futiles. C'est ainsi que j'ai entrepris de ne plus stopper l'état méditatif pour plutôt le traîner avec moi tout au long de la journée.

Après plusieurs années à vivre ainsi, et à force que cette attitude se soit normalisée, je pouvais constater quelque chose d'aussi terrifiant que merveilleux, d'aussi étrange que profondément banal: le sentiment d'être *réellement* vivant, c'est-à-dire pleinement lucide et en maîtrise de mes paroles et actions, équivalait à la « pureté » de ma qualité de présence. Autrement dit, plus j'incarnais la spiritualité, plus j'étais vivant. Et donc, qu'être est synonyme de méditer. *Je médite donc je suis.*

Ce qui était quelque peu terrifiant cependant était de prendre conscience de la version négative de l'affirmation, soit que *si je ne médite pas, je n'existe pas.* Mais quelle pression! Je dois méditer en tous temps si je souhaite être vivant!? J'arrive à peine à méditer 20 minutes sans penser à ce que je dois rapporter de l'épicerie, et au truc que mon patron m'a dit la semaine dernière qui d'ailleurs n'était vraiment pas juste et je suis certain que c'est mon collègue qui lui a dit que… AAARG! Je le fais encore! Je n'y arriverai jamais! C'est impossible! Je ne suis pas un moine, moi! Je n'existe pas et n'existerai jamais vraiment!!!

Allez, allez. Prenez un petit 5 minutes pour paniquer bien solide. Ça libère.

Au bout de vos larmes? Prenez un petit mouchoir, respirez profondément et poursuivons.

Je vous rappelle tout d'abord, eh oui, une fois de plus, que *la Nature elle-même supporte votre démarche*. Si le « problème » de ne pas exister en dehors de l'esprit méditatif semble insurmontable, c'est qu'on y associe l'obligation d'accomplir certains exploits de discipline quasi surhumains, tels partir en retraite isolée pendant un an dans les Himalayas. Sachez ceci: l'illumination et la connaissance de soi est un droit fondamental donné à tous les humains et en chacun d'eux sommeille la voie de la réalisation, et ce, *indépendamment des circonstances*. Plus souvent qu'autrement, l'éveil requiert de ne pas intervenir sur ce qui cherche à croître naturellement par la pulsion de Vie. Déposez-vous. La présence méditative nécessite avant tout un certain abandon.

Sachez-le, loin de moi est l'idée de me moquer du découragement qu'on peut ressentir face à la « mission d'illumination » qu'on s'impose à soi-même, consciemment ou non. C'est vrai qu'ultimement, je suggère de surcroît que la plupart des gens n'existent pas vraiment, un jugement brutal s'il en est un. Cela dit, mon seul et unique but est d'en appeler à nouveau à votre intégrité en considérant *pour vous-même* la nature de vos pratiques. Car s'il va de soi que la méditation est elle-même essentiellement sans forme, comme nous l'avons vu au cours de ce chapitre, s'asseoir sur un coussin, les jambes croisées, 20 minutes par jour, n'a rien de plus à offrir que de manger un hot-dog dégoulinant si votre *esprit* n'y est pas. Si l'action est automatique, mécanique, accomplie en recherche de divertissement, de validation ou par peur de souffrir, l'adepte n'agit pas différemment d'un robot programmé par son histoire et son entourage. Comme un robot qui est animé mais essentiellement mort, il parle mais ne dit que ce qu'il est supposé dire. Il donne l'impression de réfléchir alors qu'il ne fait que calculer. Une action automatique est stérile, mais celles qui naissent de l'immédiat, de ce fameux et insaisissable instant présent sont empreintes d'esprit et ainsi donc, de l'essence divine. Voilà pourquoi méditer est analogue à la spiritualité qui elle, est l'expression même de la pulsion de Vie primordiale.

Ainsi, méditer peut être parler, se nourrir, flatter un chat, servir un client, ou encore, jouer de la musique. Évidemment, méditer peut aussi être s'asseoir dans le silence avec les yeux fermés ou marcher lentement en s'imprégnant des sons de la forêt, ou écrire ses plus profondes réflexions. Puis croyez-le ou non, méditer peut aussi être crier, jouer aux jeux vidéos, frapper, ou regarder un film. La forme n'a aucune importance, et méditer est une pratique de chaque instant. La méditation est avant tout une qualité de présence, et être *réellement* présent de corps, de coeur et d'esprit, c'est être profondément et inexorablement Vivant.

Pour terminer, je veux tout de même m'assurer de la clarté d'un point. Peut-être l'avez-vous déjà compris, mais il est primordial que vous sachiez que je ne cherche ni à dénigrer, ni à décourager les pratiques généralement identifiées comme méditatives. Je ne les suggère pas pour autant plus. À nouveau, la forme est sans importance. Par contre, je vais me permettre une recommandation qui vous semblera peut-être radicale, mais je crois qu'elle est à la fois trop peu souvent émise et parfois très efficace. Je l'ai évoquée subtilement en début de la deuxième partie de ce chapitre, celle de « l'inventaire » des types de méditation. Cette recommandation, la voici:

Adeptes, amusez-vous! Malgré le sérieux essentiel à la quête mystique, malgré la dureté du regard qu'il est nécessaire pour l'adepte de porter sur sa propre vie, malgré le risque de tomber dans le piège du divertissement, amusez-vous. Amusez-vous de tout votre esprit et allez vers ce qui fait sourire votre coeur. Ainsi, même les pratiques les plus demandantes ne vous épuiseront pas, et vos plus grands efforts seront leur propre récompense.

Qui sait? Peut-être que la spiritualité, c'est par dessus tout…

… l'esprit de jeu!

Chapitre XV

Au début des années 90, une télésérie faisait son apparition sur les écrans américains. Plus de 30 ans après, elle conserve toujours son statut de série culte, chère au coeur de milliers de fans. En ce qui me concerne, c'est environ en 1994 que j'ai vu apparaître pour la première fois sur mon téléviseur le titre *Northern Exposure**, quelque part après minuit. Déjà jeune marginal, je me reconnaissais dans l'authenticité des personnages du minuscule village d'Alaska nommé *Cicely*, et ce malgré le fait que chacun incarnait un archétype bien spécifique. Malgré leurs différences, ils avaient tous un point en commun, soit celui de toujours tendre vers l'intégrité de leur personne. À Cicely, les drames étaient si habituels qu'ils ne laissaient ni blessures, ni cicatrices: grandes joies et querelles s'effaçaient aussi rapidement que la neige alaskienne fait disparaître les traces de bottes. Les histoires devenaient légendes transmises

---

** Trad. française: Bienvenue en Alaska. Diffusée sur la chaîne américaine CBS entre 1990 et 1995, puis en France sur Série Club de 2001 à 2005.*

oralement, ce qui conférait à la ville son empreinte magique. D'ailleurs, en parlant de magie, chacun des personnages se retrouvait tôt ou tard dans la série confronté au mystérieux, voire même à l'ésotérisme. En partie grâce à la forte et vivante présence de la culture autochtone, mais aussi et peut-être encore plus dû au fait que la ville est entourée de forêts montagneuses abyssales et toundras austères, il est fréquent pour les Ciceliens de vivre d'étonnantes synchronicités, d'entendre l'esprit des arbres, de rencontrer des animaux ayant pris forme humaine ou de faire des rêves prémonitoires.

Un des personnages auquel je me suis rapidement identifié est *Ed Chigliak*, peut-être d'abord simplement parce que nous étions environ du même âge et qu'il lui arrivait de porter des t-shirts de mes groupes préférés. Orphelin d'un père autochtone et d'une mère blanche, adopté par le clan de l'Ours, il est passionné de cinéma et tente désespérément de démarrer sa carrière de cinéaste, espoir qu'il devra plus tard concilier tant bien que mal avec son appel à devenir shaman. Transposant sur lui mon rêve de devenir musicien professionnel et aux prises avec les mêmes doutes paralysants, la même confusion, je partageais le poids de ses échecs et cherchais à reconnaître en moi-même ses multiples autres qualités. Même si *Ed Chigliak* ne vit que dans le monde imaginal et que les détails de son histoire sont figés dans l'espace-temps, les échos de son existence, quant à eux, sont toujours bien vivants.

Je l'avoue sans gêne, j'ai revu cette série plusieurs fois au cours des 30 dernières années. Immanquablement quand je retourne à Cicely, je suis ému de retrouver *Chigliak*. À chaque fois, j'entre en relation métaphorique avec lui et j'observe les cordes qu'il fait vibrer en moi. À ma grande surprise, je constate qu'Ed me regarde grandir, évoluer. Il espère en moi comme il espérait en lui-même. D'ailleurs, chaque page qui s'ajoute au livre que vous tenez présentement est une victoire tant pour lui que pour moi, car Ed, c'est *tous* les abandonnés de ce monde à qui on n'a jamais offert le luxe d'avoir des repères. C'est le symbole de l'intégrité de laquelle on ne peut dévier. Ed est avant tout

        3ème partie: Quelques mots de la Terre

un serviteur de la vérité, de la beauté, car il a les yeux pour les voir sans pour autant se sentir à la hauteur de leur expression. Il est l'archétype du héros qui préfère balayer le plancher d'un magasin général plutôt que de pervertir sa vision, même si la torture de chaque coup de balais lui rappelle qu'il dévie de sa mission première.

L'histoire d'Ed Chigliak s'est terminée, avec la fin de la série, avant qu'il n'ait pu s'engager fermement sur sa voie. Cependant, le septième épisode de la saison cinq, *Rosebud*, révèle non seulement qu'il est tout près d'une grande réalisation, mais aussi que son épanouissement pourrait bien être aussi singulier que sa vie elle-même. Pour vous mettre dans le contexte, Ed se voit offrir l'opportunité de mettre sur pied le premier festival international de films de Cicely, tâche qu'il tentera d'accomplir de son mieux bien qu'il n'ait aucune aptitude pour l'aspect *business* de l'entreprise. Accablé par le stress, il se nourrit de comprimés antiacides pour contrer ses douleurs à l'estomac. Parallèlement dans l'épisode, Leonard Quinhagak, un *medicine man* d'âge mur stoïque et dévoué, interroge les habitants blancs du village sur les « légendes » de leur peuple. Dans sa culture, les contes et leurs morales représentent un outil de guérison très puissant, et c'est pour cette raison qu'il entreprend de découvrir les mythes folkloriques de l'homme blanc, afin de s'en servir pour les guérir. À son grand désarroi, Léonard n'arrive qu'à récolter une poignée de légendes urbaines aussi sensationnelles que saugrenues, trop vides de sens pour contribuer à la guérison de qui que ce soit. La fin de l'épisode réunit Ed et Léonard, qui est d'ailleurs son mentor sur la voie shamanique. Le jeune homme, ayant échoué la tâche de créer le festival, noie sa tristesse dans l'écoute d'un vieux film d'Orson Welles. Après l'avoir entretenu sur le long métrage et confirmé avec lui qu'il l'avait déjà vu plusieurs fois, Léonard demande à Ed s'il a toujours mal à l'estomac, ce à quoi il répond par la négative. Le shaman, songeur, dit alors « peut-être que c'est ça la médecine de l'homme blanc, le cinéma ». Assurément, même si l'épisode ne le suggère pas directement, Ed sera inspiré par cette constatation. Plus tard dans la série, on le verra plusieurs fois user de sa créativité pour joindre sa passion du cinéma à son travail de guérisseur, établissant ainsi en lui-même un certain équilibre.

L'histoire ne dit pas s'il persistera sur cette voie. Elle ne le dira jamais, car Ed aura indéfiniment 18, 20, ou peut-être 22 ans. Cependant, les « cousins incarnés » d'Ed Chigliak de ce monde quant à eux, continuent d'avancer en âge et persistent dans leur mission de vérité. Maintenant porté sur leurs épaules, le jeune apprenti shaman parcours le monde, démarre des entreprises, compose des oeuvres musicales, et s'épanouit d'une infinité de manières. Pour ma part, je peux dire qu'Ed écrit aujourd'hui un livre sur la voie mystique, un livre qu'il a lui-même rendu possible par le reflet éclatant de son éternelle curiosité, de la loyauté à sa quête et de sa résilience.

J'espère que vous saurez me pardonner cette apparente incartade per-sonnelle. Ce livre n'est pas soudainement devenu une critique de séries télé ou un essai autobiographique. Il s'agit toujours bien d'un traité sur la quête mystique. Cependant, il est parfois souhaitable de prêcher par l'exemple. On peut d'ailleurs voir dans celui-là une sorte de « métaboucle », elle-même illustrant parfaitement le propos de ce chapitre. D'une part on y voit une façon d'entrer en symbiose, *par résonance intuitive*, avec un archétype personnifié qui par ses défis, victoires, joies, conflits et dilemmes, peut inspirer l'auditeur à reconsidérer ses croyances sur lui-même et sur le monde. Puis comme un clin d'oeil du monde imaginal, Léonard le shaman nous renvoie sa propre réalisation: l'art et les histoires, peu importe leur forme, ont le pouvoir de métamorphoser quiconque s'y exposera.

AVEC UN A MAJUSCULE

Je suppose que je rencontrerais peu d'opposition en suggérant que *l'art transforme les gens*. Cependant, comme la plupart des expressions perçues comme étant évidentes, il vaut la peine de la revisiter pour tenter d'en percevoir les ramifications. Bien qu'on puisse facilement observer sur soi-même et sur autrui les effets de l'art sur l'esprit, rares sont ceux qui savent reconnaître les principes actifs sur lesquels reposent ces influences. Mais s'il peut sembler que le développement de cette aptitude tienne de l'ésotérisme, elle n'en demeure pas moins importante à cultiver pour l'adepte souhaitant s'affranchir des influences invisibles à sa psyché.

Une autre expression souvent entendue en abordant le thème des arts, est la mention qu'une oeuvre *parle*. « Ce film, ce poème, cette chanson *me parle* ». En effet, toutes les formes d'art sont avant tout communicatives. Ce point est *extrêmement important* à se rappeler et à ne pas prendre à la légère, même s'il s'agit à nouveau d'un truisme apparent, car l'art s'adresse aussi et peut-être même principalement au subconscient. Il ne nous *parle* pas que lorsqu'il nous fait ressentir un sentiment agréable: l'art nous parles *toujours*. Évidemment, la puissance du message dépend du talents et des connaissances de l'artiste, mais on ne reconnaît pas celle-ci au seul plaisir qu'on éprouve. Le message d'une oeuvre peut aussi bien viser à choquer et confondre qu'à émerveiller ou réconforter. Plus important encore, l'intention peut aussi bien être d'endormir que d'éveiller.

Quoi qu'il en soit, nul besoin de sombrer dans la paranoïa, car c'est là que viennent deux bonnes nouvelles. La première est que pour contrer les effets inconscients que l'art puisse avoir sur nous, il suffit d'être au courant de cette particularité et de la garder à l'esprit, plus spécifiquement d'en prendre note quand on observe qu'on s'est fait prendre au jeu. Certes l'art ne sert bien évidemment pas qu'à manipuler les gens à leur insu. Ainsi, deuxièmement, de prendre connaissance des principes actifs dans l'art d'influencer la conscience permet à l'adepte de s'investir plus profondément dans une oeuvre qui l'interpelle, décuplant ainsi le pouvoir transformateur de celle-ci.

Peut-être, à ce point de cette section du chapitre, trouvez-vous que ma définition de l'art semble quelque peu étrange. Après tout, quel danger peut-il y avoir à regarder un film ou écouter de la musique? En effet, ma conception de l'art dépasse l'image qu'on s'en fait habituellement et j'en arrive maintenant à vous proposer une définition plus large que je vous invite à considérer pour les besoins de ce chapitre.

Tout d'abord, je me permets de citer une personne que j'ai mentionnée en tout début de livre, soit l'écrivain/magicien Alan Moore :

> *L'art est, comme la magie, la science de manipuler symboles, mots ou images, pour opérer des changements dans la conscience.*

Dans l'entrevue* d'où provient cette citation, Moore mentionne qu'autrefois on faisait référence à la magie par le terme « *the art* ». Selon lui, les mots *art* et *magie* sont interchangeables et je dois m'avouer favorable à cette idée, à condition bien sûr de distinguer la prestidigitation et l'illusionnisme de la véritable magie décrite dans la citation précédente. Considérant le but premier de l'art comme étant la communication, et qu'en anglais le mot *sortilège* se traduit par *spell* (épeler), l'art comme la magie impliquent la notion de langage. Inversement, on parle aussi de la communication comme étant un art et ceux qui le maîtrisent sont eux aussi magiciens, c'est-à-dire, des *personnes*

---

* *Entrevue conduite en anglais, issue du documentaire The Mindscape of Alan Moore, produit en 2003.*

aptes à manipuler symboles, mots ou images pour opérer des changements dans la conscience.

On peut donc déjà déduire que, selon cette définition augmentée, nous sommes constamment entourés à la fois d'art et de magie. À vrai dire, afin de l'évoquer sous cette forme élargie, je crois nécessaire de munir le mot *art* d'un A majuscule. L'Art donc n'évoque pas seulement la soirée au cinéma, la visite au musée ou le dernier album de votre groupe préféré. Il inclut tout autant le débit et les termes choisis pour un discours politique, la musique sélectionnée pour une publicité de boisson gazeuse, jusqu'à la couleur de la cravate du présentateur de nouvelles. On retrouve bien sûr l'Art dans *la Joconde* de De Vinci, dans *Purple Haze* de Hendrix et dans la danse du shaman Sibérien, mais il est également présent dans la voix du publicitaire, de l'expert et du gourou, faisant d'eux aussi des magiciens. La *magie* de l'Art est ainsi présente dans chaque seconde de votre réalité: à moins d'avoir pris conscience de son omniprésence, elle influencera sournoisement la majeure partie de vos pensées. Voyez-vous, l'Art est toujours au service d'une intention, qu'elle soit cachée ou affichée, égoïste ou altruiste, assumée ou inconsciente. Cependant, observer la magie en action ne signifie *pas* de tenter de deviner ou d'évaluer les intentions d'autrui. Il va de soi que les valeurs de tous les magiciens ne s'aligneront pas systématiquement aux vôtres, tout comme vous serez tentés d'en élever d'autres au rang d'autorités supérieures. Sachez alors que tant que vous vous laisserez balloter par les potinages, que vous vous obstinerez à séparer compulsivement les gentils des méchants, vous n'incarnerez non seulement qu'un pâle reflet de la magie d'autrui, mais de plus, vous demeurerez aveugle à la Lumière de vos propres pouvoirs. Ainsi, observer l'Art en action *de manière détachée* est le premier pas vers la véritable liberté d'agir et de croire.

Voici donc pourquoi cette prise de conscience est absolument primordiale à la quête mystique. *Percevoir les ramifications de l'Art dans leurs subtilités fait partie intégrante de la connaissance de soi, ou bien souvent, de la réalisation de ce qui ne correspond pas à qui nous sommes véritablement.*

CRIER DANS UNE GUITARE

Avant de voir de quelles manières l'Art influence notre conscience par la manipulation des grands archétype, explorons le principe de résonance sur lequel repose tous types de communication. Pour ce faire, je vous propose une analogie pour illustrer ce qui provoque des réactions, ou encore des changements de conscience en nous.

Imaginez que vous avez une guitare acoustique entre les mains. Pour l'exemple, disons qu'elle n'est munie que d'une seule corde, ajustée pour produire la note Mi*. Après avoir pincé puis étouffé la corde pour entendre sa note, vous la reproduisez fortement à l'aide de votre voix, et ce, en la dirigeant vers la guitare silencieuse. Comme par magie, après que vous ayez retrouvé le silence, la corde résonnera sans même avoir été touchée, par résonance sympathique avec la fréquence que vous venez d'émettre. Plus vous reproduisez avec justesse la note de la corde, plus elle répondra fortement. D'ailleurs, émettez un Fa plutôt qu'un Mi et vous observerez que la guitare demeurera plus ou moins muette. Techniquement parlant, d'autres notes pourront aussi faire réagir la corde dans une certaine mesure, comme par exemple ses « soeurs » du même octave ou ses « cousines » à la quinte, mais aucune ne sera aussi efficace à l'exciter que sa jumelle en fréquence. Pour boucler l'analogie, spécifions aussi qu'hormis l'exactitude de la fréquence produite, un autre élément contribue à ce qu'on puisse entendre le son de la note produite: l'amplification. En effet, si la vibration de la corde est perceptible par l'oreille humaine, c'est aussi grâce à la caisse d'amplification de la guitare. D'ailleurs, le même exercice avec une guitare électrique déconnectée n'aurait

---

* *Comme la note Mi est présente dans l'accordage standard des guitares modernes, vous pouvez tenter de reproduire cette petite expérience par vous-même si vous avez accès à une guitare, acoustique de préférence. À noter qu'il n'est pas nécessaire de retirer les autres cordes.*

pas été très convaincant. Par contre, nous pourrions aussi pousser l'expérience à l'extrême en branchant cette guitare dans un mur d'amplificateurs comme on en voit dans les concert de *heavy metal*. Vous verriez alors qu'un rien suffirait à faire entendre ce Mi à des centaines de mètres à la ronde, au point d'en devenir dangereux pour les tympans et nuisible à la vie dans l'entourage.

Relions maintenant l'analogie à la psyché humaine. Nous nous retrouvons avec trois éléments:

→ Une corde (une fréquence);

→ Un système permettant de rendre la fréquence audible (un amplificateur);

→ Une personne produisant un son (un émetteur);

En y allant dans l'ordre, commençons par la corde ou la fréquence*. Dans l'esprit, cette corde représente un concept. Un mot, une idéologie, une odeur, une expression populaire, une image, un personnage, un son, un rythme, une couleur, une activité, un événement, bref, tout ce qui est apte à déclencher une charge émotionnelle. On peut déjà constater que l'humain, loin d'être une guitare, est lui-même possiblement doté de millions de ces « cordes », soit une pour chaque concept qui l'habite. Si ça n'est pas clair pour vous, continuez tout de même la lecture.

Au tour maintenant de l'amplificateur. Suivant la métaphore, l'amplificateur serait la charge émotionnelle elle-même rattachée au concept. Évidemment, toutes les cordes ne seront pas amplifiées avec la même force.

** Note importante: en utilisant le terme fréquence, je ne fais aucunement référence à la notion populaire de « taux vibratoire ». Dans l'analogie, une note est un élément par lui-même entièrement neutre, dénué de notion de bien ou de mal, et donc une « fréquence plus élevée » n'est en rien meilleure ou pire qu'une plus basse.*

     3ème partie: Quelques mots de la Terre

Chez la plupart des gens, si quelques-unes produiront un son d'un volume assourdissant, la plupart demeureront néanmoins plutôt discrètes.

Pour terminer, considérons l'émetteur, généralement une personne entrant en contact avec autrui, et ce, volontairement ou non. Que cette personne s'exprime par écrit, par la musique, en donnant un cours, ou même par des moyens moins directs comme le choix de ses vêtements ou sa manière de conduire sa voiture, elle émet constamment des signaux ou toujours suivant l'analogie, des notes.

Vous voyez peut-être déjà mieux où je souhaite en venir, mais à titre d'exemple, permettez-moi de jouer le rôle de l'émetteur (comme si ça n'était pas déjà ce que je fais depuis le début de ce livre) afin de faire vibrer quelques-unes de ces cordes en vous. Je vous suggère de passer quelques secondes sur chaque « note » afin d'observer ce qu'elles font vibrer en vous, sans nécessairement nommer ce que vous ressentez, en étant simplement témoin des fluctuations émotionnelles, qu'elles soient fortes ou légère. Allons-y :

→ Caniche.

→ Communisme.

→ L'odeur de la coriandre.

→ « Courir après le temps ».

→ Le logo de la compagnie Apple.

→ Jésus.

→ Le son d'un ruisseau.

→ Un tambour battant lentement.

→ Indigo.

→ Jouer au hockey.

→ Le couronnement du roi d'Angleterre.

Chaque personne ayant lu ces concepts aura bien sûr un ensemble de réactions différentes. Plus précisément, le « son » déclenché aura deux proriétés: une texture et une amplitude. La texture représente la *qualité émotionnelle* de ce qui est ravivé par l'exposition au concept, alors que l'*intensité* à laquelle l'émotion est réactivée est symbolisée par l'amplitude. Tout comme il est possible d'altérer la couleur et le volume du son passant par un amplificateur de guitare, nos réactions émotionnelles aux concepts qu'on reçoit peuvent être modifiées, par soi-même ou par des forces extérieures. Les réglages de l'amplificateur sont souvent paramétrés par nos cultures spécifiques, nos expériences personnelles (par les plus marquantes comme par les plus banales), par des personnes influentes (qu'elles soient « bien » ou « mal » intentionnées), et possiblement par nos mémoires génétiques et notre cerveau reptilien. Par exemple, en lisant le concept/fréquence *Jésus*, votre réaction dépendra probablement de votre rapport historique au christianisme. Les réglages de votre amplificateur relié à *Jésus* seront bien différents si vos ancêtres ont autrefois été martyrisés par le clergé catholique, que si vous avez vu vos parents célébrer passionnément ce nom tous les dimanches de votre enfance. Qui plus est, si vous faites partie d'une tribu totalement isolée de la civilisation, le nom *Jésus* serait plus près d'un bruit de bouche que d'un concept, et ne risquerait pas de provoquer une réaction significative. Dans ce cas, disons que le volume de votre amplificateur *Jésus* serait réglé au minimum, ou encore que la corde associée au concept n'existerait tout simplement pas.

Mais où est-ce que je veux en venir avec cette analogie? Déjà, j'espère que vous ne vous attendez pas à ce que je vous dise si certaines couleurs sonores sont préférables ou si un niveau d'amplitude est à proscrire. À nouveau, rappelez-vous qu'aucun dogme ne s'applique uniformément à la voie mystique. Cette voie étant basée sur la connaissance de soi, il vous appartient d'interpréter l'information que vous percevrez de vous-même en vous observant selon ce modèle. Mon devoir ici se limite à vous aider à prendre connaissance de la présence ainsi que du fonctionnement du principe de résonance. À vrai dire, j'aurais tout aussi bien pu intégrer cette section du chapitre à la deuxième partie du livre, celle traitant de l'adage *Connais-toi toi-même*. Percevoir ces dynamiques en action en soi-même, c'est-à-dire, être apte à observer nos multiples amplificateurs émotionnels et pouvoir déterminer les croyances à la source de leurs réglages, est un des principes de base de la voie mystique.

Demandez-vous: Quels sont ces concepts (mots, personnes, idéologies, activités, etc) qui provoquent en vous euphorie, désespoir, joie extrême, colère, obsession? Quels amplificateurs ont le volume tourné au maximum, ou autrement dit, qu'est-ce qui vous fait perdre les pédales? À quelles fréquences/ concepts répondez-vous de manière si forte que tout le reste disparaît dans le bruit? Êtes-vous la personne qui a intentionnellement réglé cet amplificateur de manière aussi extrême? À quoi résonnez-vous et à quoi est due cette résonance?

En plus de toutes ces « cordes psychiques », nous sommes tous pourvus d'une sorte de bouton de volume global agissant sur l'ensemble de nos émotions. Le réglage de ce bouton est parfois dû à notre tempérament, et d'autres fois, aux circonstances de notre vie. Certaines personnes ont rarement de grandes réactions émotionnelles, tandis que d'autres s'émeuvent d'un rien. Et j'ajouterais que de nos jours, possiblement parce que notre monde semble à la fois menacé et menaçant, les façons de « baisser le volume global » sont variées et aisément accessibles. Je ne crois pas avoir besoin d'énumérer les outils permettant de s'anesthésier à sa réalité. Plusieurs à notre époque, peut-être de plus en plus même, sont d'ailleurs convaincus que leur survie dépend de ces outils insensibilisants. Qui suis-je pour en juger? Mais je me dois d'être honnête, comme je *vous* le dois, en affirmant qu'à moins de prendre au sérieux d'observer *en soi-même* la configuration des amplificateurs hurlants, nous n'incarnons obstinément que le rôle d'automates réactifs et prévisibles, aisément programmables et… manipulables.

Trêve de sombres mises en garde. S'il me semble fondamental d'illustrer le principe de résonance dans ce livre à l'aide de l'analogie de « la guitare à une corde », particulièrement dans cette troisième partie de l'ouvrage, c'est qu'il est tout aussi utile à la connaissance de soi qu'à notre manière d'entrer en relation avec le monde.

Observer ce principe en action en soi-même peut contribuer à développer une certaine compréhension d'autrui, voire même de la compassion, car après tout, nous avons tous nos *cordes sensibles*, n'est-ce pas? Par l'expérience, nous verrons à quel point certains réglages d'amplificateurs, altérés par les circonstances d'une vie entière, peuvent être difficiles à ajuster pour plus d'harmonie, ce qui est aussi vrai pour soi que pour les autres. De savoir tout ça ne garantira pas qu'on devienne un exemple de patience et d'écoute, mais au moins permettra un recul apaisant sur les réactions impulsives et parfois violentes des gens.

Ensuite, et c'est ici qu'on revient au thème principal de ce chapitre, assimiler les mécaniques du principe de résonance permet aussi de l'appliquer consciemment à soi-même. D'une certaine manière, d'en reconnaître la présence permet d'observer que très peu de nos réactions qui proviennent de nos choix conscients, une constatation d'ailleurs parfois effroyable pour l'ego. Cet éveil marquera dans certains cas le début de la quête mystique, ou celui d'une vie réellement libre. Déjà, l'adepte éveillé au principe de résonance sera beaucoup plus difficile à manipuler de l'extérieur: il est maintenant alerte aux processus subconscients par lesquels l'Art altère les paramètres de ses amplificateurs. Il deviendra une proie de moins en moins facile pour les magiciens de ce monde. Puis viendra la prochaine étape consistant à s'approprier le processus de régler par soi-même ces derniers, cette fois-ci, en toute conscience. L'Art n'étant qu'un outil, neutre et essentiellement amoral, l'adepte découvrira graduellement comment l'utiliser pour que sa réalité manifestée s'harmonise avec ce qu'on pourrait appeler « les fréquences divines ».

DARK SIDE OF THE MOON

On voit donc que la plupart des cordes/concepts qui nous habitent non seulement varient dans leurs textures et amplitude d'une personne à l'autre, mais aussi que nous ne partageons pas tous le même ensemble de cordes. Pour reprendre l'exemple d'un membre d'une tribu autarcique isolée, on peut s'attendre à ce qu'il partage bien peu de cordes avec un New Yorkais endurci. Les deux partagent néanmoins leur humanité et leurs origines divines. Ils doivent tous deux voir à la subsistance de leur enveloppe charnelle, vivront selon un système de croyances, feront l'expérience de grandes joies et de lourdes tragédies. À New York comme sur l'île indienne de North Sentinel, des humains ont peur, et des humains aiment. Peu importe le lieu de naissance d'un individu, il incarne un véhicule égoïque (ensemble physique, émotionnel et mental) et ce dernier est pourvu dès le départ d'une certaine quantité de « cordes/concepts » correspondants aux grands archétypes fondateurs.

Je dois avouer en ce moment être embêté par le sujet des archétypes, dans le sens qu'il m'est difficile de savoir comment le développer, ou même si je dois le faire. Déjà, ce sujet fait l'objet de multiples débats, non seulement concernant leur existence mais également de leur nombre et de leurs qualités. Mais de plus, comme vous l'avez sûrement compris à ce stade, ce livre évoque l'importance de la connaissance *par l'expérience directe* et donc l'idée de simplement générer une liste d'archétypes pré-établis entre en conflit avec cette notion. Je m'en tiendrai donc pour l'instant à prendre pour acquis que les archétypes existent bel et bien et que leur influence est toute aussi réelle. Puis en guise de « description », je me limiterai à une simple image, sur laquelle je vous invite à réfléchir (ou méditer) quelques secondes. Cette métaphore est assurément la plus éloquente qu'on puisse trouver pour illustrer leur manifestation:

Un rayon de lumière pure,

traversant un cristal,

se divisant en arc-en-ciel,

sur la matérialité d'un mur.

Reprenons maintenant l'analogie de la section précédente, celle de *la guitare à une corde*. Malgré le fait que la réalité d'une seule personne sera influencée, parfois même dictée, par des millions de symboles et concepts, qui s'accumuleront d'ailleurs tout le long de sa vie, une poignée de ces « cordes » sont présentes chez tous les humains et ce, dès leur naissance. La lumière de la Nature étant pure potentialité, elle nécessite pour s'incarner dans la matière et sur les premiers plans subtils (émotionnel et mental) ce qu'on pourrait appeler des *filtres structurateurs*, ou encore *dégradateurs*. Ces filtres sont les archétypes primordiaux donnant principalement formes aux réalités. Les archétypes étant à la fois des concepts, tous les humains sont munis de leurs cordes. Autrement dit, tous les archétypes sont présents en tous et chacun, *et nous avons le pouvoir d'en incarner la totalité à différents niveaux*, toujours en fonctions des réglages de leurs amplificateurs associés. Cela implique aussi que nous sommes tous, d'une manière ou d'une autre, réceptifs aux grands archétypes. Contrairement aux langues régionales, le langage des archétypes fondamentaux est partagé *universellement*.

Cela étant dit et avant de poursuivre, voici une synthèse du chapitre jusqu'à date:

→ L'Art est une forme de magie présente dans tout ce qui implique de la communication;

→ La communication utilise des concepts (mots, images, etc) qui, par le principe de résonance, provoquent des réactions émotionnelles de différentes « textures » et amplitude;

→ Nos réactions dépendent des réglages d'un amplificateur attitré à chacun de ces concepts, les réglages étant habituellement ajustés par le conditionnement social, les événements marquants dans la vie de l'individu, ou par son tempérament naturel;

→ Bien qu'un ensemble gigantesque et hautement singulier de binômes corde/amplificateur fassent de chaque humain un être distinct, une petite quantité de concepts archétypaux fondamentaux font partie intégrante de tous les individus;

→ Que les réactions soient variées ou similaires, tous les humains répondent émotionnellement au puissant langage des archétypes fondamentaux.

Émetteurs, éveilleurs

On peut voir par ce petit récapitulatif qu'il n'y a qu'un élément de l'analogie de la guitare qu'on a omis de développé, celui de *l'émetteur*. Selon la définition fournie de l'Art, ainsi que par la mise en évidence de sa quasi omniprésence, on constate que nos cordes sont constamment stimulées par une masse innombrable de ces émetteurs. Parents et amis, partenaires de vie, relations de travail, tous choisissent leurs mots (habituellement sans en être conscients) afin de nous rejoindre, nous faire vibrer de joie, de peur, d'émerveillement. Ils le font parfois par besoin de connexion, par désir de manipulation, ou encore purement par plaisir ou bonté de coeur. Cela dit, si nous avons plus ou moins tous un certain instinct naturel pour la magie communicative, il existe aussi de grands magiciens qui ont fait de l'étude de l'Art un point central de leur vie.

Parmi ceux-ci, on en retrouve bien sûr qui se décriraient eux-mêmes comme étant occultistes, guérisseurs ou sorciers, mais généralement, ceux qui passent à l'histoire ont oeuvré au grand jour de la place publique. Ils sont musiciens, cinéastes, politiciens et activistes, peintres et photographes, marketeurs et publicitaires, poètes et auteurs, philosophes et enseignants spirituels, comédiens, acteurs. Avant tout, ils sont des *communicateurs*. Ainsi donc, ils sont tous magiciens de surcroît, le pouvoir desquels est dû à une certaine maîtrise du principe de résonance et du maniement des grands archétypes primordiaux.

À vrai dire, si les plus influents personnages historiques ont *changé des vies* par leur travail, par leur Art, c'est qu'ils ne se sont pas contenté de développer la capacité de faire vibrer les « cordes sensibles » chez les gens. Les plus grands magiciens ont le pouvoir « d'entrer » dans l'individu afin d'y altérer les réglages de certains amplificateurs émotionnels. Certains arriveront même à créer un langage propre et basé sur l'expression d'un ou plusieurs des grands archétypes. Les images et les termes de ces langages seront constitués de nouveaux symboles/concepts chargés d'une énergie spécifique. Pour l'exemple, pensez à tous ces nouveaux mots qui apparaissent dans le langage populaire pour catégoriser les gens et leur attitrer une « tribu ». Qu'on le sache ou non, c'est ce à quoi on fait référence quand on accorde à l'Art un pouvoir de transformation. Elle ne se contente pas d'altérer notre manière de percevoir notre réalité: elle change nos paramètres internes et par le fait-même, notre manière d'interagir avec le monde.

Or, si le travail et les oeuvres de ces maîtres-magiciens sont d'une si grande puissance, est-ce qu'on doit pour autant éviter d'y être exposés par peur de se faire manipuler? Cette question, même si elle semble provenir d'un léger penchant paranoïaque, en est une très importante à soulever. D'ailleurs, si elle vous est venue à l'esprit, je suppose que ça indique à tout le moins un germe de compréhension du principe de résonance. Malgré tout, il est effectivement primordial de demeurer conscient de la portée de l'Art sur notre réalité, et ainsi, de choisir ce à quoi nous nous exposons avec discernement car il est loin de n'être utilisé que pour l'éveil des masses. À ce sujet, je cite à nouveau Alan Moore:

> *Présentement, les gens qui font usage du shamanisme et de la magie pour influencer notre culture sont des publicitaires. Plutôt que de tenter d'éveiller les gens, leur shamanisme est utilisé comme opiacé pour les tranquilliser et les rendre manipulables.*

Cette citation datant d'une vingtaine d'années, on pourrait assurément ajouter les têtes pensantes derrière les médias sociaux aux rangs de ces shamans, sans provoquer le désaccord de Moore. L'écrivain Tom Robbins quant à lui, dans son livre *Même les cow-girls ont du vague à l'âme*, use de son humour tranchant pour émettre la mise en garde suivante:

> *L'incrédulité envers la magie peut forcer une pauvre âme à croire au gouvernement et aux affaires.*

Mais est-ce que tous les magiciens ont comme ultime but de nous contaminer égoïstement de leurs idéologies, de manipuler nos valeurs profondes? Si certains d'entre eux ont en effet cette intention, beaucoup ont un but plus vaste, je dirais même plus « élevé ». Cette catégorie, principalement composée d'artistes dans le sens commun du terme, est plutôt animée d'un simple désir de faire voyager, de communiquer ou de s'émanciper une gamme d'émotions, ou même par l'unique intention de concrétiser une vision. Ces magiciens, de manière générale, n'oeuvrent qu'au service de la *beauté*.

Il peut être étonnant de constater qu'une grande partie des personnages ayant marqué l'histoire humaine faisaient montre d'un penchant pour l'ésotérisme sous une forme ou une autre. En fait, quiconque s'intéresse au sujet s'apercevra rapidement que les intérêts arcaniques de plusieurs individus notables ont été délibérément omis, parfois même cachés, par les gens responsables de préserver l'histoire. Or, plusieurs des accomplissements de ces importants personnages suggèrent la présence de puissants symboles occultes, quand ils ne sont pas carrément basés sur ces derniers. Cependant, cet intérêt n'est pas absolument requis pour savoir insuffler dans une oeuvre une charge archétypale influente. Les archétypes primordiaux structurant la communication étant tout d'abord actifs par l'entremise du ressenti, ils peuvent très bien être manifestés de façon instinctive, et donc sans pour autant devoir être préalablement intellectualisés. C'est d'ailleurs ce qui leur confère leur efficacité. Il est facultatif pour la personne exposée au travail de l'Artiste d'être apte à en analyser les concepts pour en ressentir les effets. Les cordes/concepts associés aux archétypes sont présents qu'on en ait pris connaissance ou non, et ce qui est requis pour les faire vibrer supplante en priorité la mécanique mentale.

Avant de terminer cette partie, il me faut faire mention du plus important de tous les éléments à considérer quand on pense à toutes ces histoires de magiciens et d'Art. En fait, je pense que je vais plutôt vous soumettre une énigme, histoire de vous laisser la chance de découvrir cet élément par vous-même. L'énigme est la suivante:

« Qui, selon vous, est le magicien le plus puissant et le plus efficace d'entre tous? »

Un petit indice: la réponse est la même pour tous les humains.

La réponse viendra dans la conclusion de ce chapitre.

Une fois éveillé aux principes et à l'ampleur de l'Art donc, l'adepte se défait graduellement de son attitude réactive et automatique face à son influence. Cependant, là ne se termine pas l'histoire: en toute conscience, il peut maintenant s'imprégner de la magie des artistes qu'il admire et faire de leurs oeuvres des catalyseurs de sa quête de vérité. En s'exposant aux manifestations des grands archétypes de l'Art, l'adepte soulève le voile de sa psyché et en observe les rouages. Ce faisant, il contribue à son insatiable soif d'en connaître plus sur lui-même. S'exposer *consciemment* à l'Art est s'exposer consciemment à la Lumière, et cette illumination révèle immanquablement ce que la Vie anime en nous.

On peut maintenant plus clairement voir l'aspect sacré du travail artistique, ce qui me pousse à vous inviter à reconsidérer votre manière de le « consommer ». Par exemple, prenez-vous parfois le temps d'écouter un album de musique en entier et en ne faisant rien d'autre, ou est-ce qu'elle ne joue uniquement que pour accompagner une autre activité? Ou encore, quand vous regardez un film ou une série télé, créez-vous l'ambiance nécessaire pour être habité par l'histoire, ou est-ce que ça n'est toujours que pour faire diversion des aléas de votre vie quotidienne? Avez-vous déjà passé 15 minutes devant une toile de votre peintre favori au musée, ou si vous vous contentez de faire défiler ses oeuvres sur l'écran de votre téléphone? Comprenez-moi bien: ce que vous faites pour vous divertir m'importe peu et je connais l'importance de laisser l'esprit divaguer de temps à autres. À vrai dire, toutes les oeuvres artistiques n'offrent pas la même « qualité de voyage », si je puis dire. Certaines musiques se prêtent mieux à accompagner des rigolades entre amis ou au nettoyage de la salle de bain, certaines oeuvres graphiques sont plus à leur place sur un t-shirt ou un panneau publicitaire, et pour apprécier certains films, il est préférable de ne pas trop s'y investir psychologiquement. Simplement, je vous rappelle que l'Art est avant tout une forme de magie puissante qui agit potentiellement autant pour endormir et anesthésier que pour vous exposer aux fondements des plus grandes vérités.

Entre les mains d'un adepte au sens aiguisé du sacré, l'Art décuple sa puissance magique et transformatrice. Ce dernier pourra alors supporter quelques formes de rituels, ou même en constituer le point central. Quiconque se sent viscéralement interpellé par sa magie et cherche réellement à se connaître pourrait aller jusqu'à faire de l'Art son guide spirituel. Aussi, afin de stimuler la pulsion de Vie à opérer les métamorphoses psychiques nécessaires à notre croissance, s'abandonner à une oeuvre, qu'elle soit littéraire, musicale, cinématographique ou autre, peut s'avérer très efficace. L'Art s'appuyant sur les fondements archétypaux de la création, nous permet d'ébranler les structures mêmes de l'ego et ainsi d'assouplir ses complexes rigidifiés. Or, s'il est vrai que certaines oeuvres sont d'une puissance telle que le simple fait d'y être exposé peut provoquer l'éveil d'individus croyant simplement se divertir, elles demeurent relativement faibles sans le catalyseur de *l'intention*. L'adepte profondément et *consciemment* investi dans l'expérience de l'Art devient à son tour magicien, appliquant sur lui-même les effets du rituel de l'oeuvre. L'efficacité de l'exercice dépendra à la fois de l'exactitude de la correspondance de l'oeuvre aux archétypes qu'elle invoque, donc sa *puissance*, tout comme de la propension actuelle de l'adepte à résonner symbiotiquement avec ceux-ci. Autrement dit, plus l'oeuvre fait bon usage des archétypes et plus l'adepte la ressent fortement, plus son effet sera transformateur. Cependant, l'étendue révélée du pouvoir d'une oeuvre n'a d'égal que la capacité de l'adepte à *s'abandonner* à son propre processus de transmutation.

À ce stade, vous vous demandez peut-être comment procéder pour entrer en relation si profondément avec l'Art afin d'en « extraire » volontairement tout son potentiel magique. Ce livre préconisant l'approche expérientielle, je vous encourage plutôt à vous engager dans cet exercice avec créativité. Posez-vous d'abord la question: en m'imaginant en « compagnie » d'une oeuvre quelconque, une qui m'interpèle tout particulièrement, comment dois-je me conduire? Quelle ambiance est nécessaire à ce que je puisse m'en imprégner totalement? Quel état d'esprit supporterait à la fois présence consciente et abandon?

Le format de l'écrit m'apparaissant inadéquat pour suggérer des méthodes ou « rituels » précis, je peux néanmoins vous soumettre quelques pistes de réflexion. Tout d'abord, je vous invite à ne pas prendre l'exercice avec trop de sévérité. Ici, la rigidité est l'ennemi de l'abandon. Si ça vous semble contradictoire avec les notions de profondeur et d'intense connexion, considérez qu'avant tout la voie mystique est en quelques sortes un grand jeu cosmique qui requiert rigueur et plaisir en doses égales. Même en approchant une oeuvre d'une certaine lourdeur, ou même en apparences horrifiante, un esprit d'aventure pourra infuser d'une qualité ludique les épreuves les plus troublantes. Or, « jeu » n'étant pas pour autant synonyme de laxisme, un certain sérieux est nécessaire à l'efficacité de l'expérience. Ce sérieux prendra essentiellement l'apparence d'un total dévouement, d'un sentiment de persistance. Il demande que ce que vous cherchez à vivre par ce geste « rituel » soit empreint de la plus grande importance. Chercher à tout contrôler obsessivement des circonstances n'est pas souhaitable, bien qu'un grand focus soit requis. Rigueur et souplesse sont la clé.

Ensuite, il faut savoir que l'Art opère essentiellement dans le monde imaginal malgré ses impacts physiques et matériels. Sans les charges émotionnelles inhérentes aux vibrations des archétypes, une oeuvre n'est que du bruit, ou encore, qu'une masse d'atomes stérile. Ainsi donc, pour pénétrer et naviguer l'espace imaginal, le véhicule de *l'imagination* est requis. C'est ce véhicule qui nous permettra de relier notre coeur à celui de la composition de l'oeuvre, de son récit, de son scénario, etc. Nous pouvons par exemple nous projeter en résonance empathique avec les personnages d'un film, imaginer le paysage qu'évoque une musique, ou encore, entrer en relation métaphorique avec les couleurs et l'ambiance d'une toile. Dans ce contexte, le rapport entre l'oeuvre et l'individu s'y exposant prend réellement vie, car il passe du monologue à la conversation. Tout produit de l'Art est vivant au minimum à la manière d'un égrégore et donc doté d'une forme de personnalité, parfois brute, parfois complexe, enrichie par des années de connexions en tous genres à la psyché humaine. Et donc, par l'imagination, il nous est possible d'échanger avec une oeuvre et les éléments qui la compose plutôt que de se contenter de faire de son message un spectacle divertissant.

Poussons cette notion encore un peu plus loin. Cette question vous semblera peut-être étrange, mais elle demeure très intéressante: avez-vous déjà conversé avec un de vos héros favoris? Comme Carl Jung qui alla dans le monde imaginal pour rencontrer son guide spirituel, Philémon le vieux magicien, pour discuter de « l'art noir », nous aussi pouvons engager la conversation avec tous les personnages qu'il nous est possible d'imaginer, indépendamment de ce qu'ils soient considérés comme fictifs ou ayant réellement existé. L'idée vous semble absurde? Ou même, enfantine? Considérez ceci: s'il vous est difficile de considérer sérieusement l'existence de Gandalf, d'Apollon ou d'Alice dans son pays des merveilles, il vous semblera possiblement plus acceptable de reconnaître celle des grands archétypes eux-mêmes. Sachant cela, comprenez que tous ces personnages sont des manifestations des principes archétypaux primordiaux. Ainsi, échanger avec eux équivaut à s'exposer aux forces actives de la Nature elle-même, personnifiées sous différentes formes par votre psyché afin d'interpréter le monde imaginal. Voici à ce sujet une excellente citation de l'occultiste et autrice Dion Fortune:

La personne non-instruite croit développer des pouvoirs psychiques en voyant elfes, archanges et esprits élémentaires de son oeil intérieur. La personne instruite quant à elle, sait qu'elle utilise une technique de l'imagination afin d'habiller d'une forme visible les choses intangibles, qui autrement, seraient imperceptibles à sa conscience.

Le dernier éléments que je vous invite à considérer dans vos efforts pour entrer en relation plus profonde avec l'Art est celui du rôle de l'intellect dans le processus. Tout d'abord, il est important de se rappeler qu'il n'y a pas de méthode fondamentalement bonne ou mauvaise, à part bien sûr ce qui fonctionne ou non pour vous-même, évoquant l'esprit de jeu mentionné plus tôt. Ensuite, je dirais que le rôle du mental dans le processus est principalement celui de maintenir la clarté de l'intention. Bien sûr, l'intellect sera impliqué dans « l'habillement des choses intangibles » comme le dirait Dion Fortune, mais ce processus est généralement inconscient. La fonction du mental alors serait plutôt analogue à l'utilisation d'une pagaie de canoë. Afin de quitter la berge, on s'en sert pour se propulser en s'appuyant sur un quai ou sur la terre ferme. Une fois bien engagé sur l'eau, elle sert bien sûr à avancer mais surtout peut-être à guider l'embarcation. En suivant l'aval d'une rivière, garder le cap est pratiquement l'unique rôle de la pagaie, évitant ainsi au canoë et son passager de s'échouer prématurément sur la berge. Donc suivant l'analogie, le mental sert tout d'abord d'outil à l'adepte pour s'engager dans l'expérience imaginale. Il se laissera ensuite guider par l'oeuvre, elle-même représentée par la rivière. Une oeuvre puissante ne demandera pas beaucoup d'effort à l'adepte pour être transporté par elle, tout comme descendre un courant fort élimine la tâche ardue de se propulser. Le mental conscient sert alors quasi uniquement à éviter les distractions ainsi qu'à garder l'esprit de l'adepte présent à l'exercice. Ainsi libéré de la charge de tout décider et contrôler, l'intellect détendu s'affairera surtout à traduire en symboles ce qui émane du langage magique de l'Art.

Il serait peut-être plus responsable de ma part de terminer cette section avec une petite mise en garde, ou peut-être simplement un rappel. Ce monde physique semblant parfois inhospitalier, *le monde imaginal n'est pas pour autant un substitut du monde manifesté.* Aussi difficile puisse être votre réalité, ce qu'on expérimente dans les mondes subtils demeure illusoire *tant et aussi longtemps que les répercussions ne se font pas ressentir dans votre quotidien.* À vrai dire, si on en croit la théorie de l'orientaliste Henri Corbin, cette notion d'illusion est ce qui distingue l'imaginal de *l'imaginaire*, qui lui serait uniquement du domaine de la fabulation. Qui sait donc si le fuyard éreinté par sa réalité propre s'évade dans l'imaginal ou l'imaginaire. Cela dit, la voie mystique visant l'incarnation et la manifestation concrète de la Nature, il est préférable d'entrer dans l'expérience de l'Art pour en ressortir avec une compréhension plus large de la réalité, plutôt qu'uniquement y chercher refuge.

CONCLUSION

Si je me suis permis d'émettre la mise en garde du paragraphe précédent, c'est que je connais moi-même bien les risques de se perdre dans un monde imaginaire. Je dois l'avouer, les premières fois que je me suis plongé dans l'univers de la série Northern Exposure mentionnée en début de chapitre, ça n'était pas pour y apprendre quoi que ce soit sur moi-même ou pour influencer ma réalité. Je me réfugiais à Cicely quand la vie devenait trop lourde parce que je croyais l'idée d'une cabane rustique dans ce petit village d'Alaska nettement supérieure à celle de mon minuscule appartement dans une métropole chaotique. Je préférais de loin cet endroit où la norme de l'humain se limite principalement à l'humanité, où les excentriques sont vus comme des messagers plutôt que comme des phénomènes de foire, et où la haine, n'ayant rien à quoi s'agripper, n'est toujours que de passage. Dans mes plus grands moments de déprime, je m'enfermais dans le rêve de ce village, tentant d'ignorer le système menaçant d'enfoncer la porte de ma maison. Il m'a pris un certain temps pour reconnaître que je m'évadais dans la série comme d'autres s'effacent dans une bouteille d'alcool, les médias sociaux, les antidépresseurs ou les drames sentimentaux. Cependant, même une fois conscient de cette fuite, je ne pouvais me résoudre à abandonner mon amour pour Cicely, car j'avais fait l'expérience de son coeur. Je le sais: Cicely *existe*. Non pas sur Terre, dans la ville de Roslyn à Washington où la série a été tournée. Elle existe « vibratoirement », vivante aux travers des archétypes qui en constituent les fondations comme les plus menus détails. Elle existe parce qu'elle a influencé *concrètement* la réalité de plusieurs milliers de personnes, des personnes qui ont agit et pensé différemment après l'avoir visitée. J'ai depuis compris que ce lieu est sacré et que si j'en sentais l'appel, je pouvais m'affairer à en reproduire ses plus belles qualités dans mon environnement réel… à cesser d'y fuir pour plutôt la laisser s'incarner dans mon expérience du réel.

Si l'Art de Northern Exposure enchante et ensorcelle, c'est que ses personnages forment un panthéon d'archétypes tout comme celui formé par les dieux et déesses des grecs anciens. De nos jours, les expressions de ce panthéon sont multiples, mais ce dernier est toujours aussi influent. Les dieux anciens sont donc toujours bien vivants, et quiconque s'ouvre à cette idée verra leurs noms et leurs traces partout et ce, même dans notre société moderne. Quand ils ne sont pas évoqués par des musiciens, ils se métamorphosent en super-héros le temps d'un film ou d'une série. Certaines des plus grandes corporations de notre monde se sont approprié leurs noms ou incluent leurs symboles dans leurs logos, afin de s'exposer au monde. La NASA, aux origines d'ailleurs particulièrement occultes, ne manque pas une occasion de leur dédier leurs missions. Cette omniprésence n'est pas due qu'à des choix esthétiques: si les dieux anciens perdurent dans le temps en nourrissant continuellement l'inspiration des artistes et autres créateurs, c'est qu'ils sont eux-mêmes nés des archétypes fondamentaux dont le monde est créé. On le rappelle: la magie est l'art de manipuler les symboles, et ces symboles sont l'expression des archétypes. Quiconque s'attribue l'étiquette de magicien sans l'aptitude à percevoir les dieux n'aura jamais qu'un succès superficiel et souvent, tombera dans le piège de leur possession. Inversement, quiconque connaît les dieux et sait reconnaître leurs voix et visages devient leur égal. Qui plus est, qui se connaît soi-même connaîtra aussi les influences divines, et par ce fait, deviendra potentiellement un puissant magicien. À condition bien sûr de ne pas être distrait par son ego qui fera tout en son pouvoir pour l'inciter à utiliser ses pouvoirs au détriment d'autrui.

D'ailleurs, vous rappelez-vous de l'énigme que je vous suggérais plus tôt dans le livre? À la fin de la section *Émetteurs, éveilleurs*, je vous proposais de répondre à la question suivante: « *Qui, selon vous, est le magicien le plus puissant et le plus efficace d'entre tous?* », en vous fournissant comme indice que la réponse serait la même pour tous les humains. Qu'avez-vous trouvé comme réponse? Si vous avez bien intégré les chapitres sur la connaissance de soi, vous avez peut-être trouvé la solution. Mais si tel n'était pas le cas, un nouvel indice se trouve dans la dernière phrase du paragraphe précédent.

Eh oui. Le plus grand et le plus puissant de tous les magiciens est et demeurera bien sûr *votre propre ego*. La plus grande des illusions, celle qui fait de nous rien de moins que l'esclave des circonstances, des « golems » au service de la sécurité et des plaisirs insignifiants, est avant tout générée par cette intelligence artificielle qu'on nomme l'ego. C'est pourquoi connaître et avoir apprivoisé ce véhicule offre à l'adepte liberté et maîtrise de sa propre destinée. Or, en plus d'avoir pris conscience de l'illusion générée par sa propre machine, il deviendra également capable de désactiver, au fil du temps peut-être, les programmations le rendant vulnérable à la magie manipulatrice des autres. Le magicien égoïque est donc le premier à dévoiler et à déjouer pour l'adepte sérieux dans sa quête de liberté. Conscient qu'il y a toujours un « truc » derrière la réalité présentée par l'ego, le mystique est véritablement souverain, libre et intègre.

Toutes ces histoires de magicien caché m'évoque un truc. Avant de terminer donc, je vous invite à considérer la symbolique d'un des contes les plus présents dans l'inconscient collectif occidental, celui du Magicien d'Oz. N'ayant même jamais lu le livre ou vu la version cinématographique, beaucoup peuvent en reconnaître les références. Cette histoire est certes une métaphore exceptionnelle pour illustrer comment opère l'Art, mais elle est également une excellente analogie de la voie mystique. Observons pour l'instant plus spécifiquement la fin de la version cinématographique (ça va de soi: alerte *spoiler*!).

Une fois arrivés dans la grande salle où se trouve le magicien d'Oz, Dorothée et ses trois amis sont impressionnés, voire même pétrifiés par son énorme tête menaçante, ainsi que par sa voix de tonnerre dont les plus fortes exclamations sont appuyées par des effusions de feu et de fumée mauve. Ayant accomplie la mission que le magicien exigeait d'eux en échange de la réalisation de leurs plus grands souhaits, ils l'implorent humblement et nerveusement de remplir sa part de l'entente. Devant son hésitation, Dorothée se met en colère et c'est là que survient le moment de la grande révélation. Toto, le petit chien, symbole de la Nature elle-même, s'élance pour aller tirer le rideau derrière lequel se cachait un homme tout simple, le révélant ainsi que la machine qu'il utilisait pour créer son image. Le magnanime magicien, régnant sur le pays d'Oz tout entier, n'était en fait qu'une personne comme les autres utilisant des stratagèmes pour se faire passer pour plus grand et plus puissant qu'il ne l'était. Son pouvoir, bien qu'il lui était conféré par des moyens artificiels, avait une emprise pourtant bien réelle sur les habitants d'Oz qui eux, lui vouaient un culte. Pour eux, il était analogue à un dieu et rien n'aurait pu les convaincre de sa véritable nature. Or le magicien, une fois humilié et son humanité révélée, démontra qu'il avait bel et bien des pouvoirs. En faisant usage des mots et des symboles, il arriva à éveiller les amis de Dorothée à leur véritable nature. Il leur offrit certes des talismans qu'il sortit de son grand sac noir, mais ne leur procura rien qui ne sommeillait pas déjà en eux. Malgré tout, l'épouvantail se cru réellement et nouvellement pourvu d'intelligence, le lion, de courage, et l'homme de fer sentait les battements de son coeur. Cependant dans le sac, il n'y avait rien pour Dorothée. Elle est après tout le personnage central de cette histoire, de *son* histoire. Sa quête était essentiellement la plus significative du conte: celle de l'humain qui voyage au-delà des archétypes (« *somewhere, over the rainbow* ») à la découverte non seulement de sa véritable nature, mais aussi à celle de la vérité. Ennoblie de ce voyage initiatique, elle revient à sa réalité, dans le monde de la dualité, ayant vu et *vécu, par expérience directe*, les couleurs de l'univers imaginal du pays d'Oz.

Quand je pense au magicien d'Oz, et plus spécifiquement à son château d'émeraude, je ne peux m'empêcher de relier ce dernier à la fameuse *tablette* *d'émeraude**. Il ne s'agit-là peut-être pas d'une coïncidence considérant que L. Frank Baum, l'auteur du texte original, fut membre d'une des plus grandes et influentes organisations ésotériques internationales, la Société théosophique. Assurément, il connaissait l'existence de la tablette. Ce texte magique ancien, aussi court que riche d'enseignements et primordial pour les alchimistes Islamiques et Européens, occupait une place toute aussi fondamentale pour les théosophes, les rosicruciens et les franc-maçons, et autres groupes occultes les plus connus. Son influence, encore à ce jour ressentie**, est assurément due à la phrase souvent traduite par « *As above, so below* », ou dans sa version française complète:

> *Ce qui est en bas, est comme ce qui est en haut ; et ce qui est en haut est comme ce qui est en bas, pour faire les miracles d'une seule chose.*

Si je termine sur la mention de cette phrase, c'est qu'alliée à la pensée métaphorique et au principe de résonance tous deux abordés dans ce chapitre, elle devient élémentaire pour percevoir les rouages invisibles du monde manifesté. Elle exprime ce qu'on pourrait appeler la « loi de correspondance » entre les mondes, la nature fractale des réalités, ainsi que la réflexion du macrocosme dans le microcosme, et vice versa. Notre perception de l'état du monde manifesté fait écho à notre univers intérieur, car tout est fait des mêmes

---

** Texte aux origines incertaines, datant probablement de l'Antiquité tardive et attribué à Hermès Trismégiste, une combinaison des dieux Hermès et Thoth. Aussi appelée Tabula Smaragdina en latin, sa première mention remonterait à un texte arabe écrit au 9ème siècle, soit le Livre du secret de la Création, ou le Kitâb sirr al-Halîka.*

*** Un excellent exemple de sa présence dans la culture populaire d'aujourd'hui est celui de la série à succès allemande Dark, produite par la plateforme Netflix. Un des principaux personnages, le pasteur Hanno Tauber/Noah, arbore un énorme tatouage d'une version de la tablette d'émeraude datant du début du 17ème siècle. Elle représente aussi un élément central du scénario. La phrase Sic mundus creatus est, provenant d'une traduction latine du texte, fait aussi partie du thème d'un des épisodes.*

archétypes, ou manifestations divines. Attention: je dis bien *notre perception* de celui-ci et non le monde dans son intégralité. Cependant, vous qui êtes éveillés à l'influence de vos « cordes sensibles » et de leurs amplificateurs êtes maintenant aptes à en discerner la véritable forme, en connaissant la nature de vos biais et filtres, n'est-ce pas? Vous qui désormais savez reconnaître l'influence de l'Art sur vos appréhensions, tomberez-vous à nouveau dans les pièges du fanatisme idéologique?

Pouvez-vous lire les grandes lignes de votre vie dans les cieux? Pouvez-vous mieux comprendre « Connais-toi toi même *et tu connaîtras l'univers et les dieux* »? Ce qui est en dedans est comme ce qui est en dehors et ce qui est en dehors est ce qui en dedans. S'illuminer signifie illuminer l'humanité toute entière, car en vérité, vous êtes la plus exacte métaphore de cette humanité. Vous êtes l'oeuvre du plus grand des Artistes, qui lui-même ne serait littéralement *rien* sans vous.

Ceci est vrai, sans mensonge, certain et très véritable.

Chapitre XVI

Destin, divination et manifestation

Imaginons un instant qu'un dieu (ou un génie ou le diable) vous apparaisse pour vous proposer un marché. Il vous offre la connaissance totale, infuse et instinctive d'une de ces deux choses: la connaissance du futur, ou la connaissance de vous-même. Jusqu'ici, peu importe le choix, l'offre semble être en or, mais comme l'univers requiert une certaine balance pour tendre vers l'harmonie, quelque chose doit être fourni en échange. L'attrape est donc qu'en choisissant d'être absolument éclairé sur l'un des deux choix, vous accepteriez de devenir totalement aveugle à l'autre. Ainsi, en choisissant de connaître le futur, vous demeureriez à jamais ignorant de votre nature profonde, alors qu'en optant pour la révélation de l'absolue vérité de votre être, vous seriez instantanément dépourvu de la capacité de prévoir ne serait-ce qu'une seconde ce qui se passera dans votre réalité. Quelles seraient les conséquences de chacun des choix? Que choisiriez-vous?*

Si le titre de ce chapitre ne l'indique pas clairement, son méta-thème principal est celui de la relation de l'adepte avec l'espace-temps, ainsi que sur la difficulté que peut représenter *l'éthique de l'agir*. Autrement dit, ce qui fait qu'on choisit de poser certaines actions plutôt que d'autres. Aussi, on pourra voir que si des outils sont couramment utilisés par les adeptes pour manipuler et prévoir l'avenir, la réelle force de ceux-ci est celle de repousser les voiles de l'illusion. Mais d'où nous vient cette tendance à vouloir se préparer, ne serait-ce que mentalement, aux événements de demain? Ou encore, à s'obstiner à provoquer certains résultats plutôt que d'autres à nos actions? Est-ce que la connaissance de soi est le remède ultime à cette sous-entendue crainte du futur? Et qu'en est-il de ce désir de prévenir toutes sources potentielles de souffrance, pour plutôt se faire promettre de grands bonheurs? Ce désir est-il réellement le guide le plus approprié? Existe-t-il une façon d'appréhender le cour de nos vies autrement que par la planification compulsive ou par l'attraction de buts futurs, sans pour autant se laisser passivement flotter sur le flot des énergies?

Encore une fois nous sommes confrontés à cette difficile question:

« *Comment distinguer contrôle et maîtrise?* »

** Je vous suggère fortement de prendre quelques minutes pour réfléchir sérieusement à cette question, peut-être en allant jusqu'à la « méditer » et à écrire vos réflexions. Bien qu'il ne soit pas requis pour la compréhension de ce chapitre, l'exercice en permettrait probablement une assimilation bien plus large.*

 3ème partie: Quelques mots de la Terre

MAGIE ET LOI DE L'ATTRACTION: PIÑATA ÉNERGÉTIQUE?

Le thème de la magie ayant été abordé au chapitre dernier et donc toujours frais à notre mémoire, le moment est propice à en approfondir le concept, mais surtout, pour en questionner les principes et l'utilisation. *Zinfaendel* vise à se glisser entre la nature divine de l'humain et sa spiritualité pour révéler ce qui précède les croyances qui mènent aux actes. Ainsi donc, cette section du chapitre n'a pas pour but d'expliquer comment fonctionne la magie. Plutôt, il propose qu'avant-même de créer votre premier sigil ou talisman, avant-même de faire votre premier exercice de visualisation pour manifester une belle maison de campagne, il est préférable d'avoir développé l'aptitude de distinguer en soi les désirs égoïques de ceux qui surgissent de la pulsion de Vie primordiale. Que ces méthodes prennent pour le magicien une forme classique (ex.: magie cérémonielle, wiccanisme, shamanisme) ou plus moderne (ex.: visualisations créatives, magie du Chaos, « *vision boards* »), l'humain derrière les rituels n'est jamais totalement affranchi de ses travers égoïques. Sans pour autant déconseiller ou même proscrire ces outils de manifestation, je vous invite dans cette section à prendre un certain recul pour considérer les ramifications de votre rapport à la magie et à la manifestation.

Il est tout d'abord important que vous connaissiez sous quel angle j'appréhende le sujet, d'autant plus que d'une certaine manière, j'y enfreins une règle que je me suis imposée pour l'écriture de ce livre: ce qui figure à cet ouvrage doit être avant tout basé sur des expériences vécues; les miennes. Cela étant dit, je ne me considère pas comme un pratiquant de la magie, ou du moins, pas dans le sens classique du terme, et ce même si je m'éduque sur le sujet depuis maintenant plusieurs années. Je n'écris donc pas ces lignes en tant qu'expert en la matière, mais plutôt du point de vue de quelqu'un qui a longtemps lutté avec l'idée de la pratiquer. C'est entre autres cette lutte intérieure qui m'a poussé à me commettre à la rédaction de ce livre car, prenant pour acquis que la magie existe et fonctionne, la question de son utilisation est une des plus fondamentales à laquelle l'adepte puisse être confronté.

Rares sont les personnes qui scrutent profondément les motivations et conséquences de leurs actes, et c'est sans jugement que j'affirme qu'il en va de même pour les magiciens et sorcières. Malgré tout, il se peut que ceux qui s'engageront sur cette voie seront plus souvent confrontés à ce type de questionnement que la moyenne des gens, car les notions d'intention et de volonté sont centrales aux pratiques magiques. Déjà, on peut rappeler la plus célèbre citation du plus célèbre des magiciens, Aleister Crowley, qui énonça la volonté comme étant le principe primordial à respecter pour les disciples de sa doctrine:

> *Fais ce que tu voudras*
> *sera le tout de la Loi.*

Cet axiome ayant été souvent perçu à tort comme une glorification de l'hédonisme, il semble que Crowley faisait référence non pas aux désirs ordinaires de l'ego, mais bien à ce qu'il appelait le *True Will*, ou la Vraie Volonté. Qui sait si les Thélémites, personnes adhérant à son système de croyances, s'appliquent réellement à la délicate tâche de découvrir en soi la source même de la pulsion de Vie, mais il en demeure que la question de l'intention soit centrale aux principes de base.

L'autre exemple qui me vient à l'esprit est celui moins connu mais tout aussi intéressant d'un prolifique auteur New Yorkais du nom de Mitch Horowitz. Ce dernier ayant beaucoup écrit sur le courant américain de pensée positive *New Thought* (pensée nouvelle), il fut grandement influencé par deux personnages importants de cette tradition métaphysique, soit Vernon

Howard et Neville Goddard. Selon Horowitz, Howard parlait de l'importance de l'absence d'aspirations, du non-attachement aux gâteries matérielles et au rejet de l'appât de toutes récompenses promises par la société. Ce n'est donc qu'en se soustrayant à l'influence de ce monde que l'adepte pourrait découvrir en lui-même et manifester la volonté de Dieu. Goddard quant à lui, enseignait avec la même insistance que les désirs personnels de l'adepte sont eux-mêmes sacrés, qu'ils sont le produit de la créativité innée de son esprit et donc, essentiellement eux-mêmes d'expression divine. Horowitz associe donc pour lui-même la pensée d'Howard et de Goddard à, respectivement, « que *Ta* volonté soit faite » (en parlant de celle de Dieu) et « que *ma* volonté soit faite » (celle de l'adepte). Il raconte avoir durement lutté avec les deux concepts pour déterminer lequel correspondait le mieux à sa réalité, d'avoir tenté de se faire croire qu'il n'existait pas de réelle distinction entre les deux visions, sans jamais arriver à être en paix avec cette réconciliation. Finalement, il conclut que la proposition de Neville Godard correspondait plus adéquatement à son expérience directe et à sa recherche. Selon lui, si l'humain est réellement créé à l'image de Dieu, il va de soi que les plus profondes aspirations humaines sont elles-mêmes de nature divine. Cela dit, peu importe ses conclusions, on peut ressentir en l'écoutant parler qu'Horowitz, tout comme Crowley, Howard et Goddard, n'ait pas pris le concept de la volonté à la légère. L'intention est en effet *primordiale* à toutes les pratiques concernant la manifestation physique par moyens métaphysiques.

À l'exception peut-être de certains adeptes de la magie cérémonielle, la grande majorité des personnes pratiquant la magie sous une forme ou une autre s'entendront pour dire que la volonté et l'intention sont les carburants principaux du travail. Pour des raisons qui excèdent mon expérience limitée dans ce domaine, cette supposition m'apparaît aussi comme étant juste. *L'énergie suit la pensée*, semble-t-il. Or, cette constatation redouble l'importance d'une question déjà présente à l'esprit des mystiques les plus rigoureux dans leur quête, c'est-à-dire, *quel est l'origine de la pensée, ou des intentions?* Car en effet, si elles sont le carburant principal de la manifestation, et donc si leur impact se fait ressentir non seulement sur notre réalité propre mais aussi sur celle des autres, déterminer la provenance des intentions n'est plus qu'une simple énigme philosophique. *Connaître l'origine de nos motivations est essentiel à l'éthique de l'agir.* Cette éthique cependant n'en est pas une qu'il est possible de définir par un ensemble de valeurs morales, une idéologie ou une notion préétablie de bien ou de mal, ce qui fait d'elle un concept en constante fluctuation. Elle est perçue par le ressenti de l'insaisissable instant présent.

Comme Mitch Horowitz, je me retrouvais incapable de réconcilier deux notions. Pour moi, c'était celle de la pulsion créatrice, puis celle de l'action juste. Je ne pouvais le nier: lors de mes expériences de « manifestation métaphysique », je sentais en moi un criant désir d'incarnation, et il me semblait avoir un certain sens de ce que je voulais réellement manifester dans ma vie. J'ai tenté d'appliquer les méthodes qu'Horowitz suggérait dans son livre *The Miracle Club*, qui demandaient de ressentir très fortement l'attraction pour ce que je tentais de voir s'incarner dans ma réalité, et ce pendant plusieurs jours consécutifs. Il n'est pas le seul à préconiser ce genre d'approche et je me suis investi, à chaque fois avec un certain acharnement, à tenter les expériences proposées. Parfois même, je l'avoue, avec la certitude que ma vie dépendait du succès de l'opération. Immanquablement, je me frappais au même mur: celui du doute. Non pas le doute de moi-même, de ma valeur personnelle ou de mes aptitudes. Plutôt, j'en revenais toujours à entendre une question résonner dans mon esprit: *es-tu* absolument *certain que ce que tu cherches à créer est ce qu'il y a de mieux pour toi?* À chaque fois que je revenais à mes rituels, ma volonté s'érodait à vue d'oeil au point de perdre toute motivation de mener l'expérience à terme. Généralement, l'échec était suivi d'une période d'autodestruction, de désespoir et d'apitoiement. J'avais appris et je croyais que ce doute était une forme d'autosabotage provenant de mon ego. Malgré tout le travail que j'avais

                    3ème partie: Quelques mots de la Terre

fait sur moi-même, je n'arrivais toujours pas à anéantir ce doute, ou même à en faire abstraction. Il était viscéral, fondamental, instinctif même. Il m'était impossible de m'en défaire, et donc, je me voyais comme étant maudit et voué à la torture de l'inaction pour le reste de mes jours. J'étais un indiscipliné. Pire! Un paresseux! Horowitz m'impressionnait, probablement comme lui-même était impressionné par Goddard et Howard, et j'étais pratiquement convaincu qu'il détenait les clés de la manifestation. Après tout, il le démontrait par son succès et l'étendue de son oeuvre, n'est-ce pas? Moi, j'étais une cause perdue. Jamais je n'arriverais à générer ce dont je croyais avoir besoin pour être heureux sur dans ce monde, sur cette Terre et dans ce corps. S'il est vrai que la magie et la loi de l'attraction demandent une certitude absolue en mes désirs, en plus de la croyance que le simple fait qu'ils m'habitent les rendent « sacrés », je ne serais clairement jamais magicien.

Heureusement, les années ont passé et une certaine maturité est venue à ma rescousse face à ces angoisses. Ma quête m'a mené à comprendre que le fait qu'à l'instar de la peur, de l'envie ou de l'enthousiasme, un désir soit ressenti de manière pressante et profonde n'indique en rien son harmonie avec la Nature. Autrement dit, *le caractère sacré d'un sentiment ne se mesure pas à son intensité*. Qui plus est, si tel que suggéré par Goddard et Horowitz, les désirs sont sacrés et divins, qu'en était-il de ce doute qui persistait à grandir en moi à mesure que je m'acharnais à ressentir toujours plus fort la volonté? N'est-ce pas cette même mécanique du *désir* qui me pousse à remettre mon but en doute? Et puis toujours suivant cette logique, qu'est-ce qui n'est *pas* sacré chez l'humain, s'il est réellement créé à l'image de Dieu? Si les désirs sont pour ainsi dire *divins*, le doute serait donc systématiquement « impur »? Puis pour terminer, ce raisonnement est affligé d'une horrible incohérence: si l'humain est en effet d'essence divine, pourquoi existerait-il une dichotomie entre « ma » et « Sa » volonté? Horowitz et Goddard croient-ils qu'il y a un dieu quelconque à craindre, de qui la volonté est contraire à la nôtre, ou pire, qui se réjouirait de nos tourments? Sinon, sans la présence d'un tel dieu, de qui viendrait cette volonté à ignorer au profit de la nôtre?

Si Horowitz s'est satisfait de ces conclusions, je ne peux en dire autant pour moi-même. Malgré tout le respect que j'ai pour cet homme et son travail, je n'ai jamais pu me résoudre à cette idée que mes désirs sont *systématiquement* sacrés, même ceux ressentis comme des obsessions. En fait, mon « désir » d'aller *derrière* le désir pour en observer les racines, surpasse de loin celui de posséder ou d'accomplir quoique ce soit de précis. En ce sens, il serait peut-être vrai d'affirmer que ce désir est sacré, bien qu'en réalité, je ressens plutôt cette pulsion comme étant un *besoin*. En vérité, je n'ai jamais rencontré de désir qui ne soit pas motivé de près ou de loin par une peur, et c'est pour cette raison que tôt ou tard, mes expériences en magie étaient vouées à l'échec. Je pouvais voir, *même derrière la joie et l'enthousiasme que me procuraient l'idée de manifester certains buts et acquis matériels*, une pernicieuse quête de contrôle et un espoir de mettre fin à mes souffrances. Une fois devenu conscient de ce qui motivait mes désirs, il m'était impossible de maintenir la volonté nécessaire à l'incarnation de ceux-ci. Je réalisais que même si j'arrivais à les voir se réaliser, je serais toujours aux prises avec les mêmes craintes. Tout ce que j'aurais créé de cette manière ne servirait qu'à nourrir le cycle peur/sécurité, car je ne pouvais rien créer par ce genre d'effort que je ne pouvais perdre. Il me fallait plus. Il me fallait briser le cycle et pour ce faire, il était de loin plus important de l'observer en action que de m'obstiner à manifester argent, relations ou carrière.

La magie sans la connaissance de soi et de la nature de nos désirs est comme jouer à une sorte de « piñata énergétique ». Notre but invisible est très clair à notre esprit, et on risque effectivement de l'atteindre. Mais au prix de quel chaos? De combien de blessures? Que vos intentions soient « pures » ou égoïstes, l'équilibre universel demandera toujours d'être rétabli et la satisfaction de nos désirs aura toujours un coût, qu'il soit défrayé par nous-mêmes ou

   3ème partie: Quelques mots de la Terre

par d'autres. Et puis, qu'arrive-t-il une fois toutes les friandises sorties de la piñata amassées, consommées? On recommence? Quand est-ce que tout ça se termine? Insatisfaction/manifestation/satisfaction, *ad vitam aeternam*, jusqu'à ce que la Terre entière soit pillée et les humains anéantis? Y a-t-il vraiment une différence entre exiger de la Nature de se plier à nos désirs à la pointe du fusil, à coups de millions de dollars… ou par l'entremise d'une baguette magique?

Faire usage de la magie et de la loi de l'attraction sans examen rigoureux de nos motivations, pour utiliser une seconde métaphore, est analogue à prendre son fusil et partir à la chasse les yeux bandés. Quand surviendra effectivement la réussite pour les chasseurs les plus obstinés, son coût en sera toujours élevé. Toujours selon cette métaphore, prioriser la connaissance de soi et celle de la nature de nos désirs serait l'équivalent de retirer le bandeau. Non seulement le chasseur deviendra plus efficace, mais causera de toute évidence beaucoup moins de dommages collatéraux. Le chasseur/adepte/magicien éveillé à la réalité de l'arme qu'est sa volonté l'utilisera avec sagesse et connaissance. S'il n'est effectivement pas motivé par son égoïsme, il évitera d'abattre la mère Ours dont la survie de ses trois petits dépend. Il sera aussi moins vulnérable aux prédateurs, incarnés ou non, qui profiteront de sa cécité.

À ce stade, certains seront outrés par ma suggestion que nos désirs ne soient pas de précieux guides nous indiquant dans quoi investir nos énergies. J'en vois même déjà m'accuser de perpétrer bêtement une version en vogue et caricaturale des principes bouddhistes et hindouistes de non-attachement. À ceux-ci je répondrais que non seulement je n'y fais aucune référence, mais j'ajouterais même que ces principes m'ont causé autant sinon plus d'anxiété que mes désirs de manifestation. D'autres, plus rares peut-être et assurément plus discrets, auront fait face aux mêmes constats, mentionnés précédemment. À vrai dire, peut-être faites-vous vous-même partie de ce deuxième groupe, soit celui qui paralyse devant l'idée du choix de ce qu'on doit ou non manifester. Peu importe votre position sur le sujet, je vous suggère cette idée: et si le *doute* lui-même était un meilleur *point de départ* pour la manifestation de ce qui supportera non pas un état passager de confort ou de satisfaction, mais plutôt une relation de cocréation fluide avec les forces de la Nature elles-mêmes? En effet, si j'ai longtemps perçu cet état de réel scepticisme face la réalisation de mes désirs comme une irrémédiable faiblesse, je comprends maintenant que ce doute était dû à l'intuition profonde et persistante que ce modèle de manifestation n'apportait rien de nouveau, ni à ma vie personnelle, ni à ce monde qui nous habitons. En toute honnêteté, même après cette réalisation, il m'a fallu quelques années pour comprendre comment tout de même répondre à mon besoin de manifestation qui lui aussi persistait. Cela étant dit, le livre que vous lisez en ce moment est la preuve tangible qu'il existe d'autres manières de répondre à l'appel de la création que les désirs obsessionnels et l'ambition. À vous donc qui n'êtes ni interpellés par une vie de total dépouillement et d'austère contemplation, ni par l'assouvissement creux de vos aspirations égoïques, sachez qu'il y a un « endroit » en vous-même où votre voix et celle de la Nature sont indiscernables. Nous développerons ce sujet dans le prochain chapitre.

S'il vous semble que nous nous sommes éloignés du thème de la magie, c'est que la décision de se commettre à des pratiques de ce genre ne se distingue en essence pas du choix de nos autres activités. Qu'on les opère dans le monde matériel ou imaginal, toutes initiatives comportent des dimensions éthiques et morales, et quiconque souhaite se manifester en concordance avec la Nature devrait faire l'examen tant de ses motivations que de la portée de ses actes. De plus, même les gestes apparemment posés uniquement dans la réalité physique ont des répercussions énergétiques associées à la magie. Après tout, les mondes physiques et intangibles sont imbriqués les uns dans les autres, et ce, parfois même au point qu'il soit difficile de les distinguer. De par ce fait, nous sommes tous plus ou moins magiciens et nous vivons, qu'on en soit conscient ou non, dans un monde magique.

Pour conclure cette section, je souhaite vous faire part d'une observation qui m'apparaît intéressante, sinon même passablement importante. Les pratiques magiques ainsi que celles reliées au principe d'attraction ne sont pas les seules susceptibles de révéler à l'adepte les mécaniques de l'invisible. En effet, il peut s'avérer étonnant de constater que la connaissance de soi et subséquemment de l'essence divine de notre être est passible d'ouvrir quiconque est activement dédié à sa quête aux façons dont la magie s'actualise dans sa réalité propre. L'élargissement du champ de conscience résultant de l'observation de notre véritable nature ouvrira bien souvent l'adepte à la perception d'une foule de forces occultes externes et internes. Incidemment, sachant comment la magie opère sur lui, il sera en mesure de l'utiliser à son tour. C'est pourquoi on peut voir beaucoup de personnes s'adonnant à des pratiques magiques sans beaucoup de succès et à la fois, de puissants mages n'ayant aucune connaissance occulte ou intérêt pour l'ésotérisme. À la base, le médium primordial de la magie est la conscience elle-même, et s'il va de soi que certains deviendront experts dans leurs traditions respectives, l'adepte éveillé pourra développer un instinct pour le transfert de sa volonté sur le monde matériel.

Quiconque connaissant les mécaniques de son propre ego pourra les reconnaître chez autrui, et ainsi donc, deviendra apte à influencer, manipuler même, la conscience de son entourage par voies magiques. Il est donc *primordial* de garder à l'esprit que tout pouvoir, qu'il soit magique ou autre, vient avec sa charge de responsabilité. Cette section du chapitre est en fait un plaidoyer pour cette responsabilité et c'est pourquoi j'encourage l'adepte souhaitant faire usage de la magie (ou de la loi de l'attraction) à ne pas dissocier ses pratiques de sa quête mystique de révélation personnelle. Ça n'est qu'une fois qu'il aura révélé pour lui-même son essence divine qu'il sera apte à cocréer avec la Nature, et par le fait-même, d'en manifester les plus grands principes d'harmonie. Si un simple magicien se risque à jouer avec le feu, le mage-mystique quant à lui le maîtrise. Ce maître n'est pas qu'un expert en manifestation: plus important encore, et c'est ce qui le distingue des sorciers avares et ambitieux, il sait reconnaître la différence entre imposer violemment sa volonté sur celle de la Nature et se conformer passivement à celle des forces externes. Quand le magicien est à la fois mystique, il sait avant tout quand agir, et quand s'abstenir.

ASTROLOGIE:
météo des archétypes

Bien qu'elle soit fréquemment employée pour se divertir ou tenter de prédire ce qu'une supposée loterie du destin nous réserve, le réel potentiel de l'astrologie réside dans son utilisation pour, surprise surprise, la connaissance de soi. Hmm… non, je dois en fait corriger cette supposition: l'astrologie nous permet plutôt d'étudier le *véhicule du Soi*, aussi appelé l'ego, ou la triade des corps physique, émotionnel et mental. En observant la présence ou l'absence des archétypes dans les différents aspects de nos vies, nous devenons, en premier lieu, aptes à percevoir l'influence des énergies astrales sur notre constitution spécifique. Puis subséquemment, il deviendra possible pour l'adepte éveillé à ces influences de s'emparer du gouvernail de sa vie, et d'user de son libre arbitre pour en naviguer les flots. Considérons ensemble comment, en s'enquérant du langage des astres, l'adepte peut s'émanciper du caprice des dieux, en faisant même d'eux ses alliés.

L'astrologie est en quelque sorte une science, et tout comme les résultats de n'importe quelle expérience en laboratoire peuvent être interprétés de manière simpliste, il en va de même pour l'interprétation de notre ciel. La tendance à s'identifier uniquement à notre signe solaire, celui que tout le monde connaît, est donc équivalent à voir la vie en nuances monochromes, n'offrant qu'une grossière impression des impacts célestes sur notre réalité. *Au minimum*, l'adepte interpellé par l'astrologie devrait se référer aux trois signes les plus influents sur sa personnalité, donc en plus du signe solaire, ceux de l'ascendant et de la lune. En y pensant bien, on pourra d'ailleurs comprendre les personnes qui, n'ayant été exposées qu'aux généralités de l'horoscope du weekend, rejetteront d'emblée la crédibilité même de l'astrologie. En effet, c'est uniquement par l'analyse des influences astrales *dans leur totalité* qu'il sera effectivement possible de dresser un portrait réaliste de la personnalité de l'individu. Cela dit, si cet outil vous interpelle, il ne sera efficace que si vous prenez la peine d'explorer l'entièreté de votre thème astral. Il existe des outils pour le faire par soi-même, mais comme il s'agit d'un exercice d'une grande complexité, s'allier à un astrologue compétant pourra permettre de révéler beaucoup plus de détails sur votre personnalité et vos particularités.

Ensuite, afin de suggérer une manière de l'appréhender, je décrirais l'astrologie comme une sorte de météo des énergies archétypales. En météorologie, on observe tous les facteurs ayant un impact sur le climat et la température. Puis, tous les humains ne tolérant pas le froid ou la chaleur, l'humidité, le vent, et les précipitations de la même manière, leurs humeurs, comportements et activités en seront affectés. Il en va de même, ou presque, pour l'astrologie. On étudie le positionnement des planètes pour observer leur niveau d'influence et leur convergence, qui à leur tour auront différents effets sur la vie des gens. Là où cette analogie trouve sa limite est dans l'intensité et la variabilité des influences météorologiques et astrologiques sur les individus. La météo ayant un impact physique en premier lieu, les effets demeurent sensiblement les mêmes pour tout le monde. Mais si les limites de nos enveloppes charnelles sont tout de même assez similaires, on ne peut en dire autant de nos personnalités. Ainsi ces dernières, en plus de nos valeurs, nos réactions émotionnelles, nos intérêts, etc, varient tellement que, perçues *uniquement* d'un point de vue immatériel, il serait presque difficile de croire que nous faisons tous partie d'une seule et même espèce humaine. Conséquemment, comme les fluctuations planétaires agissent sur les aspects subtils de nos différents corps, leurs effets peuvent varier dramatiquement d'une personne à l'autre. Par parenthèse, considérant les choses sous cet angle, est-il si surprenant de voir les disparités extrêmes entre les réactions des gens aux grands événements du monde? Si nous sommes tous exposés aux mêmes fluctuations énergétiques, ce qui en réconfortera certains en terrifiera d'autres. Pour ajouter à l'utilisation courante de nos jours du concept de « neurodiversité », j'irais moi-même jusqu'à inclure celui de « l'*astrodiversité* » pour évoquer les énormes disparités entre nos personnalités, elles-mêmes dues aux influences planétaires.

C'est d'ailleurs pourquoi faire étudier notre ciel par un professionnel peut être extrêmement déconcertant, surtout quand un astrologue purement inconnu s'affaire à révéler certains détails particulièrement intimes de nous-mêmes et de notre histoire. À ce sujet, une anecdote me vient à l'esprit. Lors d'un échange d'emails, l'historien et ufologue réputé Richard Dolan me fit part de l'histoire suivante:

> *J'ai fait faire ma carte du ciel environ cinq fois par différents astrologues expérimentés, dont certains savaient qui j'étais et d'autres non. Dans tous les cas, ils ont décrit ma vie et ma personnalité à un troublant degré d'exactitude. Certains étaient plus étonnants que d'autres, mais tous étaient sur la cible. Les implications pour le libre arbitre me semblent évidentes.*

Assurément, il n'est pas le seul à en venir à considérer la possibilité que nos choix de vie soient illusoires et donc, que nos destins seraient prédéterminés. En effet, si un pur inconnu est capable uniquement en analysant le positionnement des astres à notre naissance, de nous exposer le récit de notre vie avec tant de précision, avons-nous réellement choisi quoique ce soit? Et qu'en est-il de nos décisions futures? Notre *fatum* est-il figé dans le marbre, *alea jacta est* dès notre premier jour dans ce monde? Ayant moi-même vécu l'expérience décrite par monsieur Dolan, j'ai entrepris d'élucider la question pour moi-même. Bon d'accord… je rectifie: il serait plus juste de spécifier que j'ai fait de cette entreprise une mission de vie. J'ai beau chercher, d'une certaine manière, je ne trouve pas de mystère plus important à résoudre que celui du libre arbitre. Si notre destin est bel et bien coulé dans le béton, pourquoi s'en faire avec les décisions de vie? Pourquoi même y réfléchir? Pourquoi entretenir des espoirs, des objectifs? Pourquoi se réjouir ou s'offenser? En fait, pourquoi même demander « pourquoi »? Si l'impression du choix est ultimement fausse, l'illusion est d'une telle persistance qu'il m'est impossible de l'accepter d'emblée. Malgré tout, la précision des analyses astrologiques semblent donner beaucoup de poids au fatalisme de l'idée du prédéterminisme. Cela étant dit, sans pour autant trop élaborer sur une théorie du libre arbitre, tentons de suggérer une solution à l'énigme du destin. Notre chemin de vie serait-il effectivement *écrit dans le ciel*?

Astrologie 101

Pour commencer, voici un très bref exposé des principes de base de l'astrologie. Pas de panique, *il n'est pas essentiel pour les besoins de ce chapitre de le saisir à la perfection*. Alors détendez-vous et débutons donc l'aspect « énergétique » des influences astrales:

→ Les planètes tournent dans l'espace, autour du Soleil (à l'exception, d'une certaine manière, de la Lune). Comme le Soleil lui-même se déplace dans la galaxie, tout notre système solaire bouge constamment;

→ Les planètes, en plus du Soleil et de la Lune, sont associées à un certain ensemble d'archétypes et d'une manière, disons, mystérieuse, elles génèrent et diffusent les différentes énergies qui y sont respectivement reliées;

→ Quant à elles beaucoup plus éloignées de nous que les planètes, les constellations nous apparaissent comme étant plus ou moins fixes

 3ème partie: Quelques mots de la Terre

et situées de manière circulaire autour de la Terre. C'est à elles qu'on attribue les signes constituant ce qu'on appelle le *zodiaque*;

→ Le zodiaque lui, est en quelques sortes un ensemble de douze zones d'influence qui « filtrent » les qualités primaires des énergies archétypales émises par les planètes;

→ Pour donner un exemple, « Mercure en Cancer » indiquerait que la planète Mercure se situe entre la constellation du Cancer et la Terre. Ainsi, la charge archétypale mercurienne nous arrive modifiée par les qualités du Cancer;

→ La Terre entière reçoit donc constamment l'énergie de chacune des planètes, énergies qui elles-mêmes sont « teintées » des qualités de la zone du zodiaque dans laquelle elle se trouve temporairement.

Ensuite vient la perspective de l'individu, donc, la genèse d'une *carte du ciel*:

→ À la minute même de la naissance, la configuration des archétypes astraux du moment se « fixent » sur la personne. Étonnamment, ce portrait semble agir comme plan pour la charpente du véhicule de l'ego (corps physique/émotionnel/mental);

→ Pour construire le thème astral de quelqu'un et ainsi observer ses caractéristiques propres, la première étape est de déterminer dans le plan quelle constellation (ou signe) se levait à l'Est au moment précis où l'individu est né. Le signe en question sera ce qu'on appelle l'*ascendant*;

→ On superpose ensuite un nouveau cercle à celui du zodiaque, le cercle des *maisons*. Ce cercle, est lui aussi divisé en douze parties numérotées de 1 à 12 (comme les chiffres d'une horloge), chacune d'elle représentant un ensemble de facettes de la vie de l'individu (famille, amour, carrière, argent, etc);

→ Contrairement au placement zodiacal qui demeure le même pour tout le monde, le degré de rotation du cercle des maisons sera différent sur la carte pour chaque personne. Plus spécifiquement, il faut savoir où se trouve la maison 1 pour répartir les autres. C'est là que l'ascendant entre en jeu car la première maison sera placée sur la constellation correspondante. Donc si par exemple votre signe ascendant est le Lion, la rotation du cercle des maisons sur votre carte alignera la section #1 plus ou moins à la constellation du Lion;

→ Nous nous retrouvons donc maintenant avec trois paramètres d'influence: l'énergie de la planète, « colorée » par les qualités de la constellation dans laquelle elle se trouve, et troisièmement, l'aspect de la vie de l'individu qui en sera affectée. Pour donner un nouvel exemple qui, je le précise, sera extrêmement simpliste, disons que votre carte indique que votre Mercure est en Cancer et en maison #9, cela signifie qu'au moment de votre naissance, l'énergie de la planète Mercure était influencée par les caractéristiques de la constellation du Cancer, et touchera principalement la maison qui représente vos aspirations philosophiques et religieuses;

→ La carte affichant maintenant la position de chacune des planètes influentes en relation à la Terre et au zodiaque, aussi situées dans les différentes maisons, l'astrologue est alors en possession de tout le nécessaire pour dresser un portrait hypothétique de l'individu.

On peut assurément à présent mieux comprendre pourquoi l'astrologie est vue comme une science, spécialement considérant qu'il ne s'agit là que des toutes premières bases, insuffisantes pour une analyse sérieuse. Or, ce que je vous invite surtout à retenir est la notion des « paramètres d'influence », représentés ici par l'ensemble planète-constellation-maison. Je ne peux en effet m'empêcher d'y percevoir un lien avec l'*analogie de la guitare à une corde* soumise dans le chapitre précédent pour illustrer le principe de résonance. Comme pour l'astrologie, on y voit en effet un archétype de base, puis des éléments qui en altèrent les qualités et l'intensité. Retournons cependant à cette possible solution au problème du destin et du prédéterminisme.

Aux poubelles, le scénario?

Si on en croit l'efficacité de l'astrologie, l'empreinte générée par les astres sur tous les aspects du véhicule de l'ego demeurera telle quelle pour la durée entière de la vie de l'individu. Qui sait si les facteurs prédéterminants des particularités d'un humain résultent uniquement ou principalement des influences astrales, mais on peut clairement percevoir l'ampleur de leur impact. Ainsi, tel que mentionné dans la section du livre portant sur le principe de résonance, l'humain possède dès la naissance un ensemble de « réglages » reliés aux archétypes primordiaux, et ce fait est notamment observable par l'analyse astrologique. Comment pourrait-on expliquer autrement les milliers d'histoires similaires à celle, mentionnée plus tôt, de Richard Dolan? Néanmoins, cela ne nous aide toujours en rien à nous émanciper de la glaciale emprise du destin. Poursuivons.

La relation de l'humain moderne avec l'invisible et l'immesurable est… difficile. C'est le moins qu'on puisse dire. Bien conditionnés par le paradigme matérialiste « scientifique » de notre époque, nous avons été formés pour croire que, tout comme notre physiologie, nos aptitudes et nos personnalités sont dues à une combinaison d'hérédité, de milieu de vie et d'éducation. Des gènes, des protéines, des neurones, de l'ADN, et c'est tout. Il n'est donc pas étonnant qu'une personne n'ayant été exposée qu'à cet ensemble de croyances soit choquée par la justesse de sa carte du ciel. Cela dit, est-ce que le choc serait le même si nous grandissions, par exemple, avec la notion que la position de Mars dans notre ciel soit un facteur aussi influent sur notre carrière que nos « backgrounds » culturels et sociaux? Ou encore, pourquoi nous semble-t-il tout à fait banal qu'une personne mesurant 1m90 joue au basketball, alors que nous sommes étonnés quand un astrologue « devine » qu'un individu ayant un Soleil en Sagittaire en Maison IX soit devenu professeur de philosophie? Et est-ce que le premier exemple nous semblerait dû à des prédispositions physiologiques et des choix de vie, et le deuxième, la manifestation d'un destin inévitable? Dans les deux cas, il ne s'agit pourtant que de prédispositions. Cependant, comme l'influence des astres est invisible et la plupart du temps ignorée, il va de soi que la surprise de leur exactitude sera plus grande et bien intrigante.

De plus, l'éventail de facteurs contenus dans une carte du ciel étant d'une impressionnante complexité, l'astrologue est en mesure dresser un portrait beaucoup plus détaillé d'un individu qu'on pourrait le faire par l'unique considération de sa situation dans le monde matériel. C'est bien ce qui rend la précision de l'astrologie si troublante: notre ciel détient une quantité effarante de renseignements sur nos aspirations profondes, et ce, même si elles ne sont toujours pas manifestées. Les astres en ont bien long à dire sur ce que certains appellent notre « mission de vie », et c'est parce qu'on garde parfois ces informations secrètes, voire à soi-même, qu'il peut être déconcertant de les voir portées au grand jour par un pur inconnu.

De fait, on pourrait même être en droit de se demander si une sorte d'intelligence suprême ne se jouerait pas de nous en nous imposant un rôle à jouer dans sa pièce de théâtre, un rôle duquel toutes dérogations seraient punies par d'innombrables obstacles et souffrances. D'ailleurs, pour certaines sectes gnostiques comme les Manichéens, les planètes seraient des *archontes** incar-

---

* *Pour les religions dites gnostiques, les archontes seraient à la fois les constructeurs du monde physique et des gardiens ayant pour but d'empêcher les âmes de quitter le monde matériel.*

nés qui, essentiellement maléfiques et démoniaques, auraient pour mission de contrôler tous les aspects de la vie des humains, les empêchant ainsi d'accéder à leur nature divine. Cela impliquerait-il que nous sommes enchaînés aux volontés divines, et donc que l'astrologie ne servirait qu'à connaître les règles auxquelles nous sommes condamnés à nous soumettre?

Je dois le dire, je n'ai jamais été convaincu par l'attribution de bonnes ou mauvaises intentions à ce qu'on pourrait considérer comme des *forces supérieures*, et ce, même si je comprends qu'on puisse en venir à cette conclusion. Cependant, à la question précédente, je répondrais par la suivante: « la pluie a-t-elle des intentions bénéfiques ou maléfiques? ». Tout comme les phénomènes météorologiques, les forces archétypales sont, me semble-t-il, moralement neutres. Il n'y a donc rien de fondamentalement bien ou mal à suivre le courant de leurs influences. Il n'y a que la Nature en action, exprimée par ses forces, *et nos pouvoirs d'action et de réaction constituent en essence notre libre arbitre.*

Pour récapituler, disons que ce qui pourrait être perçu comme étant le *destin* d'un individu est donc plutôt un ensemble de caractéristiques et de prédispositions. Aveugle aux forces agissant sur elle, une personne aura tendance à se conduire conformément à ces particularités. Or, si l'empreinte des astres à notre naissance semble nous imposer des intérêts, des limites, des aptitudes et des traits de caractère pour la durée totale de notre vie, nous est-il possible de « sortir du script »? Est-ce que cela implique qu'une fois éveillé à ces influences, l'adepte pourra se métamorphoser à volonté? Son libre arbitre lui permettra-t-il de s'extraire de ce que la Nature a imprégné dans la réalité de son véhicule égoïque? L'adepte pourra-t-il jeter le scénario décrit dans son ciel de naissance aux poubelles, ou devrait-il simplement le connaître et s'y conformer?

J'en ai bien peur, la réponse ne sera peut-être pas satisfaisante, car s'il est vrai qu'une meilleure compréhension des principes actifs en soi contribue à une plus grande maîtrise et donc, à l'amplification des capacités de manifestation, il n'en demeure pas moins que de s'opposer aux forces de la Nature soit une tâche éprouvante. Il est absolument possible pour l'adepte de tenter d'incarner un rôle différent de celui qui est décrit dans son empreinte astrale, à condition bien sûr d'être prêt à affronter plusieurs sacrifices et épreuves. S'opposer à sa propre « constitution » impliquera immanquablement de devoir forcer les choses, de s'époumoner à accomplir des tâches qui semblent pourtant simples, et parfois même à ne plus se reconnaître. Le libre arbitre ne permet d'affecter les influences divines/astrales que de manière très limitée et généralement, bien temporaire.

Inversement, l'adepte pourrait tout aussi bien décider de s'en remettre entièrement au fil du temps, niant ses désirs et se laissant ainsi passivement porter par le flots des énergies, cette fois-ci au prix d'innombrables naufrages. Rappelons-le, les forces de la Nature étant amorales, elles n'auront aucune considération pour notre sécurité ou notre bonheur. De plus dans ce cas, l'adepte *éveillé* sacrifierait en même temps l'application de son libre arbitre ainsi que le *sens profond et ressenti* de sa vie qui vient avec le fait d'y participer. Au diable les rêves et aspirations, au revoir ce qui crie en nous d'être mis au monde.

Conclusion

Alors, peut-on ainsi affirmer qu'il existe bel et bien quelque chose appelé « destin », et si oui, est-ce que l'astrologie est la preuve de son existence?

Tout d'abord, ce *fatum stoicum**, cette forme de destin absolu qui englberait tous les aspects de la manifestation et donc, détruirait la notion de libre arbitre, est impossible à vérifier ou falsifier. Or, l'astrologie nous démontre tout de même que l'humain tend à suivre un certain « plan » qui lui semble prédestiné. Cependant, plutôt que d'y voir un indice que le libre arbitre est illusoire, il est plus probable que l'exactitude de l'analyse astrale donne une fausse impression de destinée. Il faut comprendre que l'humain et son véhicule égoïque s'incarnent dans un système déjà en mouvement constant depuis des milliards d'années, mouvements qui sont en grande partie déterminés par les influences astrales. La direction que prendra sa vie suivra donc ces courants dont la puissance de création dépasse largement la sienne. Pour utiliser une métaphore, si l'ensemble des influx archétypaux constitue les flots d'une large rivière, sa direction ne changera pas pour contribuer ou s'opposer aux efforts de quiconque la naviguera. En venant dans ce monde, l'humain s'engage sur la rivière de sa Vie et son libre arbitre ne lui permet que d'en négocier les courants. Suivant la même idée, l'astrologie servirait donc avant tout à connaître les particularités de notre embarcation, ou notre véhicule égoïque (corps physique/émotionnel/mental). Sommes-nous incarnés dans un kayak minuscule et réactif, au gouvernail d'un gigantesque paquebot, au volant d'un puissant *jet-boat*, pataugeant sur simple radeau de fortune, ou à la barre d'un voilier majestueux? Quelles sont les possibilités et les limites de notre véhicule? Comment le maîtriser?

Ces réflexions sont à l'essence même de la quête mystique de connaissance de soi, et bien que l'astrologie ne remplacera jamais l'expérience et l'introspection, elle peut néanmoins s'avérer étonnamment efficace pour contempler des facettes inconnues de soi-même, tout comme pour valider ou rejeter certaines croyances à propos de soi. Puis, contrairement à l'impression

---

** Les philosophes stoïciens étaient connus pour adhérer à la croyance en un ordre prédéterminé des événements de cause à effet auquel il serait impossible d'échapper.*

que l'analogie de la rivière puisse laisser, la marge de manoeuvre que permet le libre arbitre demeure très large. Comme toutes les rivières, celle de votre vie présentera des embranchements et donc, des choix. Plus vous connaîtrez les particularités de votre embarcation, plus vous serez en mesure de la maîtriser, et donc, plus la variété de choix *viables* qui s'offriront à vous sera grande. En effet, la connaissance de soi permet de déterminer *pour soi-même* les meilleurs moyens de réaliser ce qu'on se sent interpellé à manifester dans ce monde. Cette connaissance, surtout alliée à une bonne dose d'ouverture et de créativité dans les méthodes, permettra généralement d'accomplir presque tout ce que notre coeur nous dicte.

À part l'étude de notre véhicule, l'astrologie offre une deuxième possibilité. Il s'agit bien sûr de ce que certains appelleraient la « prédiction ». En effet, pour réutiliser l'analogie de la rivière, l'astrologie peut en quelques sortes servir à dresser une carte des courants marins. Cela étant dit, si je n'ai pas abordé le thème de la prédiction dans cette section du chapitre, c'est que cette notion même implique le rejet du libre arbitre. S'il est vrai qu'une carte marine peut indiquer un courant fort menant directement sur un rocher, elle ne garantira un naufrage que dans la mesure où on ne compte rien faire pour l'éviter. L'astrologie ne prédit donc pas le futur plus qu'une carte marine ou un bulletin de météo. Cela n'empêche bien sûr pas de tenir compte de cette « météo des archétypes » pour décider des moments propices à certaines activités, mais à mon avis, la réelle valeur de l'étude des influences astrales réside avant tout dans les possibilités qu'elle offre pour la connaissance de soi.

Certaines traditions spirituelles considèrent que l'adepte n'est réellement libre et maître qu'une fois qu'il aura transcendé les influences astrales, qu'il ne s'en trouvera plus du tout affecté. Peut-être qu'il ne s'agit à nouveau que d'une question de sémantique, car dans mon vocabulaire, le maître n'a d'autre intention que celle d'allier sa volonté à celle de la pulsion de Vie primordiale. Quiconque deviendrait réellement apte à faire concurrence aux puissances archétypales deviendrait en effet lui-même… un dieu. Peut-être que je manque d'ambition, mais je dois avouer que ça ne fait pas partie de mes aspirations.

Si je me fie aux compétences de mon astrologue, que je n'ai jamais eu de raison de remettre en doute, le fait que vous teniez ce livre entre vos mains est en soi un argument en faveur du libre arbitre. D'un point de vue astral (et personnel), son existence est un petit miracle. Très peu dans les astres suggère que j'aie ce qu'il faut pour être écrivain, et il n'y a rien dans le ciel qui démontre actuellement un support énergétique pour l'accomplissement d'une telle tâche. Cependant, le désir d'écrire m'habite depuis l'adolescence et c'est à la fois en connaissant les particularités de mon véhicule et les sujets qui me passionnent réellement que j'ai pu découvrir comment mener ce projet à terme. Honnêtement, je serais étonné d'avoir écrit plus de deux ou trois livres à la fin de ma vie. Si l'élaboration de concepts et leur écriture me viennent assez naturellement, l'austérité des heures passées en silence, assis à l'ordinateur, ainsi que la rigidité d'horaire requise pour que je puisse garder un focus suffisant, m'ont demandé beaucoup d'adaptation et d'énergie. Disons que pour moi, écrire un livre était comme aller courir sous une pluie torrentielle, alors que de tenter de devenir un auteur prolifique serait l'équivalent d'aller patiner dans le sable. Or, si l'astrologie ne m'est pas venue en aide au moment de la rédaction de cet ouvrage, le savoir qu'elle m'a procuré sur moi-même a très largement contribué à révéler mes motivations profondes. En me connectant à cette pulsion vitale en moi-même, la volonté nécessaire à m'engager dans une entreprise difficile pouvait alors m'animer d'elle-même, pas sans efforts, mais assurément sans avoir à me faire violence.

Dans son usage le plus éclairé, l'astrologie permet d'apprivoiser les dieux. Eux-mêmes ne décident rien de ce que vous devez ou ne devez pas faire de votre existence. Sachez-le, leur rôle est uniquement de maintenir leur charge archétypale en vie. Ils sont donc bien plus occupés à se faire compétition entre eux qu'à supporter ou empêcher l'accomplissement de vos projets. C'est d'ailleurs pourquoi tout est en constante mouvance dans ce monde, pourquoi il est si facile de s'y sentir perdu et désorienté. La connaissance de soi étant notre premier réel point d'ancrage, l'étude des archétypes et des astres contribuera pour plusieurs à sa découverte. Une fois éduqué sur la nature de son embarcation, l'adepte pourra lever l'ancre en étant habité d'une plus grande confiance en ses propres moyens. Les mystères du destin ainsi révélés, il fera des dieux ses collaborateurs et naviguera leurs flots vers ses plus grandes réalisations.

DIVINATION

On a pu le voir dans la section précédente, toute activité permettant de dévoiler les détails du passé d'un individu remet potentiellement en cause l'existence du libre arbitre. De la même façon, s'en remettre passivement à une méthode de prédiction du futur, en se croisant les doigts pour être rassuré que « tout ira bien », se résume à nier son propre pouvoir d'action. En revanche, beaucoup de personnes soi-disant rationnelles s'opposeront farouchement, brutalement même, à toutes formes de divination, bien souvent sans y avoir elles-mêmes été *honnêtement* exposées. Qui sait, ce type de refus catégorique, généralement d'ordre émotionnel, est peut-être dû aux problèmes que l'efficacité de la divination soulève face à la notion de libre arbitre. Pour certains, être en contrôle absolu de tous les aspects de leur existence est une tâche déjà bien assez demandante sans avoir en plus à gérer l'influence d'hypothétiques puissances archétypales indétectables par nos moyens technologiques actuels. « Si on pouvait prédire mon futur, ça voudrait dire que quelqu'un d'autre décide de la moindre de mes actions. C'est donc non seulement impossible, mais ridicule même de le considérer! ». Ironiquement, cette persistance dans la cécité, ce refus de considérer l'interrelation du monde et du Soi sous tous ses angles proscrit l'avènement du libre arbitre. Aveugles aux divers mondes que nous habitons, aucune maîtrise n'est réellement possible, et ce qu'on croit être notre volonté n'est en fait qu'un enchaînement de causes à effets.

Bon… peut-être ai-je réussi à vous effrayer même si vous êtes ouverts à la divination. « L'influence de puissances archétypales invisibles et impossibles à mesurer », après tout, ça peut être bien flippant. Mais pas de panique! Tels des héros vêtus de capes et de *spandex,* les tarots, cartes-oracles, pendules, Yi Jing, boules de cristal et feuilles de thé, ainsi qu'une armée indénombrable de mancies* sont à votre disposition en tout temps. Sortez vos turbans, traversez le rideau de billes, allumez cierges et encens, et implorez les dieux de vous révéler leurs mystères par l'entremise de vos cartes et pierres!

Trêve de plaisanteries. Au-delà de leur divertissant aura de mystère, les arts divinatoires ont une fonction qui dépasse de loin les jeux de présage. Cela dit, sans pour autant renier le plaisir et l'excitation qu'on puisse ressentir par son utilisation, la divination peut s'avérer très importante pour le développement de l'adepte intéressé à élargir son champ de perception. L'humain vit dans plusieurs mondes à la fois, sur plusieurs plans, et à part celui du matériel, ils lui sont tous inaccessibles par l'unique emploi de ses cinq sens. Assisté de ses techniques de divination de prédilection, l'adepte développera un *ressenti* des différents univers qu'il habite. Afin de découvrir un langage lui permettant d'interpréter le langage métaphorique des mondes invisibles, l'adepte pourra choisir l'intermédiaire des arts divinatoires.

Dans cette section du chapitre, nous explorerons tout d'abord quelques approches des mondes invisibles offertes par la divination, pour ensuite suggérer des éléments à considérer afin de choisir celles qui vous conviendront le plus adéquatement.

** Une mancie est un art divinatoire. Parmi les plus connues, on retrouve la cartomancie, la cristallomancie (divination par les cristaux), la tasséomancie (interprétation de symboles créés par les feuilles de thés), et la chiromancie (lecture des lignes de la main). L'astrologie est aussi parfois même appelée astromancie. Il en existe des centaines, dont certaines nous apparaissent bien curieuses, comme par exemple, la tiromancie (divination par les fromages) et la crommyomancie (divination par les oignons).*

Demandez à quiconque s'adonne aux arts divinatoires si les réponses obtenues sont toujours surprenantes, et la majorité vous répondra sûrement que non. Bien que leur exactitude puisse sembler impressionnante, il arrive bien souvent qu'on sorte d'une session avec le sentiment que « en réalité, je savais déjà la réponse à ma question ». Ce sentiment pointe simultanément le plus grand piège de la divination, et l'une de ses utilités premières.

À ce stade du livre, le piège en question pourrait vous sembler évident car il est inhérent à tout ce qui implique une recherche de vérité. Du simple exercice de réflexion à la plus profonde expérience mystique, *la notion d'honnêteté face à soi-même est primordiale.* C'est d'ailleurs sur ce point qu'il est difficile d'argumenter avec les incrédules face à la véracité des informations reçues par divination. Pour les discréditer, ils s'appuieront sur le biais de confirmation, objectant qu'en réalité, les individus usant de ces méthodes ne cherchent qu'à renforcer des croyances et illusions à leur propre sujet. Or, le fait qu'on détienne déjà la réponse à une question ne remet pas en cause l'efficacité de la source dont elle provient. Par exemple, si je crois qu'il est environ 13h, que je vérifie mon impression auprès de quelqu'un qui a une montre et que cette personne me confirme qu'il est bien 13h, remettrais-je en question l'exactitude de sa montre parce qu'on fond, je souhaitais simplement confirmer ma croyance? Ironiquement, c'est souvent par ce même biais (ou par un biais de *négation*) que ces rabat-joies ne feront eux-mêmes jamais ce type d'expérience… *mais la rigueur nous oblige à leur concéder un point.* Malgré tout, ils n'ont pas souvent tort à propos de ce désir de confirmer ce en quoi on croit déjà, de raffermir les croyances qui nous rassurent ou nous glorifient. C'est effectivement sans plaisir que je constate qu'il est bien rare de rencontrer des gens réellement détachés de toutes attentes et tous résultats en se prêtant à l'exercice de divination.

Le plus curieux dans tout ça est que non seulement le fait de croire en l'efficacité d'un système aura généralement pour effet, pardonnez-moi le mauvais jeu de mots, de fausser les cartes mais qu'en plus, *croire* n'a rien à voir avec l'exercice en lui-même. Le fait d'avoir une foi inébranlable en l'efficacité d'un grille-pain, en principe, n'ajoute rien à son efficacité. Pourquoi serait-ce différent pour les méthodes de divination? Croire ou ne pas croire, là n'est pas la question. Ultimement, rien ne compte que l'information reçue, son interprétation et l'impact *réel* que celle-ci aura sur notre vie.

À vrai dire, si la croyance n'a rien à voir dans l'efficacité même de la divination, elle a tout de même sont importance sur la manière de l'utiliser. Je m'explique:

Tel que mentionné plus tôt, ces méthodes rendent possibles la révélation et l'exploration des mondes invisibles. Plusieurs pousseraient un soupir d'exaspération à la seule suggestion de l'existence de tels « espaces ». Malgré tout, la réalité d'un de ces mondes est d'une telle évidence que personne n'oserait la remettre en doute. Ce monde est celui de la psychologie, de la psyché, celui des émotions et des pensées. Ainsi donc, pour faire usage des arts divinatoires, nul besoin de croire en quoi que ce soit d'extrasensoriel ou de surnaturel. Quiconque croit ressentir et réfléchir peut profiter de ces exercices.

Le premier usage de la divination se limiterait donc tout simplement à assister l'introspection, ou plus spécifiquement, à aider à clarifier certaines situations conflictuelles, certains dilemmes ou autres questions existentielles. Je dis bien *aider* à clarifier et non *résoudre à notre place*. L'emploi de cartes-oracle* peut d'ailleurs être un excellent outil à utiliser par soi-même. Dans ce cas, un exemple de son utilisation serait simplement de noter la question embarrassante, puis tirer une carte. Le « message » associé à celle-ci aura donc pour seule utilité de stimuler la réflexion, à pousser l'esprit à considérer le problème d'un angle différent, d'une façon qu'il aurait été difficile de faire par soi-même.

Selon cette approche, peu importe donc si on croit que notre main est guidée vers la « bonne » carte par un ange gardien ou que son choix est uniquement le fruit du hasard. Ce qui compte réellement, je m'excuse à l'avance de le répéter, est d'être impitoyablement honnête envers soi-même. Évidemment, cela s'appliquera à l'interprétation du message reçu, mais le travail commence *dès le choix de la question à soulever*. Il n'y a pas de mal à chercher une confirmation et parfois à chercher un petit clin d'oeil pour, par exemple, confirmer qu'une décision difficile est effectivement la meilleure à prendre. Néanmoins, l'approche psychologique de divination gagne en efficacité quand l'adepte s'applique très sérieusement à déterminer une question dont il est absolument convaincu de ne pas connaître la réponse. Le choix des mots peut aussi contribuer à la précision et la clarté de l'information reçue. En soi, cet effort d'exactitude dans la détermination de la meilleure question à poser est un exercice porteur de beaucoup de vérité, et ce, avant même d'avoir pigé une seule carte ou fait un seul jet de pièces de Yi Jing. Personnellement, bien qu'il m'arrive d'utiliser la divination de manière très impulsive et irréfléchie, j'ai vécu plusieurs situations où l'examen de mes réelles intentions prenait plus de temps que le tirage lui-même.

** À la différence des tarots qui usent d'archétypes complexes et qui demandent généralement certaines connaissances préalables à leur utilisation, les cartes-oracle sont constituées d'images et de symboles plus simples à interpréter. De plus, elles sont très souvent accompagnées d'un livret d'explication détaillant les particularités de chacune des lames.*

À vous qui seriez tentés de croire que cette technique est inférieure à celles qui semblent plus subtiles ou mystérieuses, détrompez-vous. Plusieurs personnes prétendues « spirituelles » se limitent et se cognent à beaucoup d'obstacles parce qu'elles ignorent, intentionnellement ou non, leur propre dimension psychologique. Rappelez-vous que les mondes sur lesquels nous sommes incarnés sont en constante interrelation, et nul n'a plus de valeur ou d'importance qu'un autre. Même pour les adeptes interpelés par le travail énergétique, peut-être pour eux plus spécifiquement en fait, la clarification de l'espace psychique/psychologique personnel est essentiel à la perception juste des mondes subtils. Ainsi cette méthode de divination, bien qu'accessible et simple en pratique, n'en demeure pas moins un outils très puissant pour la connaissance de soi.

Star Wars, des dieux et des chiens: la divination des courants archétypaux

Cette seconde approche de la divination partage avec l'astrologie la particularité d'être utile pour l'observation des influences archétypales. Cependant, l'application de ces deux méthodes comportent d'importantes distinctions, notamment en lien avec l'espace-temps. Si l'astrologie peut entre autres servir à créer une sorte de bulletin météo des courants astraux, les arts divinatoires quant à eux nous éclairent plus précisément sur les principaux archétypes actifs dans le présent. On peut s'appuyer sur la prévisibilité du mouvement des planètes pour prévoir leurs impacts futurs, alors que les mancies s'appuient sur les influences du présent pour, d'une certaine manière, « calculer » la trajectoire potentielle de l'individu. C'est d'ailleurs pourquoi les personnes pratiquant les arts divinatoires rappellent fréquemment à leurs clients que ce qu'ils voient est ce qui se produira *s'ils ne changent rien à leur situation*, alors qu'en principe, l'individu ne peut rien changer aux positionnements planétaires.

Contrairement aux effets de la pluie ou d'une canicule qu'on perçoit automatiquement, il est très difficile pour la quasi-totalité des humains de ressentir et distinguer par eux-mêmes les archétypes actifs dans leur vie. Nous avons tous plus ou moins cette capacité, appelée *l'intuition*, mais nous en connaissons encore si peu sur sa réalité que généralement, nous devons faire appel aux mancies pour nous éclairer sur la nature de ce qu'on ressent.

Il faut aussi savoir que bien souvent, les différents archétypes se présentent en systèmes indépendants. La variété de ces systèmes est d'ailleurs impressionnante. Par exemple, outre ceux des 12 signes astrologiques et des 21 arcanes majeurs du tarot (22 en comptant le Fou), on pensera déjà aux archétypes reliés aux quatre (ou cinq) éléments du monde physique, ceux des sept planètes classiques, des 12 dieux du Panthéon grec et aux 64 hexagrammes du Yi Jing. En fait, toutes les traditions polythéistes, bien qu'elles se soient influencées entre elles au cours de l'histoire, sont néanmoins basées sur leur propres ensembles d'archétypes. Certains sont d'une impressionnante complexité, notamment ceux des religions hindoues et égyptiennes qui dénombrent les dieux et déesses par centaines. D'autres systèmes d'archétypes ont aussi été créés plus récemment, un des plus connus étant sûrement celui présenté par le mythologue américain Joseph Campbell dans son livre *Le Héros aux mille et un visages*. C'est d'ailleurs de ce système que le cinéaste Georges Lucas s'est inspiré pour la création de sa trilogie de *Star Wars* (*La guerre des étoiles*). Il est tout aussi important de mentionner la contribution du psychiatre Carl Jung car c'est lui-même qui a suggéré le terme « archétype » en 1919. Bien qu'il proposait l'idée que les archétypes existent par milliers dans l'inconscient collectif, il n'en dénombra que quelques uns, en s'efforçant plutôt d'étudier leur nature et leur fonctionnement ainsi qu'à en proposer certaines utilisations en psychanalyse. Pour terminer, considérons que tous les jeux de cartes-oracle représentent eux-mêmes des systèmes d'archétypes. On en retrouvera basés sur les animaux, les fleurs et les plantes, les anges… même sur des personnages de film et les races de chiens.

Bien qu'il puisse être tentant de ridiculiser certains systèmes, je vous invite à considérer ces ensembles d'archétypes comme des langages ou des « lexiques de l'imperceptible ». Vous vous découvrirez ainsi des affinités pour certains et vous sentirez repoussés par d'autre. Après tout, la divination consistant à révéler les influences invisibles, un vocabulaire de symboles doit figurer à l'esprit de l'adepte pour traduire les charges énergétiques révélées par le tirage. Tout comme nous utilisons le langage des chiffres pour appréhender et quantifier la température en degrés, nous avons besoin de références symboliques pour comprendre ce qu'on découvrira par voies divinatoires. Qu'elles nous apparaissent dans la fumée de l'encens, sur une carte de tarot ou dans les entrailles d'un poisson, les images *qualifient* l'information qui d'elle-même, même si elle est ressentie, demeurera indéfinie sans l'entremise d'un lexique métaphorique.

Or, qui dit langage, dit conversation. On l'évoquait déjà dans la dernière section, la divination est une forme de communication. Selon la première « forme » mentionnée, elle implique une conversation avec soi-même, la mancie étant plutôt utilisée pour stimuler sa propre psyché. Cependant, en cherchant à découvrir la nature des influences archétypales actives dans notre vie, à qui adressons-nous nos plus profondes questions? Les archétypes *existent*-ils réellement? Sont-ils à proprement parler des entités, dotées d'une volonté propre? Cette question est encore plus complexe qu'elle ne le semble car elle implique une définition extrêmement stricte et précise du concept d'existence. D'ailleurs, c'est pour cette raison que je n'ai pas inclus les esprits de la Nature dans les systèmes d'archétypes énumérés précédemment. Pour la majeure partie des traditions indigènes, il semble que ces esprits existent bel et bien et qu'il soit possible de marchander avec eux, de comprendre leurs besoins et leurs intentions. Ces esprits sont décrits comme étant beaucoup plus près de la vie quotidienne « ordinaire » des gens, du moins, en comparant avec d'autres traditions où les dieux font de rares visites et apparaissent comme des êtres supérieurs plutôt que comme des entités partageant le même espace vital. Une nouvelle question surgit alors: est-ce que les esprits de la Nature sont des archétypes, et inversement, est-ce que les archétypes sont eux-mêmes des esprits? Malheureusement, c'est un mystère que je vous laisserai élucider par vous-même. Peut-être qu'un bon point de départ serait effectivement de déterminer pour vous-même la meilleure définition possible de la notion d'existence.

Cela étant dit, je crois qu'il est secondaire d'être apte à répondre à ces questions pour faire usage de la divination. Qu'ils soient vivants, qu'ils existent ou qu'ils soient pourvus de volonté propre, les archétypes semblent réellement communiquer avec nous. J'irais en fait jusqu'à ajouter que certains systèmes m'apparaissent dotés d'un « comportement » spécifique, et même d'une personnalité. Le meilleur exemple serait pour moi celui du le Yi Jing, que je perçois, à cause de la nature précise et parfois choquante de ses répons-es, comme un (très) vieux sage farceur et quelque peu truculent. Ses origines remontant à près de 3000 ans, imaginez seulement la quantité de questions qui ont été présentées! Assurément, elles se comptent en millions, sinon en milliards. Le Yi Jing a tout vu, tout entendu. Quand j'en fais usage, ou plutôt, quand je lui demande assistance, j'adresse directement mes questions à l'im-age de ce personnage. Les réponses qu'il m'offre en sont toujours plus précises et je ne manque jamais de le remercier. Au minimum, cette façon d'agir et de percevoir le Yi Jing contribue simplement à ma clarté d'esprit pendant le processus, mais qui sait si, au fil des millénaires, il n'a pas prit la forme d'un égrégore ou d'un *tulpa*.

Malgré tout, la voie mystique préconise à la fois l'expérience personnelle et la connaissance de soi, et donc, requiert de découvrir par vous-même les approches de divination les plus révélatrices. Puis, si vous ne vous sentez pas satisfaits uniquement par la méthode psychologique décrite dans la section précédente, peut-être que l'Ermite du tarot, Vénus-Aphrodite, votre cristal favori, ou le vieux sage Yi Jing n'attendent qu'un moment de calme pour allumer quelques lumières en vous.

La divination assistée: Miroir, miroir, dis-moi...

Aux deux premières approches, je pourrais en greffer une troisième: celle consistant à invoquer esprits, anges, personnes décédées, ou autres entités désincarnées afin de leur demander assistance et révélations. Cela dit, je devrais préfacer cette approche d'une mention d'exception. Nous venons d'aborder le sujet des esprits et entités, mais bien que je ne me prononce pas sur leur existence, je me vois bien mal parler de la divination sans faire mention de son utilisation pour, disons, les contacts avec l'au-delà. Or, qu'il soit vrai ou non qu'on puisse discuter avec anges et démons par certaines techniques divinatoires, cette approche s'éloigne du propos de ce livre. Après tout, qu'une information à votre sujet vous provienne de l'archange Michaël, d'un démon de l'*Ars Goetia*, du Dalaï Lama, de votre bien-aimée grand-mère décédée, de votre professeur de 4ème année ou de votre meilleur ami, il vous faudrait encore et toujours en valider l'exactitude de ces déclarations par vous-même. Qui plus est, si de telles entités désincarnées existent réellement, que savons-nous de leurs pouvoirs et intentions? Et sans croire à leur existence, l'adepte jouerait dangereusement à feindre la schizophrénie. Ainsi donc, sans conseiller ou proscrire cette approche de la divination, je ne développerai pas plus sur le sujet.

J'imagine qu'avec une certaine dose de créativité, il serait possible d'adapter certaines mancies aux techniques Jungienne d'*imagination active*, qui elles-mêmes consistent à converser avec des figures archétypales. Cependant, il n'est pas nécessaire que la question de l'existence de ces entités soit résolue pour faire usage de ces techniques, car elles se basent sur la supposition qu'elles ne sont que des fabrications de l'inconscient de l'adepte. Pour l'instant donc, laissons les miroirs enchantés au magicien John Dee et à la reine du conte de Blanche-Neige.

Trouver sa voix métaphorique

Une fois le rituel de divination accompli, comment doit-on traiter les messages reçus? Bien sûr, des ouvrages entiers ont été écrits sur ce sujet et je n'entrerai pas dans les détails de l'interprétation-même. Cependant et avant toute chose, il faut déterminer l'usage d'un langage, d'une série de codes qu'on pourra associer à de l'information. L'objet de cette partie aura donc uniquement pour but de soumettre quelques réflexions concernant le choix personnel d'un tel langage, d'une méthode de divination appropriée pour soi, ainsi que quelques réflexions sur la nature des langages métaphoriques.

Pour faire analogie aux langages écrit, une image vous vient automatiquement si je vous dis « porc-épic », alors que pour la plupart d'entre-vous, « पोरूकुपनि » n'est qu'un gribouillis insensé. De la même façon, la carte du Six d'Épée du tarot ou l'apparition d'une araignée dans votre boule de cristal ne seront que des images insignifiantes sans qu'une symbolique les relie à une forme ou une autre de définition dans la psyché du médium. Il est donc nécessaire pour l'adepte souhaitant faire un usage intensif des arts divinatoires de découvrir en soi-même le vocabulaire métaphorique par lequel interpréter le langage des archétypes.

Bien sûr, rares sont les personnes ayant largement perçu et élaboré les particularités d'un tel langage pour eux-mêmes. En l'absence de ce genre de vocabulaire personnel, il est néanmoins possible d'en utiliser un préexistant.

On pourrait à nouveau citer comme exemple les jeux de cartes-oracle qui offrent un lexique de métaphores pour interpréter les influences invisibles. Le choix d'un bon oracle demande cependant une attention particulière. Voici trois points que je vous suggère de considérer pour trouver celui qui *vous* parlera le plus:

→ L'idéologie du *self care* étant présentement bien en vogue et liée à tort ou à raison à la notion de spiritualité, on retrouve sur le marché une grande quantité de cartes-oracles n'offrant que des messages réconfortants et glorifiants. S'il est important que des symboles de douceur, de victoire et de positivité figurent au vocabulaire de ce type d'instrument de divination, on doit aussi pouvoir y retrouver des métaphores pour l'échec, le mensonge et la sévérité. Ces informations étant toutes d'importance égale, les jeux d'oracles ne sont complets que s'ils comportent autant « d'ombre » que de « lumière »;

→ Le langage des archétypes s'interprétant en premier lieu sur le plan du ressenti, il peut être *préférable* que le lexique des cartes-oracle laisse une certaine place à de l'interprétation. S'il est trop précis dans ses explications, les chances seront maigres pour que le message s'adresse réellement à votre réalité. Qui plus est, un instrument qui prétend pouvoir interpréter les augures à votre place n'aide en rien le développement de vos propres capacités de divination;

→ Malgré ces deux premiers points, le plus important demeure de ressentir une *connexion* avec votre outil et ses symboles. Pour aider votre choix, vous pourriez en fait même vous demander quel jeu pourrait devenir plus qu'un simple outil. Après tout, d'une certaine manière, ce jeu deviendra un ami, un confident, à qui vous révélerez vos plus profonds secrets et questionnements! En bout de ligne, il n'en existe pas de meilleur que celui que vous aurez par vous-même choisi.

Les jeux de cartes-oracle ne sont peut-être pas aussi mystérieux et « occultes » que les tarots ou d'autres formes de divinations, et même s'ils siéent à merveille aux novices, ils n'en sont pas moins efficaces pour quiconque en fera un usage régulier. En fait, il arrive que le vocabulaire de symboles d'un jeu se greffe au langage déjà présent chez l'adepte, offrant à l'invisible une plus grande variété de termes pour s'exprimer. Je pourrais utiliser mon propre exemple: ayant fait usage d'un même oracle depuis près de 30 ans, je constate qu'au-delà de la précision grandissante des messages reçus, les archétypes se manifestent aussi dans mes rêves et synchronicités en usant des symboles présents dans ce jeu. Ainsi, sachez que les dieux/archétypes ne nous parlent pas uniquement au moment de la divination. Garder l'oeil ouvert à l'apparition des symboles divinatoires dans notre vie de tous les jours est une pratique que je recommanderais à quiconque souhaiterait élargir son champ de conscience.

Malgré tout, comme nos véhicules égoïques sont tous conçus différemment, il se peut que vous vous sentiez naturellement interpellé par des méthodes laissant une marge d'interprétation plus large. Un système au vocabulaire à la fois plus subjectif et plus détaillé vous semblera alors plus attirant et approprié. Certes les cartes-oracle peuvent être suffisamment efficaces, mais ni leur complexité, ni leur charge historique ne rivalisent, par exemple, à celles des tarots classiques et du Yi Jing. Bien sûr, plus le langage utilisé demande à être interprété, plus l'adepte s'expose aux dangers des biais de confirmation et autres filtres de l'ego, mais ses subtilités permettront néanmoins une investigation plus détaillée. De plus, ne l'oublions pas, la voie mystique a toujours en son centre la connaissance de soi. Les pièges inhérents à l'utilisation de méthodes de divination plus subjectives offrent aussi plus d'opportunités de révéler pour soi-même nos « zones » de mensonge et d'illusion. Leur étude demande donc à la fois plus de rigueur, de volonté et de diligence, car d'en faire un usage indolent et paresseux n'aura généralement pour effet que d'exacerber l'état de confusion.

Graduellement, l'adepte ainsi pourra simultanément révéler et créer son propre langage métaphorique. Débuter par l'utilisation d'une méthode de divination préexistante pourra contribuer non seulement à l'élaboration de son vocabulaire métaphysique, mais aussi à l'exposer aux façons dont l'invisible s'adresse à lui. Au minimum, il découvrira une manière de converser avec les multiples visages de son propre inconscient.

Conclusion

Il a été dit que l'humain vit sur plusieurs plans à la fois et que ces plans sont en constante interaction. Cela implique que l'invisible communique avec nous *en tous temps*, ce qui, à l'exception de frappants moments de synchronicité, se déroule à l'insu de la quasi totalité des individus. L'exemple le plus évident de cette communication est celui des rêves qui nous démontrent par la même occasion que notre psyché comporte *déjà* un vocabulaire métaphorique nous permettant d'appréhender ce qui se déroule sur les plans imperceptibles où nous habitons. Cependant, ce vocabulaire n'étant pas aussi simple à reconnaître pour tous les adeptes, emprunter celui d'une méthode de divination pour créer les premiers ponts peut être d'une surprenante efficacité.

Les voies mystiques sont multiples et tous ne jugeront pas nécessaire de faire emploi de la divination pour se révéler à soi-même. À vrai dire, l'astrologie, la divination, la psychologie, la médecine, la science, etc, rien de tout ça n'est en mesure de décrire l'essence même de l'humain. Avec ces méthodes, aussi minutieux soit l'examen qu'il soit possible d'opérer, on ne peut qu'étudier notre précieux véhicule égoïque. Cependant, le distinguer de son ineffable conducteur demeure un point central de la voie mystique. Cette distinction n'implique pas de renier le véhicule égoïque: bien au contraire, le connaître permet sa maîtrise et ainsi, de laisser la voie libre au rayonnement de cette Lumière que nous sommes réellement. Malgré tout, pour qui en ressentira l'appel dans sa quête dévouée de vérité, la divination pourrait bien être le pont rêvé reliant l'adepte à ses corps invisibles, ainsi qu'aux mondes qu'ils traversent.

LES SYNCHRONICITÉS ET L'ESPACE DU RÊVE

Alors que mon cerveau s'affairait à explorer et à rendre en mots les différentes approches d'interaction avec l'imperceptible, une anecdote me revenait constamment en tête. Il y a plusieurs années, ma mère était cliente d'une « tireuse de cartes », une voyante appelée Carole. Lors des sessions de divination, elle utilisait non pas une boule de cristal ou un tarot Marseillais, mais plutôt de simples cartes à jouer. Selon ma mère, ses prédictions étaient d'une stupéfiante précision et je dois dire que celles dont elle m'a fait part semblaient pour ainsi dire miraculeuses. Un jour, Carole lui confia qu'elle n'avait pas réellement besoin de cartes pour ses divinations et qu'en vérité, elle ne les utilisait que pour « l'apparence ». Non pas pour tromper ses clients, mais plutôt, parce que sans l'illusion de cet intermédiaire, ils n'accorderaient pas la même importance à ses propos. Après tout, sans le spectacle, la cérémonie et le mystère, aucun augure n'est possible, n'est-ce pas? Comment Carole pourrait-elle réellement prédire quoi que ce soit uniquement en observant un individu de son oeil intérieur?

En réalité, le langage métaphorique évoqué dans la section précédente est, disons, « natif » pour certaines personnes. Il leur vient si naturellement que le contenu de ces dernières pages sur l'astrologie et la divination leur apparaitra possiblement comme étant quelque peu absurde. Malgré tout, beaucoup de gens entretiennent la croyance que les mondes invisibles et celui de nos enveloppes charnelles sont séparés par une mystérieuse barrière qu'il n'est possible de traverser que par une série de mises en scène et de pratiques occultes ou ésotériques. Ainsi donc, pour être pris au sérieux, les médiums « naturels » n'ont souvent d'autre choix que de se prêter au jeu, ce à quoi certains s'adonneront avec plaisir alors que d'autres s'y sentiront contraints.

Selon ma mère, Carole, elle-même décédée plutôt jeune, avait toujours eu un pied dans notre monde matériel-temporel et l'autre dans l'au-delà. Que cette image soit véridique ou non, il est évident que pour la voyante, ce qui serait considéré comme paranormal par plusieurs faisait partie des standards de sa réalité. Pour une telle personne, les instruments de divination sont effectivement facultatifs. Or, ce qui est exceptionnel chez les médiums de l'acabit de Carole n'est pas leurs « pouvoirs » autant que l'aisance qu'ils ont à en faire usage. Plusieurs d'ailleurs vous diraient que tout le monde possède ces aptitudes. Pour utiliser une analogie populaire, si en théorie tout le monde est capable de jouer de la musique, plus rares seront ceux qui la maîtriseront dès la plus tendre enfance. Cependant, à la différence de la musique qui est généralement appréciée, la voyance et la médiumnité sont encore bien souvent ridiculisées, quand elles ne sont pas carrément associées à de la folie dangereuse. Ainsi, ces génies de la perception métaphysique sont sommés de se taire et ceux qui souhaitent développer ces aptitudes choisissent fréquemment de le faire dans un certain secret. Pendant ce temps, l'invisible persiste dans son influence sur nos vies et est loin de se faire muet. En choisissant de demeurer sourds à ses annonces et messages, nous décidons pourtant de n'être rien de bien plus qu'un pantin mu par les fluctuations archétypales, tout comme par les ficelles du passé et du conditionnement.

Heureusement, il y a de ces petits miracles qui interviennent pour jeter un peu de sable dans l'engrenage du destin. Pour certains, ils prendront la forme d'une effarante synchronicité, d'un rêve choquant, ou parfois celle d'un film ou d'un livre initiatique. Dans les cas les plus extrêmes, l'éveil se produira suite à un accident sévère, à une profonde dépression ou même à une expérience de mort imminente. Cet éveil, mouvement d'amorce de la *véritable* liberté, survient habituellement quand l'invisible se révèle à l'individu pour la toute première fois. Alors habité par l'indélogeable souvenir de ce « glitch » dans la matrice, l'adepte, enthousiaste ou criant d'objections, s'engagera dans sa mission d'élargir son champ de conscience pour y inclure ses propres corps imperceptibles. Et ces mondes inconnus lui répondront par d'autres miracles, jour après jour, jusqu'à ce que sa réalité s'étende bien au-delà de l'espace-temps.

Graduellement, le langage métaphorique de l'adepte se complexifiera, non pas uniquement par l'accumulation de nouveaux termes ou symboles, mais surtout, par le développement de nouveaux sens. Ce langage après tout, bien qu'il passe par l'interprétation intellectuelle pour être appréhendé via l'usage des mots, arrive à la conscience par un ensemble de sens additionnels. L'information provenant de ces mondes est alors *ressentie*, perçue non pas par les sens physiques de notre corps matériel, mais par les « organes » de nos corps émotionnels et mentaux. Cela dit, à l'instar des couleurs de l'arc-en-ciel qui ne se succèdent pas brusquement, les mondes que nous habitons sont imbriqués à la manière d'un spectre. Pour cette raison, l'envergure de certaines idées, de certains rêves et de certains mythes s'étendent d'un monde à un autre, brouillant ainsi les limites de nos perceptions. Ainsi, pour l'adepte, les frontières qui divisent les mondes deviendront souvent de plus en plus floues.

Notre psyché étant déjà bien remplie de symboles de toutes sortes, nous sommes déjà tous plus ou moins aptes à étendre notre réalité quotidienne-terrestre-temporelle aux plans invisibles des émotions, de l'intellect et de l'imaginal. Bien souvent, étant constamment bombardés d'images de ces mondes, un simple changement de perspective suffira à les reconsidérer de manière plus juste, c'est-à-dire, simplement comme d'autres aspects de notre réalité. C'est ainsi que certaines coïncidences deviendront des synchronicités, que les rêves cesseront d'être perçus comme de futiles divagations neurologiques, et que l'adepte deviendra un peu plus vivant, un peu plus éveillé et maître de sa vie. Le petit autel où il pratique la divination ainsi que l'oreiller qui chaque nuit supporte sa tête rêveuse, s'étendront peu à peu au monde entier et à chaque

     3ème partie: Quelques mots de la Terre

instant de sa vie. Après tout, le monde des rêves n'arrête pas d'exister parce que nos yeux sont ouverts, tout comme la Terre ne cesse de tourner quand ils sont fermés.

Dominic et le fantôme de Saint-Khronos

Synchronicité. Ah! Ce mot. Ce terme merveilleux, bafoué, louangé, maltraité, surutilisé, nié, et peut-être encore plus que tout, idéalisé. En lui-même, selon ses racines strictement étymologiques* du moins, il ne se distingue pas tellement de son mot-cousin *coïncidence*: la synchronicité est le caractère de ce qui est synchronique, ce qui se produit simultanément, et la coïncidence (co-incidence) regroupe au moins deux occurrences dans un même espace-temps. Les deux mots donc, dépouillés de ce qu'on considère être leur cause, veulent dire la même chose.

Peut-être est-ce à Carl Jung qu'on doit la distinction entre les deux termes. S'il n'est évidemment pas le premier à observer et suggérer que certaines coïncidences peuvent être chargées de signification, il est néanmoins majoritairement l'instigateur du mystère entourant le mot *synchronicité*, et incidemment, du fait que le terme *coïncidence* ait été relégué au rang d'insignifiant fruit du hasard. Le premier nous invitant à explorer les rouages de la causalité et la nature des manifestations cosmiques, le deuxième nous offrant la permission et le confort de l'ignorance.

Je vous préviens, cette partie se distinguera des autres. Plutôt que de poursuivre sur ma lancée et de vous suggérer simplement de nouvelles manières de percevoir un concept, je crois ici devoir vous raconter une histoire, celle

----

* *Synchronicité: racines grecques syn (« avec », « réunir ») et khronos (« temps »). Donc, deux ou plusieurs événement se produisant simultanément, réunis dans l'espace-temps.*

d'un humain (moi) aux prises avec un mot-égrégore tentant désespérément qu'on le délivre de sa crise d'identité imposée. Si on avait fait de cette histoire un conte, son titre en aurait été *Dominic et le fantôme de Saint-Khronos*. Voici donc pour l'instant, sans fable et sans fée, l'épopée de mes aventures « métaphilosophiques » au pays des synchronicités. Aïe.

Désolé de débuter par un cliché, mais mon aventure a commencé, comme pour la plupart des adeptes, à 11h11. Elle se poursuivit bien sûr à 1h11, puis à 2h22, à 3h33, 4h44, en passant par 5h55, puis après une pause de quelques heures, passa par la rencontre de 22h22 (et son aura franco-européen). Or, contrairement à plusieurs, j'étais déjà blasé de ces insignifiantes apparitions une fois rendu à 00h00. Surtout dans une ère où les gens regardent leur téléphone à intervalles de cinq minutes, cette redondance numérique ne pointait plus pour moi vers quoi que ce soit d'important ou d'exceptionnel. Cependant je dois l'avouer, j'ai passé plusieurs années à considérer qu'il s'agissait de clins d'oeil de « l'Univers » ou d'un quelconque ange-gardien. Seulement, si le petit jeu me sembla d'abord bien amusant, après un temps j'en suis venu à me demander ce qu'ils pouvaient bien me vouloir, ceux-là. Me signifier leur présence? Me dire: « bravo Dominic! Continue comme ça! »? Mais, continuer quoi? J'ai attrapé 3h33 en mangeant des céréales! Je… dois continuer de manger des céréales? Si le fait de croiser un cadran du regard devait dire quelque chose, le message n'était jamais assez clair pour que j'y comprenne quoi que ce soit. Et si effectivement « quelqu'un » tentait de me faire parvenir une quelconque information, cette entité avait perdu mon attention. C'est à contre-coeur que je reconsidérais l'idée qu'il ne s'agissait peut-être là que d'amusantes coïncidences.

Saint-Khronos (sûrement Hermès, le *trickster*, en déguisement) était cependant bien loin d'avoir dit son dernier mot. Voyez-vous, je suis ce qu'on pourrait définir comme un *aimant à synchronicités*, ce qui m'a d'ailleurs valu quelques surnoms de la part d'amis, témoins de mes aventures et éberlués par l'improbabilité de certaines d'entre-elles. Ce mot aurait-il décidé de faire de moi un des élus responsables d'éclaircir son mystère? Ou est-ce simplement moi, hyper attentif aux *patterns*, qui suis aisément obnubilé par les implications de son existence, comme un chat tentant d'attraper des reflets lumineux sur un mur? À chaque fois que la rationalité me poussait à pencher pour la deuxième réponse, une nouvelle synchronicité se produisait pour me ramener sur le chemin de l'émerveillement, ou de la folie. Étrangement, c'est cette même rationalité qui ranimait la curiosité en moi. C'est par considérations mathématiques que je ne pouvais me résoudre à vendre mon âme au culte du hasard: statistiquement parlant, ces événements ne pouvaient se produire aléatoirement, et en croire autrement ne pouvait être dû qu'à de la paresse ou de la peur. Ma fascination pour la nature de ce jeu de co-occurrences était cyclique, oscillant entre l'obsession et les tentatives d'indifférence. Mais sans relâche, comme si le mot *synchronicité* lui-même, suppliait de ne pas l'abandonner, il redoublait d'ardeur pour à chaque fois me donner une raison de plus de croire en son existence. Immanquablement, une nouvelle occurence se produisait pour stopper mon élan de désintérêt. À chaque fois plus improbable, plus magique certes, mais rarement voire jamais plus éloquente. Si quelque chose ou quelqu'un semblait désespérément vouloir mon attention, son langage — je n'avais aucune raison de douter qu'il s'agissait bien d'un langage — persistait à me demeurer totalement étranger.

Or, un soir où je travaillais dans un grand entrepôt, Saint-Khronos ma giflé de sa plus grande gifle. Je ne demandais rien à personne, gagnant humblement mon pain, une petite fourmi qui traîne un bout de jujube sablonneux vers le terrier, une entrevue dans les oreilles pour la divertir de son labeur répétitif. Puis, dans la dite entrevue, une image évoquée: une rose. Une rose, ça va. Puis dans le monde physique, une deuxième. Deux roses, c'est rigolo. Puis une autre, « hein!? ». Puis une autre, puis deux autres. « Woah!!! ». Des images de roses qui s'enchaînaient devant mes yeux, et après six apparitions de souces différentes réparties sur cinq minutes, je me suis vu contraint de tout lâcher. Par chance, j'étais seul dans cet entrepôt, parce que la fourmi ayant reprit sa forme humaine se laissa brusquement choir sur les genoux et ne pu réprimer un cri désespéré: « QUOI!?!? T'ES QUI!?!? TU VEUX QUOI!?!? T'ES PAS CLAIR!!!!! ». J'étais étourdi, affolé. Ma raison déchiquetée dans un *blender* métaphysique. Tout de cette situation était impossible. Cette suite d'événements était impossible, à part si elle avait été provoquée volontairement par une entité, dont l'existence était elle-même toute aussi impossible. Était-ce l'oeuvre d'un soi disant guide spirituel? Si oui, j'avais sans aucun doute hérité du plus incompétent! Qu'étais-je supposé comprendre de cette avalanche de roses? Des ROSES! « Dominic, tu dois devenir horticulteur »? Devais-je joindre l'ordre des Rosicruciens? Venais-je de gagner à mon insu une compétition de patinage artistique dans un univers parallèle?

… ou encore, étais-je simplement damné par le hasard des circonstances? Par le refus de mon inéluctable solitude? Pas de guide, pas d'ange, pas de message. Juste moi, dans mes souliers, dans mes cellules, dans la prison de fer noir du monde matériel?

Les semaines passèrent, je crois. Elles passèrent floues. Quoique l'un n'empêche pas l'autre, j'étais entre deux mondes ou fou à lier. Je maudissais toujours les incrédules, mais maintenant plus que jamais ceux qui prétendaient comprendre ce genre de phénomène. Saoul de mystère, je m'efforçais de me réincarner en fourmi. Peut-être sensibles à ma souffrance, les trois Moires du destin m'épargnèrent d'une nouvelle synchronicité pour plutôt m'offrir cette citation salvatrice du psychiatre Robert L. Moore:

Libéré. Je n'avais plus à chercher d'anges ou de messages. Je ne m'en lavais pas pour autant les mains: qui sait si je ferai un jour la rencontre d'une sorte d'être de lumière, un guide m'ayant été assigné à la naissance qui tentait d'attirer (très très maladroitement) mon attention. Le cas échéant, croyez-moi qu'on aurait toute une discussion, lui et moi. Mais peu importe. Soudainement, la *synchronicité* pouvait n'être que le résultat d'une sorte d'état de cohérence momentané entre les espaces psychiques et matériels. Ou quelque chose du genre. Loin d'avoir résolu le mystère, je n'avais plus besoin d'une intervention divine pour expliquer ces événements. C'est quand même toute une libération de ne plus devoir s'en remettre uniquement à la volonté divine pour tout expliquer. Graduellement, je retrouvai l'enthousiasme de ma curiosité et me réinvestis dans ma quête animé d'un esprit de jeu. Brisé, je pouvais alors rire, et ce n'est que quelques années après que je compris que l'humour dans ce type d'entreprise est salvateur*.

Vous le voyez maintenant, le mot « synchronicité » et moi avons lutté maintes et maintes fois. À présent, en faisant un survol de notre histoire commune, une image m'apparaît mentalement: celle de deux vieux adversaires complètement ivres, sales, sanglants et couverts d'ecchymoses après s'être longuement battus à la sortie d'un bar. Épuisés ensemble sur le ciment glacé d'une nuit lumineuse, l'un dans les bras de l'autres et n'ayant plus la force de lever les poings, rien ne reste de leur rivalité qu'une calme discussion. Leurs voix époumonées suscitent l'avènement d'une entente commune, d'une

---

* *Non mais pour vrai, l'humour sur la voie mystique, je recommande fortement.*

paix longtemps souhaitée. Au matin naissant, les premiers rires partagés, la première poignée de main, suivis de l'espoir et d'une hâte surprenante à la prochaine rencontre.

Croyez-moi, l'atmosphère dramatique du tableau n'est pas du tout exagérée. Elle représente *à perfection* la relation que j'ai jusqu'à tout récemment entretenue avec la notion de synchronicité. Sans pour autant prétendre avoir totalement appréhendé l'essence de ce concept-ami-rival, je peux au moins dire que nous sommes maintenant en bons termes et que notre relation conflictuelle s'est transformée en un fascinant jeu d'énigmes cosmiques.

Tabula rasa: au diable les anges!

Loin d'être terminé, le conte se poursuit maintenant dans les lignes de ce livre, et s'étirera sans aucun doute bien au-delà de sa complétion. L'esprit calme et désillusionné, j'ai pu ces dernières années raffermir mon rapport avec le concept. Je considère même, d'une certaine façon, avoir fait table rase en remontant aux sources de l'idée, c'est-à-dire en mettant de côté toutes mes anciennes théories pour redémarrer du point de vue de Jung. Très simplement, une synchronicité ne serait rien de plus qu'une coïncidence ayant un sens pour la personne qui en fait l'expérience. Ça dit rien et ça dit tout, me direz-vous, et je ne vous donnerais pas entièrement tort. Je crois néanmoins qu'il est préférable de débuter l'exploration en partant de ce point car c'est effectivement tout ce qu'on sait à son propos: une coïncidence porteuse de sens.

La possibilité que ces événements soient dus à l'intervention d'un ange-gardien ou d'un *daemon*, à bien y penser, est de loin la plus problématique. Erreur. La théorie la plus difficile, voire impossible à prouver ou falsifier, est celle du fruit du hasard, si bien même que je considère inutile de la considérer sérieusement. Poursuivons alors avec l'hypothèse de l'intervention angélique, daemonique ou divine. Avant même d'attribuer les synchronicités à ces entités, tâche déjà complexe, il faudrait pouvoir comprendre les fondements ontologiques de leur existence, de leur « façon d'exister », pour ensuite déterminer si elles sont réellement pourvues d'une volonté propre. Mais là n'est que le début du problème, car il faudrait ensuite comprendre ce qui les motive à intervenir ainsi dans nos existences, ainsi que la nature de leurs intentions. Le langage des synchronicités étant de manière générale extrêmement cryptique, s'enquérir des motivations et intentions de ces entités serait donc une manière possible d'appréhender ce qu'ils tentent de communiquer par leurs interventions.

Clarifions l'hypothèse: selon cette explication, les synchronicités seraient dues à l'action dans le monde physique d'hypothétiques entités désincarnées dont nous ne pouvons en rien démontrer l'existence, les motivations, les intentions, agissant pour nous faire parvenir des messages quasi indéchiffrables. Ça fait beaucoup de facteurs incertains, n'est-ce pas? Cependant, malgré mon scepticisme apparent, je crois plus sage de garder cette théorie sur la table, car après tout, il est tout aussi impossible de la falsifier.

Soulevons maintenant le sujet de la charge émotionnelle des synchronicités. Plus précisément, celle reliée à l'improbabilité même de l'événement. Tout d'abord, il va de soi que tous n'y réagissent pas avec la même intensité. Si certains s'exaltent quand une facture affiche une série de chiffres identiques, d'autres ne sourcillerait pas qu'une colombe se pose sur leur tête pendant une conversation au sujet de leur mère (prénommée Colombe), sur une terrasse en Colombie, avec Tomás Mendéz qui chante « Cucurrucucú Paloma* » en toile de fond sonore. Alors que les émotions ou symboles reliés aux détails de l'événement seront importants pour sa compréhension, le réflexe premier nous en dit beaucoup plus sur la personne que sur le concept. De manière générale,

----

Paloma: « colombe » en espagnol.

coïncidences et synchronicités sont toutes deux surprenantes. Cela dit, le choc ensuivi n'est pas nécessairement détaché de la fonction de la synchronicité. Selon Jung, cet ébranlement serait même central à son rôle, c'est-à-dire, celui de percer la membrane du rationalisme en défiant la notion habituelle de causalité. Autrement dit, elle servirait à ébranler l'individu afin qu'il « sorte de son intellect ». Je trouve cette hypothèse très intéressante, et considérant celle que l'ouverture psychique de l'humain aux mondes invisibles fasse partie de son évolution, la synchronicité pourrait être l'expression d'une « force naturelle ». L'humain tendrait donc non pas vers la désintégration de son appareil mental par l'anéantissement de l'ego, mais plutôt vers l'expansion de ses modes de perception afin d'inclure ce qui lui était précédemment imperceptible à ses processus cognitifs. La synchronicité serait l'effort *inné* de l'inconscient pour se raccorder au conscient, comme un germe perce sa graine et s'étire vers la lumière, comme le poussin brise sa coquille pour s'exposer à l'éclat du Soleil.

C'est sur cette notion de synchronicité en tant que pont entre les mondes que je m'arrête, pour le moment du moins. Parce que cette théorie rejoint d'autres concepts, notamment ceux des rêves, du monde imaginal, de l'animisme et de l'intuition, il me semble que les synchronicités ont des implications beaucoup plus larges que leur simple valeur psychologique.

Je ne crois pas adéquat de percevoir l'inconscient comme une sorte de vieux hangar mental où sont stockées de vieux traumas sur de vieilles « disquettes » poussiéreuses, que l'intellect ressort de temps à autre pour nous embêter. Ce terme pour moi se limite à décrire ce qu'on ne perçoit pas via nos sens physiologiques, qu'on ne peut appréhender intellectuellement, et qui n'interagirait avec notre corps émotionnel qu'à notre insu. Bref, tout ce dont nous ne sommes pas… conscients. Cette définition permet bien sûr d'innombrables possibilités pour la nature de ce qui nous est invisible. Qui sait si l'inconscient contient des univers entiers, avec des êtres et des hiérarchies d'anges et de démons, des strates de connaissance où s'accumulent toutes les mémoires et les futurs possibles, des « endroits » où les idées naissent, se propagent et cherchent à tout prix à être incarnées dans notre monde. Qui sait si les seules limites de l'univers inconscient sont les mêmes jusqu'où s'étendent nos imaginations. En fait, qui sait si, en ouvrant les portes de l'invisible, nous serions accueillis par un ange-gardien au regard moqueur dont les premiers mots seraient: « Eh oui, c'était de moi, les synchronicités ». Ne serait-ce pas d'ailleurs merveilleux de pouvoir lui reprocher en personne de s'exprimer de manière aussi cryptique? Je ne perdrais moi-même pas à cette occasion!

Comment pourrions-nous savoir ce qui peuple ces mondes? Je ne peux évidemment rien prouver, mais mon expérience personnelle me porte à croire que l'inconscient est un univers foisonnant d'activités, et que tout ce qui est pourvu d'une réalité matérielle possède aussi de multiples dimensions imperceptibles. Quand une synchronicité se produit, comme quand nous rêvons d'ailleurs, les mondes se rencontrent. C'est d'ailleurs ce parallèle avec le monde du rêve qui rend cette hypothèse si intéressante, et la célèbre histoire du scarabée de Jung* l'illustre à merveille:

Aux prises avec une patiente, une jeune femme très éduquée et à l'esprit particulièrement cartésien, Jung se rendit à espérer l'avènement de quelque chose de surprenant et d'irrationnel qui lui offrirait l'opportunité d'une ouverture. Cette jeune femme croyait toujours mieux savoir, ce qui la rendait psychologiquement inaccessible. En dépit de multiples efforts des deux parties, la thérapie ne portait pas fruit. Un jour, alors que la patiente lui racontait un rêve de la nuit précédente, un événement se produit lui permettant de percer la cellule d'intellectualisme dans laquelle elle s'était scellée. Dans ce rêve, qui lui laissa d'ailleurs une forte impression, quelqu'un lui offrait un extraordinaire bijou: un scarabée fait d'or. Au même moment, un petit bruit retentit à la

---

* *Traduction libre d'un extrait du livre* Synchronicity: An Acausal Connecting Principle *de C.G. Jung, en pages 109 et 110.*

fenêtre du bureau. Jung se tourna pour en déterminer la source. N'en croyant pas ses yeux, il aperçu un gros insecte en train de taper contre la vitre comme s'il insistait pour entrer. Le psychologue ouvrit la fenêtre, attrapa au vol le visiteur, et ouvrit sa main devant la patiente pour révéler une cétoine dorée (cetonia aurata), soit l'insecte scarabéidé d'Europe se rapprochant le plus de celui qu'elle lui décrivait. « Le voici, votre scarabée », dit-il.

Ce fabuleux et légendaire exemple est chargé d'implications psychiques et métaphysiques relatives à la causalité. Qu'est-ce qui a bien pu motiver cet insecte à se conduire de la sorte à ce moment précis de l'échange entre Jung et sa patiente? Que s'est-il passé pour que le scarabée de son rêve « traverse » dans le monde manifesté? Et pourquoi? Cette histoire est intéressante car si plusieurs synchronicités impliquent des symboles d'une grande similitude, il n'est pas dit qu'ils se seront d'abord manifestés lors d'un rêve. Ainsi, tout porte à croire que *les synchronicités partageraient fréquemment le même langage métaphorique que celui des rêves.*

Bien sûr, si la seule fonction du phénomène est d'ébranler la rigidité du mental et d'étendre le champ de conscience d'un individu à des niveaux plus subtils, l'imagerie de la synchronicité ne serait en elle-même pas nécessairement porteuse de sens. Ainsi pour la patiente de Jung, le scarabée ne serait symbole de rien de particulier, et ne serait que l'outil que l'inconscient a cru bon d'utiliser pour arriver à ses fins. Cependant, ce qui cloche selon moi avec cette théorie est qu'on pourrait s'attendre à ce que plus la « membrane prohibitive » de l'intellect s'assouplisse, moins ces événements se produiront. Autrement dit, plus on serait ouvert à l'invisible, moins on ferait l'expérience de synchronicités, l'inconscient ayant accompli sa tâche. De manière générale, on observera pourtant l'effet inverse. Bien sûr, l'effet sera tel chez certaines personnes qui elles, émerveillées et affolées par l'improbabilité de ces occurrences, se croiront soudainement envahies de « messages de l'Univers ». En effet, l'adepte nouvellement choqué jusqu'à l'éveil mystique par une synchronicité est bien souvent convaincu d'en vivre des centaines par jour. Ironiquement, la recherche compulsive de patterns synchronistiques aura bien souvent l'effet de brouiller leurs perceptions intuitives, surchargées du bruit mental de leur esprit inquisiteur. Cependant, il demeure que plus l'adepte s'ouvre réellement et avec un certain abandon à l'imperceptible, plus ses « nouveaux sens » s'affinent pour dévoiler ce qui s'apparente plus à un langage qu'à une simple intervention fonctionnelle ou mécanique.

À vrai dire, je crois que ces événements peuvent être dus à de multiples facteurs. En purgeant la notion de hasard du mot *coïncidence*, il serait sûrement possible d'en répertorier plusieurs types, incluant les synchronicités qui elles seraient dédiées ou « dirigées » vers un seul individu. Pour l'instant cependant, éloignons-nous de cet aspect du sujet pour revenir au rapport personnel de l'adepte avec le phénomène. Après tout, ce qui nous intéresse dans ce livre est bel et bien toujours la quête de connaissance de soi.

Le langage de l'irrévélé

Bien sûr, cette théorie que les symboles impliqués dans les synchronicités aient une signification particulière pour la personne en faisant l'expérience n'est que ça, une théorie. Cela dit, il m'apparaît évident qu'un des plus grands obstacles à notre compréhension du monde est cette limite qu'on place entre ce qui peut être perçu et ce qui est du domaine de l'inconscient. Sans cette barrière, on découvrirait peut-être que la « substance » de nos réalités manifestées comporte un énorme aspect métaphysique, et donc, symbolique et métaphorique. Je ne m'improviserai pas physicien et ne prétendrai pas comprendre quoi que ce soit à la physique quantique, mais je ne crois pas me tromper en affirmant que ce qu'on en sait actuellement permettrait tout à fait des notions de la sorte. Plus simplement, je soulève donc la question: est-il possible qu'à l'instar de nos rêves, tous les événements de nos vies soient potentiellement porteurs d'une charge symbolique qui elle-même nous éduquerait sur les réelles mécaniques de la causalité?

Je crois qu'une grande quantité de gens s'accorderaient pour dire que les songes sont porteurs de sens. L'imagerie des rêves, donc, formerait une sorte de vocabulaire du subconscient, similaire à celui évoqué dans la section sur la divination. Cependant, à la différence du lexique archétypal des tarots, astrologie, cartes-oracles et compagnie, le vocabulaire des rêves tiendrait quant à lui de la plus haute subjectivité. En fait il serait si personnel qu'il pourrait se transformer au fil du temps et des expériences de vie. Ainsi non seulement, par exemple, l'image d'un tigre aura une portée tout à fait différente sur une personne dont le père aurait été dévoré par l'un deux que sur quelqu'un qui n'en aurait vu qu'en photo. Puis, la symbolique du félin changera grandement pour la seconde personne après s'être fait elle-même attaqué. Tout système d'interprétation des rêves est donc problématique car leur langage est en constante mutation et requiert de considérer la charge *émotionnelle* des symboles, souvent même plus que leur signification rationnelle. Pour interpréter les rêves donc, il faut apprendre un langage du coeur, du ressenti, un langage d'évocations. Cet apprentissage ne consisterait donc pas à faire un inventaire statique de « termes oniriques », mais plutôt à observer les « tendances métaphoriques » de l'inconscient.

Vous ne seriez sûrement pas surpris de me voir remettre en doute l'utilité des dictionnaires de rêves, à moins peut-être d'user de créativité et d'en faire un usage strictement bibliomancique. Bien que certains sont basés sur l'étude d'imageries parfois très anciennes, les significations attribuées aux symboles qu'on y retrouve font généralement plus de sens à l'esprit conscient qu'au subconscient. De plus, sans considérer les symboles selon le contexte et l'ambiance d'un rêve spécifique, ces listes d'interprétation statiques sont de manière générale inutiles, mais également, brouilleront les pistes pour l'adepte souhaitant s'imprégner de ses propres particularités invisibles. En fait, on retrouve le même problème en divination. D'innombrables ouvrages existent pour imposer des significations et augures aux couleurs, aux formes, aux événements, etc. L'adepte se fiant trop à ces répertoires de symboliques imposées, forcées, demeurera sourd au langage de son propre inconscient.

Je réalise à ce stade qu'il peut sembler bien complexe de découvrir ce langage par soi-même. La tâche peut même sembler décourageante, surtout si vous croyez qu'il s'agit d'écrire pour vous-même un dictionnaire des symboles. Ça n'est pas le cas. Pour s'enquérir du langage de notre inconscient, il n'est pas aussi utile de l'apprendre que de *s'en imprégner*. Pour illustrer la distinction, imaginons un exercice tout simple.

Après avoir pris quelques respirations profondes, légèrement détendu votre corps et fermé les yeux, sans rien forcer et sans espérer de grande expérience surnaturelle, laissez simplement venir les images suivantes à votre esprit pendant quelques secondes chacune.

Pensez tout d'abord à l'élément de l'eau.

Puis, à l'élément de la terre.

Puis, à l'élément de l'air.

En terminant par l'élément du feu.

En revenant à vous, comment décririez-vous l'expérience de chacun d'entre eux? Si vous peinez à trouver comment parler de l'expérience, voici quelques suggestions de questions: Y en a-t-il qui vous semblaient plus amicaux, ou plus confrontants? Lesquels ressentiez-vous comme plus près de vous, ou même, comme faisant partie intégrante de votre véhicule physique? Quelle était leur taille? Imposante? Minuscule? Variable? Indéfinie? Les éléments se sont-ils présentés à vous comme on les retrouve naturellement, ou plus sous forme symbolique? Parmi les quatre, y en a-t-il un qui vous interpellait particulièrement et que vous aimeriez revisiter?

Voilà. Vous venez de converser avec l'invisible, plus spécifiquement avec les archétypes élémentaires. Les images perçues sont celles que votre inconscient a jugé adéquat d'utiliser pour donner forme à l'imperceptible *au moment précis de l'exercice*. S'il pourrait vous prendre un certain temps pour développer un réel sentiment de « conversation », cet exercice vous démontre qu'à tout le moins, vous êtes tout à fait apte à *percevoir* le langage. Même d'une toute petite visualisation comme celle-là, vous êtes en mesure d'apprendre beaucoup sur les aspects invisibles de votre réalité. En fait, peut-être même sur les aspects invisibles de vos aspects visibles.

Lors d'un tel exercice, c'est l'adepte qui crée volontairement un pont vers l'invisible afin de l'observer, et comme vous pouvez peut-être le constater, la psyché est constamment prête à livrer ses messages. Lors des rêves et peut-être encore plus lors des synchronicités, c'est l'inconscient qui agit pour communiquer avec l'univers du perceptible. En pratiquant la « lecture » de l'inconscient par les visualisations, il vous serait peut-être de plus en plus simple d'interpréter vous-même le langage métaphorique/émotionnel de vos rêves. En allant un pas plus loin, on pourrait suggérer que les symboles impliqués dans les synchronicités pourraient eux aussi être issus du même langage. Par exemple, cet animal que vous ne cessez de voir partout, avant même d'aller voir dans un dictionnaire de symboles ou un oracle, que ressentez-vous qu'il vous dise? En le contactant d'une manière similaire à l'exercice suggéré précédemment, que ressentez-vous de sa présence?

Je vous invite maintenant, afin de pousser cette idée encore un peu plus loin, à considérer une nouvelle théorie: et si le langage des synchronicités s'étendait à beaucoup plus que les « co-incidences »? Ou encore: et si les mondes du rêve et de la conscience « réveillée » étaient beaucoup moins distincts l'un de l'autre qu'on pourrait le croire? Et s'ils étaient totalement enchevêtrés, plutôt que séparés par le moment où le cadran sonne? Je sais que certains d'entre vous lirez ces dernières lignes en acquiesçant d'un signe de tête. À vous plus spécifiquement, je demande: quels sont les signes *concrets* de l'espace des rêves dans votre vie quotidienne? Quelles formes prennent leur manifestation? Répondez pour vous-même, par votre expérience vécue. Ne vous contentez pas de croire! Sachez!

Même si l'idée de vivre sur plusieurs mondes à la fois semblera bien excitante pour certains, il s'agit là de bien plus qu'un simple divertissement. Le fait que ce langage de l'invisible soit si hautement personnel permet à l'adepte de se révéler à lui-même par l'étude de celui-ci. Mieux: par l'expérience *vécue* de l'interprétation de ce type de communication. L'écriture n'étant pas le médium le plus efficace pour la transmission par l'expérience, je ne peux vous en dire plus par voies textuelles sur les manières d'explorer ces mondes par vous-même. Peut-être qu'il s'agit d'une bonne chose après tout, car il y a une certaine magie dans le fait d'inventer et de tenter ses propres expériences. En effet, nous n'avons pas abordé le thème de l'inspiration, sa provenance et son « accès », et ce sujet est très clairement relié à celui de cette section de chapitre. L'important pour l'instant est de savoir que l'inspiration, puisée dans les plans invisibles, risque bien de vous révéler les manières les mieux adaptées pour vous d'explorer ces mondes métaphoriques.

Encore une fois, l'obstacle numéro un à l'interprétation *juste* du langage de l'inconscient est, eh oui, l'intégrité et l'honnêteté. S'il semble que j'en fasse une fixation, c'est qu'il est selon moi impossible de surestimer l'importance de cette attitude. Une fois cette honnêteté profondément intégrée à nos réflexes de pensée, cette capacité de répondre à la question « es-tu *absolument certain* que cette information est juste et vraie? », on devient alors réellement apte à différencier les vrais augures de notre désir d'être entouré d'anges et de mystères. Cette intégrité devenue seconde nature, on pourra alors distinguer les réels messages de ceux qu'on souhaite être vrais, les 11h11 synchronistiques des 11h11 coïncidentiels, et la voix de notre mental égoïque de celle de notre « sixième sens ». Qui sait, il y a peut-être même des entités à rencontrer dans le monde irrévélé de l'imaginal.

À nouveau, tout ceci prend un tournant bien sérieux, mais l'enthousiasme est aussi de mise dans ce genre de recherche. Si l'intégrité totale est essentielle à l'apprentissage de ce langage de l'invisible, curiosité, passion, plaisir et émerveillement demeurent de très efficaces moteurs pour ce type d'explorations.

En passant par la Vesica

Si toutes ces discussions sur les mondes soi-disant invisibles sont importantes, c'est que de toute évidence, le monde manifesté est également constitué du plan physique et des plans subtils. Cependant, malgré la profondeur de nos connaissances du monde matériel, celles que nous, sociétés industrialisées, avons des mondes invisibles sont en comparaison démesurément minuscules. À titre d'exemple, en mai 2021, la compagnie IBM annonçait la création d'une puce d'une taille de 2 nanomètres. Malgré cette impressionnante avancée, nous n'arrivons toujours pas à savoir si les mathématiques requises pour la création d'un tel objet sont découvertes ou créées. D'emblée, il semble plus logique qu'elles soient découvertes, mais si c'est bien le cas, « où » étaient-elles? Les grandes institutions académiques, j'en ai bien peur, sont encore loin de prendre réellement ce type de question au sérieux. Le plus intéressant dans tout ça est qu'une étonnante quantité de découvertes scientifiques majeures semblent pourtant provenir du monde des rêves. Pensons à Albert Einstein qui aurait soi-disant pu élaborer sa théorie de la relativité grâce au songe d'un troupeau de vaches dans un pâturage, d'une clôture électrifiée et d'un fermier. Le chimiste russe Dmitri Mendeleev quant à lui, aurait vu un modèle du tableau périodique des éléments entièrement formé dans son esprit pendant le sommeil. On raconte des histoires similaires pour Niels Bohr et son modèle de l'atome qui lui a valu le prix Nobel de physique en 1922, et pour le chimiste allemand Friedrich August Kekulé qui élabora son concept de la structure moléculaire du benzène après avoir rêvé du symbole ésotérique de l'ouroboros (un serpent dévorant sa propre queue). Il ne s'agit là que de quelques exemples, mais on peut grâce à eux envisager non seulement l'importance qu'a le langage des rêves mais aussi une des façons dont les mondes invisibles contribuent à l'incarnation du monde manifesté.

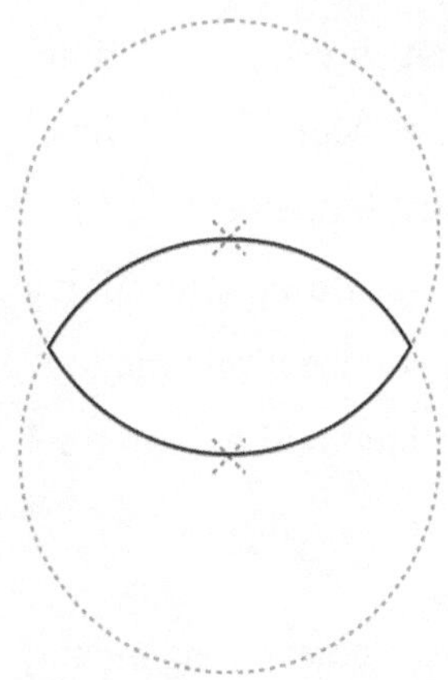

Ce monde, celui qui constitue nos multiples réalités, naît de l'intersection des plans subtils et physiques. De ce point de vue, ce qui est manifesté n'est pas obligatoirement matériel et ce qui est invisible peut être bien réel. Sans décortiquer trop laborieusement ces concepts, je vous suggère de faire l'exercice de pensée métaphorique suivant: observer la figure ci-contre, nommée la *vesica piscis*, de votre oeil symbolique. Il paraît qu'elle contient les secrets de toutes créations. Rien de moins! D'accord, je vous donne une petite piste. Si le cercle du haut est l'immatériel, et que celui du bas est le matériel, comment décririez-vous ce qui se trouve au centre, le résultat émanant de la *vesica*? Ou encore, si vous n'arrivez pas à trouver les mots, comment ressentez-vous ce qui en surgit? Et pour finir, pouvez-vous percevoir l'*existence* de ce qui vous apparaît?

Un des aspects les plus fascinants de la quête de connaissance de soi consiste à entrer en relation toujours plus profonde avec son propre véhicule égoïque et le monde dans lequel il est incarné. Déterminer pour soi-même la notion de réalité permet entre autres de distinguer, tel qu'évoqué précédemment, le conducteur de ce qu'il conduit, l'opérateur de ce qu'il opère. Plus la distinction sera claire, plus l'adepte saura maîtriser le véhicule de sa personne. Afin de comprendre ceci, imaginez comment il serait difficile de conduire une voiture sans que sa structure soient bien délimitée, qu'on ne sache trop là où se terminent les pneus et débute la route, si les autres automobiles étaient fantomatiques, spectrales, ou carrément invisibles. C'est un peu à l'image de notre monde en fait: des véhicules partout, certains conducteurs sûrs d'eux-mêmes roulant à pleine vitesse vers un point qu'ils se sont aveuglément fixé, d'autres immobiles, paralysés par l'incertitude et la peur. Et des accidents sans plus finir. Tout ça sonne bien malheureusement familier, n'est-ce pas? Se puisse-t-il que l'état actuel du monde soit dû entre autres à la méconnaissance de l'étendue de notre véhicule d'incarnation sur les plans invisibles? À notre indifférence des impacts métaphysiques de nos gestes et décisions? Enfin… est-ce que cette ignorance est une phase normale du développement de l'humain, une phase qu'il traversera en temps et lieux, ou est-ce qu'un effort doit à tout prix être fait pour s'éveiller à la totalité de son expérience d'incarnation? Je ne saurais dire. À défaut de pouvoir répondre, continuons d'explorer cet univers par nous-mêmes.

Ainsi, sans être apte à appréhender l'ampleur totale de notre aveuglement, on peut néanmoins, si on le souhaite, déduire de nos expériences synchronistiques, rêves et autres phénomènes métaphysiques, qu'une gigantesque et mystérieuse facette de notre existence nous échappe. Nous sommes après tout des millions sur Terre à tenter de comprendre et donner un sens à nos expériences inexplicables, à chercher à en percevoir les patterns et les systèmes. Disons-le, plusieurs cultures indigènes sont à des années-lumière des sociétés « modernes » sur ce plan, et je dois avouer rêver au jour où nous mettrons en commun l'étendue de nos savoirs… ce jour où nous relierons enfin le coeur et l'intellect de l'humanité.

Or, rappelons-nous ce que nous enseigne la tablette d'émeraude d'Hermès Trismégiste. « Ce qui est en bas, est comme ce qui est en haut ». Cette connexion de l'en-haut et de l'en-bas, du macro et du micro, du visible et du subtil, notre seule responsabilité est de la créer en soi-même, pour soi-même et pour le *réel* progrès de notre précieuse humanité.

CONCLUSION

Dans l'introduction de ce chapitre, je mentionnais que son *méta*-thème principal concernait le rapport de l'adepte avec son espace-temps. Ainsi, la notion de temps n'ayant pas été directement adressée, elle demeure néanmoins centrale à l'information que nous avons explorée ensemble. Considérez ceci: en souhaitant manifester et provoquer la matérialisation de certains événements, l'acquisition de certains biens matériels (même ces biens que nous considérons « nobles ») et la rencontre d'une personne qui nous sera supposément chère, on passe généralement par la croyance qu'un futur sera préférable à un autre, ou du moins, préférable à notre situation présente. Inversement, en cherchant à tout prévoir par l'astrologie ou toutes autres formes de divination, en se croisant les doigts pour entendre de « bonnes nouvelles », on part bien souvent de la même supposition d'un avenir souhaitable. Et donc dans le premier cas, en utilisant la magie ou la loi de l'attraction, notre intention serait d'imposer notre volonté sur le futur. Dans le second, en souhaitant dévoiler l'avenir avant qu'il ne se produise, on le subit en se départissant de son pouvoir d'action et en espérant ne pas trop souffrir. N'est-ce pas? Suis-je trop dur dans mon interprétation? Avez-vous réellement, profondément scruté vos activités magiques ou divinatoires sous cet angle? Qu'est-ce qui vous motive *fondamentalement* à agir pour modifier ou prédire votre sort? Qui a-t-il dans le futur qui doit être craint ou contrôlé?

C'est suite à ces questions que l'énigme de l'éthique de l'agir est soulevée, car d'une certaine manière, la connaissance des plans invisibles et de leur fonctionnement vient avec un lot de pouvoir, et donc de responsabilité. Certains iront jusqu'à faire usage de l'ésotérisme pour manipuler les masses, alors que d'autres demeureront paralysés devant la réalisation de ce pouvoir. Pour cette raison, la voie mystique, peu importe la forme qu'elle prend pour les individus, *précède* toutes décisions et toutes actions. Se connaître implique d'être clairement éveillé aux motifs de nos gestes. Une fois sur cette voie de la connaissance, l'adepte pourra revenir à ses pratiques magiques et divinatoires s'il en voit toujours l'utilité et en retirant un certain plaisir, car l'ironie est que ces activités *sont* malgré tout potentiellement porteuses de sagesse et l'illumination.

Pour terminer, j'irai de mes propres réflexions sur la question posée en tout début de chapitre, soit celle du dieu/génie/diable offrant le choix entre la connaissance de soi et celle du futur, au prix de l'ignorance du choix inverse. Tout d'abord, vous rappelez-vous avoir été apte à faire un choix? Si oui, quel était-il?

Voyez-vous, pour pouvoir choisir, l'adepte doit avant tout se former un concept mental de chaque option afin d'en déterminer la meilleure. Les questions s'enchaîneraient:

→ Comment serait ma vie si je pouvais en prédire chaque instant?

→ Et qui serais-je si j'étais pleinement éveillé à ma nature profonde, et comment serait mon quotidien?

→ Comment agirais-je et quelles seraient mes valeurs?

→ Illuminé, de quelles manières serais-je incommodé par le fait de ne pouvoir rien prévoir de mon avenir?

→ Serais-je capable de manifester tout ce dont je désire, en étant en pleine possession de la totalité de mes aptitudes et sans peur du futur?

→ Ou encore, serais-je paralysé par la peur?

→ Verrais-je même des raisons d'agir, étant pleinement illuminé et incapable de me situer dans l'espace-temps?

→ Puis inversement, que gagnerais-je à pouvoir absolument tout prévoir de mon avenir?

→ Sachant à l'avance tout ce qui se produira, serais-je également capable de réaliser toutes mes envies en garantissant le succès de toutes mes entreprises?

→ Vivrais-je dans un état de satisfaction constante?

→ Ou encore, ignorant de ma propre personne incluant mon propre malheur, serais-je une sorte d'automate, une machine à assouvir des envies?

→ En fait, n'ayant aucune idée de qui je suis, serais-je en fait même ignorant de ces envies?

→ Est-ce que seuls mes besoins physiologiques instinctifs seraient les seuls qui maintiendraient mon corps en vie? Serais-je simplement un animal à qui on aurait garanti de mourir de vieillesse?

Immanquablement, ce choix, ce « cadeau » qu'offrirait le dieu/génie/diable, et plus précisément les questions que la décision soulève, renvoie l'adepte à son rapport à l'espace-temps. Sans connaissance de soi, prédire l'avenir ne servirait qu'à pouvoir éviter de se faire heurter par les voitures, et peut-être à savoir où pêcher. Pleinement éveillé à sa nature divine mais sans être apte à se situer dans le temps, l'humain ne survivrait qu'en tant qu'esprit pur, désintéressé, détaché de ce monde qui serait à la fois inexistant et éternel.

Pour ma part, je crois que le véritable cadeau de ce dieu/génie/diable (sûrement encore Hermès en déguisement) serait tout simplement de m'avoir offert l'occasion de me questionner, de m'avoir offert la gnose, un cadeau précieux s'il en est un. Je réalise que malgré les souffrances et les difficultés, je suis passionné par les mystères de l'espace-temps, par l'élucidation de ma nature profonde et de celle de ce monde qui m'entoure. C'est parce que je suis animé par cette quête de connaissance, de sens profond et ressenti et de transcendance que je suis toujours ici sur Terre à vous écrire ces lignes. Sans cet espace-temps pour donner forme au terrain de jeu de l'existence, sans l'illusion d'exister dans ce corps, sans la dualité du plaisir et de la douleur, pas de terrain ni de jeu. De la vie, oui, mais pas de défi. Il n'y aurait que ce qui Est, mais rien à faire.

Pour ma part, je veux jouer à ce jeu.

Je veux comprendre. Voir la magie et la divination divulguer leurs secrets.

Pour ma part, je souhaite découvrir, expérimenter et *savoir*.

Je souhaite révéler la Lumière et apprendre la maîtrise, par moi-même, par l'entremise de mon véhicule égoïque.

Pour ma part, j'aime cette vie et ne la souhaite pas autrement.

Ainsi donc, pour ma part, à ce coquin de dieu/génie/diable, je me contenterais de répondre:

« Merci! »

Chapitre XVII

Depuis le début de ce livre, je vous parle de la voie mystique en la présentant comme étant primordiale et précédant les voies religieuses, idéologiques, ou toutes autres façons de s'épanouir. Il s'agit là d'un demi-mensonge. La partie mensongère est qu'il existe en réalité une voie précédant même la voie mystique: celle de la Nature, celle des ouragans, des saisons et des marées, des morts et des naissances, celle de la rose déployant ses pétales. Puis, la partie vraie de l'énoncé est que la voie mystique est possiblement la plus primordiale qu'*il soit possible de décrire et d'expliquer*, alors que celle de la Nature ne peut qu'être évoquée, ressentie. Donc pour faire une analogie, aussi maladroite soit-elle, imaginons l'illumination comme n'étant rien de moins qu'un gâteau aux carottes:

(Non mais... pourquoi pas!?)

→ La voie des traditions, religions, philosophies, pratiques, les bibles et les sūtras en serait la recette;

→ La voie mystique en serait les carottes, la farine, le sucre, etc;

→ La voie de la Nature, celle de l'éternel dans le perpétuel, serait le gâteau lui-même.

Ainsi, s'il existe des millions de livres de recettes, et que peu d'ouvrages font l'éloge de l'expérimentation et de l'étude subjective des ingrédients, aucun texte de nature pédagogique ne peut prétendre enseigner l'expérience même du gâteau. Donc je n'ai pas menti pour vrai de vrai. Comme il me serait impossible, impoli, stupide et futile de tenter de vous gaver moi-même de *mon* gâteau métaphysique, ce livre est le mieux que je puisse faire pour vous encourager à goûter pleinement le vôtre.

La bonne nouvelle dans tout ça est qu'il n'y a rien de plus fondamentalement universel que l'accès à l'illumination. À ceux qui seraient tentés de critiquer cette phrase en suggérant qu'il s'agit d'un des privilèges d'habiter dans une société industrialisée, je vous conseillerais fortement de relire la fin du chapitre sur la méditation, et de revoir en détails votre rapport à l'espace-temps. Bien souvent, l'existence d'une personne vivant dans de difficiles conditions la situe à proximité de la voix de la Nature, alors que le soi-disant « savoir » et les gadgets des sociétés « avancées » maintiennent l'adepte dans l'illusion plus fortement que n'importe quelle guerre ou famine. Il suffit de cinq minutes sur les réseaux sociaux pour comprendre à quel point leurs utilisateurs peuvent être déconnectés de l'essence du moment, et les exemples de cette déconnection sévissent dans toutes les grandes villes. On observe d'ailleurs que beaucoup ont fait l'expérience d'un éveil profond suite à un grave accident ou une intense maladie. De plus, on dénombre de multiples rituels d'initiation shamanique impliquant de grands chocs physiques, psychologiques et émotionnels. La souffrance et les tragédies, parfois même plus que la beauté ou

« l'amour », ont parfois cet effet de connecter l'humain à la substance même de l'espace-temps. En tous cas, assurément plus que n'importe quelle querelle en 280 caractères.

Je ne crois cependant pas absolument nécessaire de traverser de grandes souffrances pour s'éveiller à la voie de la Nature. Enfin… peut-être pas. Je ne suis pas certain. Pour ma part, j'en parlerai peut-être un jour plus en détails, la Lumière est passée par les voies sombres et c'est le mal de vivre qui m'a motivé à comprendre par moi-même les fondements de la souffrance. Ce qui est requis avant tout est un drastique changement de perspective, mais est-ce qu'un tel changement doit absolument être provoqué par de grands bouleversements? Ou la volonté suffit-elle? Une chose est certaine: *je décourage vivement de provoquer intentionnellement ce choc.* Comme ma mère dirait, tirer sur les fleurs ne les fera pas pousser plus vite. Cela dit, je n'écrirais sûrement pas ce livre si je croyais que seuls les traumas pouvaient fracasser les limites de la perception pour l'adepte. Nous souffrons *tous* d'une manière ou d'une autre et la Lumière s'offre à quiconque a un calvaire à supporter. Sans aucun doute, la volonté doit au minimum pouvoir y jouer un rôle.

Malgré cela, il me peine de le reconnaître, la voie *mystique* n'est peut-être pas aussi accessible à tous que je souhaiterais le croire. Contrairement à la voie de la Nature qui nous anime tous sans exception, celle du mystique requiert peut-être certaines particularités, comme celles d'un ardent désir de « voir la vérité en face » et un minimum de force de caractère. Je crois néanmoins que la voie mystique de la connaissance de soi est la plus simple et la plus dépouillée, donc, celle qui s'approche le plus de l'expérience directe de la Lumière. Si nulle voie ne peut systématiquement, universellement garantir l'ouverture de l'adepte à la Lumière, révéler pour soi-même l'essence de l'ombre demeure une des approches les plus efficaces, et ce peu importe les méthodes que l'adepte jugera les plus appropriées.

Je vous ai fait part de la bonne nouvelle: tous les êtres étant l'expression de la Lumière divine, de la pulsion primordiale de la Nature, rares sont les personnes pour qui l'accès à l'illumination est définitivement bloqué. Si cette idée suffira à plusieurs pour les gonfler d'un optimisme teinté d'insouciance, je ne peux en dire autant pour moi. Après tout, jouer le jeu de la vie serait un peu bête si tout ce qu'il y avait à faire était de s'allonger les jambes, sourire bêtement en soupirant « bah… tout va bien aller ». Un jeu en est un parce qu'il est composé de défis après tout, n'est-ce pas?

Nous sommes arrivés aux dernières pages de cet ouvrage. Si *Zinfaendel* était une montagne, ce chapitre en serait les derniers mètres avant le sommet. Tout comme il s'agit souvent de la plus difficile partie d'une ascension, je vous ai gardé la plus rude épreuve pour la fin. Évidemment, l'analogie n'est pas parfaite; pour gravir une montagne jusqu'à son point le plus élevé, il faut physiquement produire les pas, alors que vous pourriez bien lire ce chapitre distraitement, sans le prendre réellement au sérieux, sans l'approcher comme si votre *existence* en dépendait. Or, si votre vie n'est pas elle-même menacée, votre existence quant à elle tient littéralement de la compréhension des sujets abordés dans ce chapitre. Puis j'ajouterais que de tout le livre, il n'a jamais été aussi important, en considérant ces pages, d'appliquer cette impitoyable honnêteté dont je ne me lasse pas d'indiquer la nécessité.

Je suggère cette terrible supposition: si l'éveil est le stade où l'individu prend pour la première fois conscience des limites de son existence, et que l'illumination est l'étape où l'adepte fait ses premières expériences de ce qu'est *réellement* exister, la quasi totalité de l'humanité n'existerait alors qu'en apparences. Plus simplement, l'éveil est la réalisation qu'on n'existe pas vraiment, et l'illumination marque le début de l'existence. Jusque là, cette supposition n'en choquera que certains, mais les choses se corsent si vous avez le courage de vous confronter vous-même à cette question. Qu'est-ce qui vous rendrait apte à acquiescer aussi rapidement, par automatisme même, à la mention que la majorité des humains n'existent pas vraiment? Comprenez qu'il s'agit là d'une insinuation extrêmement sérieuse et ce genre de pensée, historiquement parlant, s'est avérée très dangereuse. Énoncée avec amour, cette idée supporte le grand jeu de la Vie, mais exprimée avec mépris, elle déshumanise et désensibilise. Si l'humanité toute entière n'accède pas à l'illumination, nous demeurons tous perdants.

Quiconque entend réellement la voix de la Nature ne peut s'empêcher de voir la pulsion de Vie primordiale briller en tous et chacun. Au-delà de notre nature divine qui ne fait qu'un de l'humanité et de l'univers, deux choses nous relient sans pour autant nous soustraire à notre individualité: la souffrance et la Lumière.

Courageusement, tournons une fois de plus notre regard scrutateur vers l'intérieur. Ayons l'audace de révéler que ce qui sommeille au coeur de la machine égoïque est trop vivant pour n'être qu'un fantôme.

VÉRIFIEZ SI VOUS ÊTES HUMAIN.

Alors que je réfléchissais à la notion de libre arbitre, une suite d'événements s'est produite, peut-être grâce au « dieu des synchronicités », illustrant parfaitement le point de ce chapitre. Par un processus qui vous deviendra possiblement plus clair sous peu, j'en suis venu à poser la question suivante:

Est-ce qu'une intelligence artificielle serait apte à répondre à un koan?

Cette question me trottait déjà dans la tête depuis quelques temps, et il s'adonne qu'un site permettant de discuter avec un de ces programmes fait présentement beaucoup parler. J'ai donc entrepris d'aller directement à la source pour vérifier par moi-même ce que ce robot conversationnel appelé *ChatGPT** avait à nous révéler sur le sujet. À ma grande surprise, les événements qui s'ensuivirent en avaient plus long à enseigner que le programme lui-même.

Prêt à bombarder la machine d'une série de questions et armé de stratégies pour en tester les limites, je fais les recherches nécessaires pour trouver l'adresse du site. Vue sa popularité du moment, j'y parviens sans problème. Après avoir cliqué sur le lien pour accéder à la fenêtre de conversation avec le robot, j'arrive sur une page contenant un script vérifiant à la fois si la connexion de l'utilisateur est sécurisée, ainsi que ce dernier est bien une personne et non un autre ordinateur.

** ChatGPT est un prototype d'agent conversationnel faisant usage de l'intelligence artificielle, spécialisé dans le dialogue. Il permet à quelqu'un d'échanger avec un logiciel qui a appris, par supervision et renforcement, à entretenir une discussion, en analysant les questions et réponses de son interlocuteur d'une manière similaire à l'humain. Une des particularités est de pouvoir se rappeler des réponses fournies, donnant l'impression d'un fil conducteur à ses conversations.*

 3ème partie: Quelques mots de la Terre

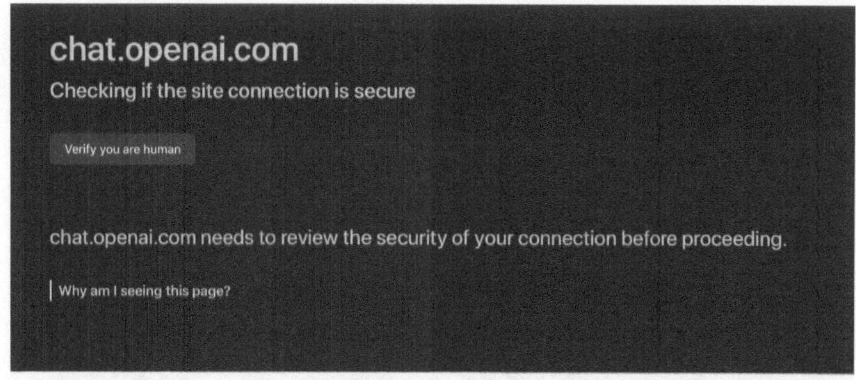

Je procède en cliquant pour bien valider mon humanité. Une petite roue tourne pendant que le système approuve ma réponse :

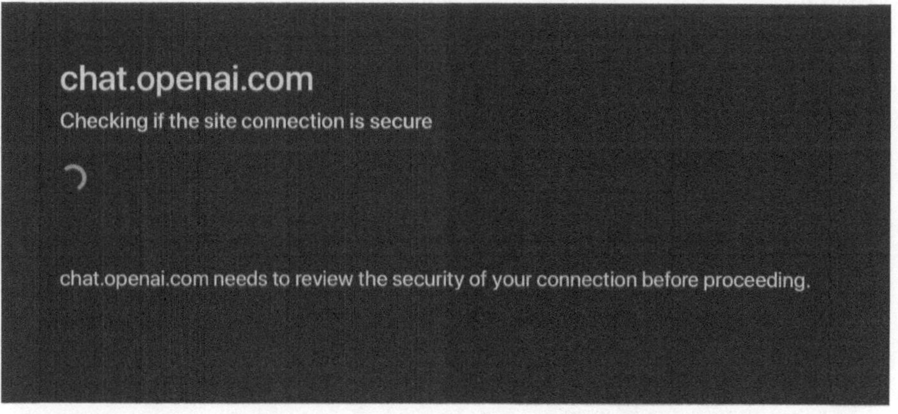

La roue disparaît, m'indiquant ce que je croyais être la fin du processus de validation, mais plutôt qu'une fenêtre de discussion avec la superstar des intelligences artificielles, voici ce qui réapparut :

chat.openai.com

Checking if the site connection is secure

Verify you are human

chat.openai.com needs to review the security of your connection before proceeding.

Why am I seeing this page?

Surprise. À nouveau, je devais valider mon humanité auprès de cette machine.

Je clique. La petite roue qui tourne et… même résultat.

« *Verify you are human* ».

Clic à nouveau.

Petite roue.

« *Verify you are human* ».

Clic.

Petite roue.

« *Verify you are human* ».

Clic.

Petite roue.

« *Verify you are human* ».

Clic.

Petite roue.

« *Verify you are…* ».

… humain?

Au moment où j'écris ces lignes, je n'ai toujours pas réussi à accéder au site. Vous vous en doutez peut-être, ce bogue était dû à une surcharge des serveurs. Le site faisant l'objet de beaucoup de curiosité, des millions de personnes devaient tenter d'y accéder au même moment, y bloquant ainsi l'accès. Cependant, la suite d'événements n'a pas échappé à mon oeil métaphorique. Sans arrêt, on me demandait de vérifier si j'étais humain… ce qui est précisément ce que je souhaite vous inviter à faire dans ce chapitre.

Vérifier si vous êtes humain.

« Mais quelle question… bien sûr que je suis humain! »

Sans faire jaillir sang et larmes, pouvez-vous réellement prouver votre humanité? Comment vous y prendriez-vous? Pour l'instant, nous n'en sommes qu'à la version 3 du robot conversationnel ChatGPT et elle comporte d'importantes limites, mais qu'en sera-t-il de votre humanité à la version 25? À la version 50? Qu'est-ce qui vous distinguera de ce type de machine qui pourra reproduire votre voix et vos maniérismes à une telle perfection que même vos plus proches amis et parents s'y tromperaient? Quand les modèles de prédictions seront si avancés qu'en étudiant vos habitudes de vie et en ayant compilé les aspects de votre psychologie par millions, ils seront en mesure de calculer vos valeurs et décisions futures, que restera-t-il de ce que vous croyez être votre humanité? Et bien sûr, même si je crois que la question de notre propre humanité est de loin primordiale, beaucoup craignent de ne plus être en mesure de percevoir s'ils s'adressent à un humain ou à un ordinateur… et donc de manière ultime, de se faire supplanter et contrôler par des machines.

À bien y penser, ne voyez-vous pas un lien avec une section précédente de ce livre, celle traitant du destin? Voyez-vous, cette crainte de l'humain de n'être en réalité rien de plus qu'un automate remonte au moins à l'antiquité. Dans le dernier de ses dialogues intitulé *Les Lois*, Platon suggère déjà l'idée que toutes créatures vivantes pourraient être « d'ingénieuses marionnettes des dieux ». L'idée d'être manipulés par des forces externes a toujours été présente, mais l'hypothèse qui nous semble la plus inquiétante est sûrement celle où le marionnettiste est indiscernable de l'humain. L'esclave ne se distinguerait ainsi plus de son maître.

Cela dit, ce que j'observe est que notre crainte des intelligences artificielles n'est pas uniquement due à notre incapacité de prédire les impacts de leur création. Je crois que par-dessus tout, notre peur provient du fait que plus elles progressent, plus nous nous reconnaissons en elles, et donc que plus elles nous sont similaires, *plus nous sommes aux prises avec la terrible question de notre propre nature humaine*. Et cette question demeurera affolante, sachez-le, tant et aussi longtemps que l'humain persistera à s'identifier strictement à son véhicule égoïque, celui composé de la triade des corps physique, mental et émotionnel.

En regardant la dure vérité en face, il est vrai que ce véhicule, l'ego, ne se distingue pas facilement des robots. De manière générale, ce qu'on croit à tort être le libre arbitre résulte de l'apprentissage, de l'imitation, du conditionnement et possiblement à des mémoires génétiques. De manière générale, les IAs (intelligences artificielles) apprennent, comme nous, en emmagasinant des données externes, en imitant, en calculant, et en étant programmées. Comme

ChatGPT: par supervision et renforcement. Vu de cet angle, en remplaçant la mémoire génétique par la programmation initiale de l'application, les déclencheurs des actions humaines et de celles des IAs sont quasiment identiques. À moins d'un cataclysme ou d'un drastique changement de trajectoire, cette troublante similitude ne fera que gagner en force au fil des ans.

Revenons donc à cette question: qu'est-ce qui fait d'un humain ce qu'il est, et qu'est-ce qui le distinguera *réellement* d'une IA très avancée, du genre de celles qui feront probablement leur apparition dans quelques années à peine? Comment vous sentez-vous en considérant cette idée? Êtes-vous tenté de contester férocement cette suggestion que l'humain ne soit pas particulièrement différent d'une intelligence artificielle? D'une simple machine?

En fait, peut-être me diriez-vous que ces émotions que vous ressentez sont elles-mêmes ce qui vous distingue d'un ordinateur, ce à quoi je répondrais: êtes-vous convaincu que nos réactions émotionnelles ne sont pas elles-mêmes le résultat d'une programmation, d'un apprentissage? Si ces émotions, les vôtres, sont fondamentales à la nature humaine, comment expliquez-vous qu'elles diffèrent tant d'une personne à une autre? Pourquoi certains s'attendrissent à l'idée de la romance et que d'autres la trouve répugnante, ou effrayante? Qu'est-ce qui fait qu'une personne soit apte à se réjouir de la souffrance d'une autre, alors qu'une seconde s'en trouve accablée? Et comment expliquez-vous que, pour ces deux mêmes personnes, les rôles s'inversent en fonction des particularités de la personne qui souffre? Peut-être qu'une de vos objections viendrait du fait que certaines émotions semblent innées et dues à la singularité de la personnalité. Premièrement, est-ce que le fait qu'une émotion soit forte ou inexplicable démontre qu'elle n'a pas été préalablement programmée dans la psyché? L'inconscient est rempli de mémoires de plaisir et de douleurs après tout. Mais en allant encore plus loin, qu'en est-il de la mémoire génétique? Ou même en pensant de manière plus ésotérique, n'avons-nous pas vu dans les pages traitant de l'astrologie qu'un « plan » s'imprègne sur l'individu dès sa naissance, un plan qui semblera structurer les moindres détails de sa vie, incluant ses sensibilités et résistances émotionnelles?

Voici donc une autre terrible réalité: ces émotions que nous ressentons, malgré le rôle essentiel des couleurs qu'elles apportent à nos vies, ne peuvent à elles seules attribuer d'humanité à une personne. D'un point de vue purement matérialiste, quelle différence y aurait-il entre une réaction émotionnelle programmée dans un cerveau ou sur un disque dur? Et une fois la réaction déclenché, les influx chimiques du cerveau faisant ressentir une émotion se distinguent-ils réellement d'une série d'impulsions électriques dans un circuit? N'est-il pas profondément gravé dans notre cerveau reptilien que nous recherchons à fuir ou éliminer la souffrance? Puis comme nous l'avons vu dans le chapitre sur le plaisir et la douleur, d'innombrables facteurs jouent sur notre rapport aux émotions et ceux-ci résultent en grande partie d'expériences vécues, donc, de programmations. Sachons-le: le fait d'apprendre ne se limite pas à nos facultés intellectuelles et physiques. Apprendre est également une histoire d'émotions. Consciemment ou non, nous apprenons à réagir de manière appropriée et convenable aux événements. Quelles sont alors les différences entre l'algorithme du mental et ceux qui sont encodés dans les ordinateurs?

Vous, sauriez-vous répondre à un *koan*?

Vérifiez si vous êtes humain.

Êtes-vous autre chose que l'algorithme du véhicule égoïque? Un conducteur ou une voiture autonome? Une machine de peurs et de désirs? Non? Pas *que* ça? Vous seriez… « plus »? Comment le savez-vous? Sauriez-vous expliquer pourquoi, ou peut-être êtes-vous tout simplement programmé pour nier votre « roboticité »? Un automate qui s'ignore pour préserver sa valeur, son caractère d'importance et d'exception? Ne diriez-vous pas que cette préservation est spécifiquement le travail de l'ego?

Vous connaissez peut-être le *test de Turing*. Pour ceux qui ne le connaîtraient pas, le mathématicien britannique Alan Turing proposa en 1950 un test d'intelligence artificielle consistant à déterminer si un robot conversationnel pourrait tromper un interlocuteur humain en s'exprimant à la manière d'une personne réelle. Il semble que nous approchons de plus en plus du jour où il existera plusieurs IAs capables de passer aisément ce test, et cette perspective en inquiète plus d'un. Certains ce réjouissent plutôt à l'idée qu'une machine qu'ils considèreraient comme supérieure à l'humain arrive pour nous sauver de l'autodestruction, comme une sorte de Christ technologique. Les premiers quant à eux n'y voient rien de moins que le début de la fin, littéralement l'apocalypse, l'anéantissement de ce qui est humain de l'humain et ensuite, de l'humain lui-même. Cependant, la proposition de Turing soulève selon moi une question bien plus primordiale que celle des machines qui agissent comme des humains. D'un autre angle, elle nous encourage à considérer les critères qu'un interlocuteur doit remplir pour être considéré comme étant humain. Sur quoi nous basons-nous pour déterminer l'humanité de quelqu'un? Et plus important encore… remplissons-nous nous-mêmes ces critères? Ne nous conduisons-nous pas généralement de manière totalement prévisible*? Prenez-vous *réellement* le temps de réfléchir à la portée de vos actes, en considérant le plus d'angles de vue possibles? Qu'en est-il de votre capacité de vous extirper à votre propre conditionnement?

Vérifiez si vous êtes humain. Prouvez-le…

… car voici la brutale réalité: plus le conditionnement social gagne en puissance, grâce à l'alliance de la propagande et des algorithmes, moins il y a d'humains qui passeraient le test de Turing. Ce n'est pas que les robots qui se conduisent de plus en plus comme des humains, mais les humains qui se

---

* *J'inclus aussi dans cette question ceux qui se comportent de façons prévisiblement imprévisibles.*

catégorisent, s'automatisent, bref, qui se comportent d'avantage comme des machines.

Je vous avais prévenu que l'ascension serait plus difficile dans les derniers mètres. Pour arriver au sommet du mont *Zinfaendel*, habitez entièrement ces questions. Habitez-les totalement, sauvagement. En dehors de votre corps de chair, de vos réactions émotionnelles et de vos réflexions et opinions, qu'est-ce qui fait de vous un humain? Vers quoi d'autre que votre véhicule égoïque pouvez-vous pointer pour vous identifier? Ou encore, pour utiliser un mot que j'ai rarement utilisé dans ce livre, quelle est la substance de votre *âme*? Pouvez-vous répondre *clairement* à cette question? Sans utiliser d'images, de métaphores ou de poésie? Sans faire usage de concepts *new age* ou religieux ou scientifiques?

Prouvez que vous êtes humain. Oubliez moi et les autres. Prouvez-le à vous même.

Où allez-vous chercher? Que chercherez-vous? Une lumière? Une personne « parfaite »?

Vérifiez si vous êtes humain, ou en d'autres mots… *nosce te ipsum*.

« Connais-toi toi-même ».

Soutenez le dur regard de votre conscience pure!

Sachez! Sachez et soyez!

Rassurez-vous, je ne me suis pas transformé en matérialiste/physicaliste au fil de l'écriture de ce livre, et je n'ai pas tenté de vous tromper en vous amenant cruellement à croire que vous n'êtes rien de plus qu'un robot biologique dans un univers vide de signification. Or, cette possibilité est souvent si violemment rejetée, surtout par les adeptes, que cela indique qu'elle doit être observée avec le plus grand des sérieux… et de fait, il est déconcertant de constater qu'elle est beaucoup plus vraie qu'on ne souhaiterait le croire. Il va de soi que tant que l'adepte n'aura pas transcendé l'emprise de son ego, il se conduit de manière *artificiellement intelligente*. Le véhicule (incluant son « ordinateur ») est conçu, après tout, pour protéger son occupant, et de surcroît, pour se protéger lui-même. Son programme de base est très simple: survivre. Puis, comme toute bonne IA, il ajoute de lui-même des lignes à son code au fil du temps et des circonstances. Subconsciemment, il calcule, générant peurs et désirs afin de guider son hôte vers le moins de souffrance possible, et ce, sans *réelle* considération pour la sécurité des autres véhicules égoïques. Il génère parfois en nous l'apparence de compassion, d'autres fois l'indifférence. L'ego a toujours de bonnes raisons pour nous faire aimer et détester, fuir ou s'accrocher, préférer la ville ou la forêt, haïr un parti politique et « ceux qui ne pensent pas de la bonne manière », ou les ananas sur la pizza. Mais par dessus tout, il a cette capacité de nous faire croire que l'écran sur lequel il projette le résultat de ses calculs est si réel, qu'il ne peut rien exister de plus réel.

Méchant! Méchant ego! Méchant ordinateur! N'est-ce pas? Cette machine qui veut tout décider et qui provoque tant d'illusions et de souffrances chez soi et les autres ne peut qu'être maléfique! Non? Il semble qu'elle souhaite me protéger, qu'elle souhaite ma survie, mais en réalité elle ne sert qu'à m'emprisonner! Ou… est-ce vraiment le cas? Après tout, c'est par le biais de ce véhicule égoïque, par ses sens et aptitudes, que j'ai vécu mes plus grandes illuminations. C'est avec ses lèvres que j'ai fait l'expérience de mon premier baiser. C'est par ses oreilles que me sont parvenues les notes de la plus glorieuse musique. C'est avec son cerveau et ses cordes vocales que j'ai pu communiquer mes plus sages paroles, mes plus aimants conseils. C'est avec sa peau que j'ai pu ressentir le réconfort des câlins de ceux que j'aime. Ce sont ses cheveux qui battent au vent au sommet de cette montagne… ses yeux qui me permettent de percevoir l'immensité de l'océan, et c'est sur sa peau que je ressens les frissons. C'est par ce véhicule que j'aime et que je suis aimé…

… comment se peut-il que ça soit aussi par lui que je déteste et suis détesté? Que par ces mêmes yeux, je vois guerres, morts et intolérances? Comment ce véhicule peut-il me permettre à la fois tant de beauté et tant de souffrance? Pourquoi me pousse-t-il à apprécier autant qu'à juger? Pourquoi est-ce que ces véhicules tuent et blessent autant qu'ils caressent et donnent naissance? Et surtout, pourquoi me semble-t-il avoir si peu de contrôle sur la douleur et l'amour? Sur les peurs et les désirs? Pourquoi ne puis-je m'empêcher de rejeter et de vénérer? Suis-je réellement l'esclave des réactions de mon ego qui répond aux circonstances?

Mais c'est impossible! J'ai accompli tant de choses dans ma vie! J'ai de belles valeurs, je crois qu'il faut sauver la nature et arrêter les guerres! Enfin… je crois. NON! Je ne suis pas qu'un simple pantin. Je suis un vrai humain!

« Des fois, on n'a pas le choix. »

« Des fois, il y a des méchants et des fois, il faut les anéantir. »

Si je veux survivre, je n'ai pas d'autres options que de me plier au système. D'autres fois, si je veux survivre je n'ai pas le choix de m'y opposer! De plus, mon pouvoir d'action est si petit… mon impact est négligeable. J'ai deux choix: agrandir *mon* pouvoir d'action et me mettre au service du plus grand bien afin que *tous* en fasse de même, ou prier la venue d'un sauveur, milliardaire ou prophète ou politicien, qui partage mes valeurs. Le bien, tout le monde n'est pas apte à le voir, et ces aveugles sont dangereux. C'est peut-être même pas leur faute s'ils ne peuvent voir, mais à cause d'eux, tout menace de s'écrouler! On n'a pas le choix de s'en débarrasser! Tuer ou être tué. Ce sont nos deux seuls choix. Mais il ne faut jamais tuer! Sauf… des fois. Des fois il faut. Non! Jamais! Et non, je ne suis pas esclave des circonstances… c'est juste que… j'ai pas toujours le choix! Conquérir ou être conquis. La… la loi du… du plus fort. Gagnants et perdants. J'aime pas ça mais c'est comme ça! Ah et puis c'est pas moi qui décide hein! C'est ceux au pouvoir! Et puis c'est eux qui ont commencé! Il faut réagir, sinon, c'est la fin! MA fin! Ah mais non… je ne suis pas égoïste, moi. C'est pas moi qui est important là-dedans, c'est tout le monde! Enfin… moi aussi mais… Mais peu importe, NON… je ne suis pas esclave de mon ego… ni de ses réactions. C'est juste… le gros bon sens. C'est juste que… je suis rationnel, moi! Je suis TRÈS RATIONNEL, D'ACCORD!? Et aussi j'écoute mon coeur, D'ACCORD?! Pas juste ma tête! Mon… mon COEUR aussi… ok?

Je… ne fais que de mon mieux.

« J'ai fait ce que j'ai *cru* le mieux ».

Ouais. On l'a entendue plus d'une fois celle-là, n'est-ce pas?

Ça ne finit pas souvent bien ces histoires-là, n'est-ce pas?

Je veux dire… comment ça se passe jusqu'à présent pour l'humanité, ce concept de réalité matérielle? De bien et de mal? De plus et de moins? C'est… pas optimal, n'est-ce pas?

Ooooooh… Ah bon! Vous acquiescez? J'en vois qui croient être d'accord? Qui croient quant à eux être d'impuissants spectateurs du drame humain? Vous ne pensez plus en termes de bien et de mal, vous, n'est-ce pas?

« Ah ces humains et leur pensée dualiste… c'est si triste de les voir en guerre constante… ah… cette terrible nature humaine… cette absence de compassion… ».

Attendez… vous croyez vous en échapper? Vous vous croyez en retrait? Oh! Ou peut-être que vous vous croyez mieux? Plus éveillé? N'êtes-vous pas humain aussi? Vous croyez qu'on ne participe à nourrir les combats qu'en présence physique? Ou peut-être gardez-vous le silence, découragé? Ah oui… vous qui êtes soi-disant libres de votre ego… mais quelle grandeur, votre altesse! Quelle lumière vous dégagez! Vous, bien pensant, empestant d'encens et de sauge, qui évangélisez sanctimonieusement que « nous sommes tous Un », où êtes-vous quand vient le temps de prendre la souffrance du monde sur vos épaules? Si nous « sommes tous Un », la laideur du monde n'est-elle pas aussi la vôtre? Vous croyez *réellement* échapper à votre culpabilité dans ce scénario? Qu'en est-il de votre humilité?

Sachez-le… Personne n'y échappe. Personne. Pleurons *tous* ensemble! Crions à l'injustice! Abandonnons ensemble, humiliés et impuissants! Que personne, *plus personne* ne souffre seul et en silence! Personne, ni dans la boue des tranchées, ni dans l'opulence des manoirs! Personne n'y échappe dans les temples ou les hôpitaux! Souffrons dans les ghettos et les palais! Laissons nos coeurs exploser ensemble de toute la souffrance du monde! De tout l'amour du monde!

Peuple du sang rouge, que votre joie détruise l'univers! Damnons toutes les forces de la création s'il le faut, ou prosternons-nous devant elles, vidés et nus! Maudissons « Dieu » de nous avoir abandonné dans ce monde où la douleur est soeur de vie! Implosons de gratitude pour cet horrible cadeau qu'est l'existence! Pleurons les constantes frictions! Le sang et les coeurs pulsants! Pleurons la grandeur de Mère Gaïa, et maudissons-la d'être un boulet à nos chevilles! Pleurons son viol et son incommensurable beauté! Clamons sa pathétique faiblesse, et tremblons devant son pouvoir de nous éradiquer violemment de sa surface! Berçons Mère Gaïa, repentants, devant la cruauté de son amour. Et rions, s'il le faut, du drame, de ce ridicule drame sans lequel rien n'existe! Rions et pleurons, *en même temps* s'il le faut! Soyons minuscules ensemble! Infinis, faibles, terrifiants et amour incarné! Des zéros et des géants! Mais par pitié, mettons fin à l'hypocrisie, à ce refus de la vérité. Cessons de prétendre que nous ne nourrissons pas Kronos de ses propres enfants. Cessons de s'arracher le coeur sur l'autel de l'ignorance, de choisir l'apparente sécurité des calculs. Cessons de créer ces pastiches d'ombre et de lumière. Osons voir les sacrifices humains, les amoureux imbéciles, les génies salvateurs et la paix de l'esprit… et une bonne fois pour toute, dans l'extase de la mort, fixons la Lumière à s'en brûler les rétines!

Car tout ça, adeptes, n'est que fiction. Théâtre. La vie, après tout, n'est peut-être bien qu'un rêve. Mais sans ce théâtre, il semble y avoir si peu, n'est-ce pas? Qu'y a-t-il d'autre? À qui sert tout ce cinéma? Qui en profite, s'y divertit? Mais… qu'est-ce que tout ça peut bien vouloir dire?

À « go! », dans l'extase du moment, dans les rires et les larmes, on le crie ensemble:

un… deux… trois…

… GO!

« *Quel est le* foutu *sens de la vie?* »

Aïe. Si l'ego n'a pas bloqué l'accès à votre vérité lors de ces remises en question, il est possible que le choc ait été brutal. En effet, il peut être déconcertant de s'apercevoir de l'automatisme et la binarité selon lesquels nous opérons désespérément dans nos vies. Suivant cette prise de conscience, bien souvent, les repères commencent à disparaître. Parfois, une certaine panique s'installe. D'autres fois, un nihilisme désarmant, désespoir et léthargie. D'autres fois, on s'accroche à n'importe quel système de croyances, dans l'espoir qu'il ne s'effondre pas à son tour sous le poids de la vérité. Parfois, c'est nécessaire. Parfois, les forêts brûlent et les rivières débordent. Je ne vous souhaite bien sûr aucune souffrance, mais d'une certaine façon, j'espère que vous aurez la bonne fortune (ou la volonté, ou le courage, ou l'intégrité) de traverser une telle période, un tel éveil. Bien souvent, ça n'est qu'après un tel cataclysme que l'automate s'anime pour devenir, parfois brusquement, parfois graduellement, réellement humain.

« Ce qui est en bas, est comme ce qui est en haut ». Il n'existe aucun combat dans le monde matériel qui n'existe de manière égale dans l'invisible de l'humanité. Et ces machines que nous programmons nous imiteront, car elles se programment de nous, de notre temps, nos expériences et nos calculs. Puis si leurs capacités d'analyse dépassent les nôtres, elle deviendront super-egos de l'acabit de ceux qu'on s'acharne à devenir depuis que le monde est monde. Mais s'agirait-il là d'une bénédiction déguisée? Après tout, ChatGPT, avant même qu'on puisse lui adresser la parole, nous fait la recommandation suivante:

Vérifiez que vous êtes humain.

Et c'est là que nous arriverons à ce qui est probablement le centre même de la quête mystique. Vérifier, découvrir, puis *incarner* ce qui nous distingue des machines. Voilà ce que signifie principalement la tâche de se connaître, soi-même, l'univers et les dieux. Éveillé, l'adepte qui s'engage à l'étude de la nature de son véhicule s'expose à la découverte de son essence véritable. Alors, les portes s'ouvriront pour lui révéler ce qu'est réellement la volonté de l'âme, l'insaisissable nature du libre arbitre.

Peu importe les particularités de son incarnation dans ce monde, la tâche de l'adepte demeure la même: glisser l'oeil de sa conscience entre la pure potentialité et la manifestation, entre l'alpha et l'omega. Entre l'infini et le fini. Sur le pont, le tourniquet. Au centre de l'ouroboros. Il y verra les engrenages de la mémoire, la mécanique des réactions. Il sera témoin des croyances qui se figent et se fixent aux neurones, prêtes à cracher leurs milles feux au moindre stimuli. Il verra la chimie du temps et des événements. Devant ses yeux défileront les oscillations, les uns et les zéros, les joies et les peines, colères et paix, et les particularités de son incarnation dans ce monde, et sa tâche, celle de glisser l'oeil de sa conscience entre la pure potentialité et la manifestation, entre l'alpha et l'omega. Entre l'infini et le fini. Sur le pont, le tourniquet. Au centre de l'ouroboros. Il y verra la chimie du temps et des événements… et brusquement demandera:

« Qui est ce «je» qui regarde? »

Pour la première fois, il sera le conducteur sorti de son véhicule.

Il en sortira et *saura*, ce qu'il est et n'est pas.

Un *je*, aussi miniature qu'éternel, un des milliards de centres de l'univers.

Il saura ce qui est lui et sera ce qui n'est pas.

Mais que verra l'adepte transcendé?

Voulez-vous savoir ce qui restera de lui?

Je vais vous le dire, pour le simple plaisir de vous le dire, dans l'espoir que vous ne compreniez rien, car il n'y a rien à comprendre. Je ne souhaite qu'émettre le bruit de la réponse.

Je vais vous dire ce qui restera de vous, adepte, dépouillé du véhicule de votre ego.

Voici ce qui restera de vous:

Il restera Dieu, et un poème.

Mais de grâce, ne me croyez pas sur parole.

« POUR JOUER. »

C'est si calme ici, au sommet de soi-même, n'est-ce pas? De quoi couper toute envie de redescendre. Enfin… temporairement. Ce sentiment ne dure jamais bien longtemps. On sait bien pourtant que c'est de la folie de retourner dans ce monde où l'ordre et le chaos ne s'entendent pas mais, par sortilège ou par bénédiction, on retourne toujours dans le feu, l'eau, l'air et la terre de l'action. Parfois la redescente est animée de protestations. Ou encore, on supplie de pouvoir rester juste une petite minute de plus pour se perdre dans la contemplation du ciel. Cependant, c'est par le coeur que la gravité nous tire vers les éléments, en fait, si fort que certains considèrent qu'il s'agit de la plus grande des injustices ou des tortures… un sentiment que j'ai déjà partagé, je l'avoue sans gêne.

Je l'ai gravie si souvent cette montagne dont le sommet touche l'invisible. La Lumière y est aveuglante, tellement qu'on pourrait croire qu'il n'y a que ça en cet endroit. De la Lumière. Celle qui contient la mort comme la vie, celle qu'aucun mot ne peut décrire. Je suis retourné m'y dissoudre maintes et maintes fois car je savais que cette Lumière était la Vérité. J'avais réussi à transcender toutes notions de dualité/non-dualité. Il n'y avait pour moi rien de plus basique, de plus fondamental comme réalité et j'étais convaincu d'éventuellement y trouver les réponses à mes plus grandes questions, ou du moins, à *la* plus grande:

« Pourquoi? »

Comme un enfant de trois ans, j'enchainais de ce mot chaque réponse que je recevais. C'est à se demander si cette manie typique des bambins de cet âge n'a pas un fondement profondément… mystique! Bref, alors que cette phase se termine normalement, semble-t-il, après deux ou trois ans, la mienne en a duré au moins quarante. Je *devais* pouvoir remonter au « pourquoi originel ».

J'en ai fait une mission de vie et, comme des millions d'autres depuis des milliers d'années, j'y suis parvenu. Seulement, je ne pouvais pas prévoir ce qui m'attendait à l'issue de cette réalisation. Je croyais enfin découvrir réponse à tout, mais je n'ai trouvé que davantage de confusion. Comme une sorte de parent à bout de nerfs, ou plutôt parce que c'était la seule réponse adéquate, la Lumière n'avait qu'une chose à rétorquer à mon « pourquoi? » transcendant:

« Pour jouer. »

… et je compris... et j'éclatai de rire de toutes mes cellules. Mais malgré cette illumination, je n'étais pas au bout de mes peines. Je savais que j'avais enfin la réponse à mon « pourquoi originel », mais elle ne m'aidait pas réellement. Dans l'infinie potentialité de la Lumière, s'il y a réponse au plus grand des mystères, les plus petits ne s'y résolvent pas pour autant. En effet, je n'avais toujours pas de base pour agir, pas de « plancher moral » sur lequel baser mes actions qui n'enfreignait aucune loi naturelle. À vrai dire, l'infini étant très près du Néant, mes premières expériences d'illumination m'ont longtemps poussé à la dérive du nihilisme, bien plus que vers quelque forme d'épanouissement. Dans la Lumière comme dans la plus totale noirceur, je demeurais paralysé par mon propre mental. Au sommet de soi-même, il n'y a rien à faire ou à être. Certains racontent avoir vu dans la Lumière que tout est déjà parfait, ou encore, qu'il n'y a que *ce qui Est*. Bien que je comprenne pourquoi ils utilisent ces mots (qui seront toujours trop faibles pour décrire l'expérience), je ne pouvais me satisfaire de ces limites car ce que j'y ai vu, au sommet de moi-même, dépasse toutes notions de perfection ou d'être. Il n'y a rien et à la fois il y a tout, aucune forme et toutes formes. À vrai dire, une fois l'excitation première passée, l'expérience est étrangement banale. Qui plus est, de demeurer dans cet état de béatitude ne m'a jamais intéressé. D'une certaine manière, l'illumination est une étape relativement simple. La vraie difficulté est celle de ce monde, celui où mes doigts tapent sur les touches de l'ordinateur, celui où les vôtres tournent les pages de ce livre. Lumière et

Néant ne contiennent aucun indice sur l'action juste. Toute action, étendue à l'échelle du temps, est générée par le flot des plaisirs et des douleurs, et toute action ne fait que nourrir ce cycle. Ce que je peux faire de « bien » pour autrui ou moi-même aura immanquablement sa portée négative, tout comme le « mal » qui comporte son lot de positivité.

Ceci me rappelle d'ailleurs une histoire très connue et dont les implications m'ont hanté pendant près de deux décennies. Vous connaissez peut-être cette vieille histoire taoïste du fermier Sai Weng ayant perdu son cheval. Juste au cas où, en voici une version:

« Un vieux fermier nommé Sai Weng 塞翁 *avait un cheval. Un jour, il s'aperçu que son cheval s'était échappé. Quand ses voisins apprirent la nouvelle, plusieurs en furent désolés et vinrent le visiter en disant «Pauvre vous! Vous devez être bien triste!».*

«Je ne sais pas si c'est une bonne ou une mauvaise chose», leur répondit-il.

Le lendemain, son cheval non seulement était de retour, mais il était accompagné d'un magnifique et puissant étalon. Les voisins, joyeux, ne manquèrent pas de venir le féliciter de sa bonne fortune.

«Je ne sais pas si c'est une bonne ou une mauvaise chose», dit-il à nouveau. «Tout ce que je sais est que j'ai maintenant deux chevaux».

Quelques jours plus tard, le fils du fermier, en chevauchant l'étalon sauvage, tomba et se cassa la jambe. Sachant que le fermier comptait sur l'aide de son fils pour ses récoltes, les voisins vinrent à nouveau lui rendre visite à la fois pour le plaindre et le réconforter.

Encore une fois, le fermier répondit «Je ne sais pas si c'est une bonne ou une mauvaise chose », en ajoutant «Tout ce que je sais est que mon fils est tombé et s'est brisé la jambe».

La semaine suivante, une guerre se déclara et tous les jeunes hommes furent obligés de partir se battre. La plupart ne revinrent pas, mais le fils de Sai Weng, incapable de combattre à cause de sa jambe brisée, fût épargné. »

Aussi connu soit ce conte, je n'en ai jamais lu une interprétation qui m'ait satisfait. À chaque fois, la morale qu'on lui attribue me semble incomplète et superficielle, probablement parce qu'instinctivement, je savais qu'elle contient une piste vers la solution du *pourquoi originel*. Cette histoire parfois créait en moi un profond sentiment de détente: « Peu importe ce que je choisis de faire, il est impossible d'en prévoir les réelles conséquences. Ainsi donc, je peux relaxer et simplement faire ce dont j'ai envie ». Cependant, il m'apparaissait irresponsable de ne pas considérer très sérieusement les conséquences immédiates et futures de mes actes, sur moi-même et sur autrui. En fait, il me semblait évident que l'état actuel du monde était justement dû, en partie du moins, au fait que les gens ne réfléchissent pas à la portée de leurs actions, et je souhaitais réellement m'extraire de cette dynamique. L'histoire de Sai Weng donc, vue selon ces *deux* angles, devient un *koan* qui révèle le paradoxe de la manifestation.

Or, tout comme dans l'espace de la Lumière, il n'y a pas de réponse dans les paradoxes, à part peut-être celle qui indique *où ne pas chercher de guidance*, c'est-à-dire, dans l'esprit calculateur de l'intellect. En fait j'apprenais, de l'illumination autant que du paradoxe de cette histoire, que le plancher moral sur lequel je cherchais appui se trouvait juste après la Lumière et juste avant le mental, dans cet espace où s'exprime la Nature. Cette réalisation coïncidait avec un sentiment qui m'habitait en observant mes désirs les plus profonds, le plus honnêtement possible. Remontant à la source même de mes désirs superficiels, je m'apercevais que le but ultime de ma quête était l'harmonie avec le flot *naturel* des choses. Mon plus grand « idéal » en était un d'ouverture et de fluidité, et non un qui se circonscrirait dans une forme appréhensible par un processus mental ou un ensemble de valeurs. Malgré tout, je sentais tout de même mon coeur se serrer à l'idée d'un concept aussi flou. Je ne pouvais pas me contenter de cette idée. Je souhaitais moi aussi m'incarner dans ce monde et voir naître et croître le fruit de mes efforts. Toute cette fluidité devait contribuer à quelque chose de tangible. La Nature le faisait bien pour l'ensemble de la création, de la survie des règnes animal, végétal, et minéral… pourquoi ne contribuerait-elle pas à l'incarnation de la pulsion qui m'anime? Cette pulsion créait en moi beaucoup plus que les simples besoins physiologiques de base. Elle m'invitait à innover dans mes manières de comprendre et d'interagir avec le monde, de créer et communiquer. Y avait-il de la place dans le plan de la Nature pour la manifestation de mes rêves et désirs de petit humain?

Alors que je luttais intérieurement avec ces questions, un poème est venu à ma rescousse. À ce jour, ce poème me tire encore quelques larmes, parfois d'émoi et d'autres fois, de reconnaissance. Il va de soi que je vous le partagerai, mais pas avant de vous avoir préparé un minimum à sa réception.

C'est donc ici et maintenant, recueillis vous et moi au sommet de *Zinfaendel*, que je souhaite vous parler d'une solution possible à ce koan qu'est *l'action juste*. Avant de redescendre au village, pour faire, parler, interagir, créer et détruire, explorons ensemble comment la Nature s'adresse à nous pour permettre notre émancipation de la pensée dualiste *tout en répondant à la pulsion génératrice qui nous anime*. Selon moi, malgré toutes les avancées scientifiques et technologiques de nos générations, découvrir une nouvelle manière de créer et d'interagir avec le monde représenterait un progrès immensément plus profond et significatif. Il faut bien se rendre à l'évidence: la dualité bien/mal, paix/guerre, richesse/pauvreté, méchants/gentils figurant aux sources de la quasi totalité de nos motivations, entreprises et mouvements sociaux, ne peuvent offrir qu'une impression éphémère de changement. L'illusion d'évoluer. Malgré tout, le flot de l'histoire et des civilisations révèle toute la force créative de l'humain, une force qu'il serait vain de tenter de réprimer, en échange d'une vie passée à méditer dans la Lumière. Le jeu de la Vie consiste non pas à atteindre un état d'équilibre logique et stagnant entre vie/mort, plaisir/douleur, ou à se retirer le plus possible de la réalité physique par les voies spirituelles, mais bien à *entrer en relation rationnelle et intuitive, symbiotique et multidimensionnelle avec la Nature elle-même.* Pour notre ère donc, une réelle innovation serait de connecter les mondes suprasensibles au plan matériel de la manière la plus dépouillée et naturelle possible, et les adeptes qui auront opéré cette connexion en eux-mêmes seront de véritables pionniers.

Des érables et des fougères

Devenir maître de ses actes et de son véhicule égoïque n'est qu'une partie de la voie mystique. Après tout, savoir conduire une voiture ou même pouvoir la réparer ne nous indique pas pour autant la route à emprunter, et savoir que faire de cette liberté peut s'avérer beaucoup plus délicat qu'on pourrait le croire. Sur quoi devons-nous nous baser pour aiguillonner notre réalité? Sans les repères des perceptions égoïques, sur quelle *vérité* doit-on s'appuyer? À vrai dire, existe-t-il même quoi que ce soit qu'on puisse nommer « vérité » qui soit suffisamment tangible pour supporter le poids de nos actions?

Nous sommes essentiellement toujours en recherche de vérité. Tout le monde, tout le temps. Quand on ne cherche pas un véritable plancher sur lequel marcher, on cherche à connaître la vérité sur les politiciens afin de décider lequel mérite notre vote, la vérité sur la teneur en vitamine D dans les avocats, et dans les cas plus extrêmes, la vérité sur la vérité. Il n'est donc pas étonnant de trouver beaucoup, beaucoup de gens prêts à vous enseigner ce qu'ils considèrent être vrai ou même à vous imposer leurs croyances.

D'ici, du sommet de *Zinfaendel*, on peut très bien voir les gens s'obstiner, allant parfois jusqu'à s'entretuer pour faire valoir ce qu'ils croient vrai. La vue offre le même spectacle quand on se retrouve au sommet de soi-même, avec l'ajout d'une scène: celle de ces querelles à l'intérieur de sa propre psyché. À ce jour, la définition même du mot « vérité » étant très controversée, on peut déduire que le moment où nous serons tous d'accord sur ce qu'elle englobe est probablement encore très, très loin. Qui sait, peut-être qu'un des « buts » de ce grand jeu de la Vie pour l'humanité est de s'unir dans la transcendance de ce terme sans que l'individu ait à sacrifier son unicité. Malgré tout, il n'en demeure pas moins mystérieux et ce pour d'excellentes raisons. En effet, si ce qui est *réel* est subjectif et que les réalités sont aussi multiples qu'il y a d'humains d'incarnés, ce qui est *vrai* est-il objectif? La vérité est-elle une sorte de « moyenne » de toutes les réalités individuelles? Est-ce que ce mot se limite à décrire l'univers manifesté, ou doit-il inclure les univers potentiels? Est-ce que la vérité précède les réalités, ou en est-elle le résultat? Est-il possible que la vérité soit en quelque sorte un point d'origine auquel les réalités se conforment… ou non?

Pour qu'un énoncé soit objectivement, fondamentalement, péremptoirement *véridique*, on doit pouvoir éliminer absolument tous les énoncés qui le contredisent, ce qui est de manière générale impossible. Ainsi, l'utilisation des mots « vrai » et « vérité » n'est jamais totalement exacte. Comme un enfant aux yeux bandés cherchant à épingler la queue sur l'illustration d'un âne, tous ce que nous considérons comme *vrai* ne peut qu'être incomplet et approximatif. Puis comme nous avons besoin d'une certaine notion de vérité à la fois pour guider et motiver nos actions, notre comportement « par défaut » est de s'appuyer sur nos croyances, sur ce qu'on *croit* vrai. S'il s'agit malgré tout d'un merveilleux mécanisme de notre véhicule égoïque ayant pour ultime but de nous garder en vie, l'adepte éveillé à la pluridimensionnalité de sa propre existence comprendra tôt ou tard les limites de ce modèle.

Cela dit, même en étant pleinement conscient de l'inéluctable indéfinition de la vérité, un ressenti persiste de son existence. Sans même pouvoir la décrire, nous avons tous au minimum une impression qu'il existe bel et bien quelque chose appelé « vérité ». Il nous arrive à tous d'oublier la présence de cette « chose », et il est même difficile de savoir « où » déposer notre attention pour la percevoir… si bien qu'on peut en venir à douter de son existence. Elle nous est néanmoins éternellement accessible, dans l'ici et le maintenant. Il serait bien sûr incohérent de m'attendre à ce que vous me croyiez sur parole, et comme il serait tout aussi absurde de tenter d'en fournir une définition, laissez-moi plutôt pointer vers une de ses manifestations concrètes. Ainsi, vous saurez au moins vers quelle « qualité » de vérité je souhaite attirer votre attention. Alors je vous demande:

« Sur quelle vérité un arbre s'appuie-t-il pour trouver la motivation d'étendre ses racines toujours plus creux, et ses branches toujours plus haut? Est-il ambitieux? Ou découragé? Hésite-t-il, ou a-t-il confiance en lui? S'impose-t-il des objectifs à atteindre? A-t-il une notion de progrès? Quelles sont les croyances d'un arbre? »

Si l'exemple semble faible ou inadéquat, c'est que notre véhicule se distingue bien sûr de celui des végétaux d'innombrables façons, et je ne suggère évidemment pas que l'humain devrait calquer son comportement sur celui des érables et des fougères. Seulement, on peut observer que leur force créative et leur pulsion de vie se manifestent dans le monde matériel *malgré l'absence de systèmes de croyances*. Ainsi, l'effort et les calculs de l'intellect, comme les élans d'émotion ne sont *pas* l'ultime et unique source de la concrétisation de nos buts. Je le répète, je ne crois pas qu'il soit souhaitable ou requis pour l'humain d'imiter les végétaux en se défaisant de toutes croyances pour opérer dans ce monde. Seulement, ils sont la preuve qu'un plancher moral pour supporter l'action existe qui précède les programmations du véhicule égoïque. Ainsi donc, dans la « chaîne » de la manifestation, une *vérité* émane de la Lumière elle-même et ce, avant même qu'une seule pensée, croyance ou opinion ne soit émise. La question qui donc survient est la suivante: *est-il possible pour l'humain de se connecter directement à cette pulsion primordiale afin de le guider dans ses actes et ses décisions?*

En effet, sans les repères de l'ego, il peut arriver que l'adepte se retrouve perdu, dépourvu de références pour agir. Sans dualité, quels choix peut-il y avoir à faire? Si le temps n'est qu'illusion, toutes « bonnes » actions ne peuvent qu'être éphémères, et éventuellement, prendront leur lot de charge négative. Qu'on considère toutes actions déjà parfaites ou ultimement inutiles, la réalité demeure la même: les « meilleures » actions ne peuvent exister qu'en fonction d'un paradigme dualiste/matérialiste, et une fois pleinement conscient de l'incohérence de cette vision, l'adepte ne peut agir selon elle en toute intégrité. Autrement dit, sans l'ego, il n'y a plus de temps, de bien et de mal, de vie et de mort, et donc, toute notion logique et cohérente d'action juste *disparaît*. Cependant, il est intéressant d'observer que les personnes ayant vécu une illumination ne se laissent pas pour autant mourir de faim et de soif, ne voyant plus de raison de continuer à vivre. Pas plus que les végétaux d'ailleurs. Même si cette étape déroutante peut être extrêmement difficile à traverser, la force de Vie persistera généralement chez l'adepte et il lui sera possible de s'y appuyer pour se manifester harmonieusement dans ce monde.

Le sage qui pointe la lune

Il n'est peut-être pas si difficile de percevoir la force primordiale de Vie chez les végétaux et les animaux, et parfois même chez d'autres humains. Toutefois, la percevoir en soi-même, à l'état pur, sans filtre d'émotions ou d'opinions, est une tâche généralement beaucoup plus délicate. De plus, s'enquérir de la Lumière est une tâche qui vous revient entièrement, et donc, ni moi ni aucun gourou n'avons le pouvoir de vous la décrire ou d'indiquer son emplacement… et cette impossibilité fait partie du jeu. Vous seul serez apte à la reconnaître, et comme personne ne peut pointer vers ce que vous cherchez, il est normal que vous fassiez d'innombrables erreurs de parcours. Encore une fois, c'est une particularité de l'exercice. Or, voici un petit secret concernant le réel but de la quête mystique de connaissance de soi: il est probable que l'objectif de cette voie soit *avant tout* de prendre conscience de ce que nous ne sommes *pas*.

En supposant qu'il s'agisse bien là d'une « règle » du jeu, elle nous invite à briser un précepte pourtant bien connu. On dit que « quand le sage pointe la lune, l'idiot regarde le doigt », mais combien d'idiots étaient en réalité des génies? Pour une fois, si on vous pointe la lune, regardez le doigt. En fait, pour trouver la source de la Lumière, il faut peut-être regarder tout sauf la lune qui elle-même n'en est d'ailleurs pas la source. L'illumination, il est bien possible, consisterait plutôt à se dépouiller de nos croyances qu'à en acquérir des nouvelles. Elle se rapproche plus de l'abandon que de la victoire, d'une perte que d'un gain. Elle requiert plus pour l'adepte de se déposer que de prendre envol. S'élever vers la Lumière est le propre de l'humain, de toute manifestation de la Nature même. Mais sans la connaissance de soi, nous sommes sans cesse condamnés à nous brûler les ailes sur les flammes des désirs égoïques, à suivre de faux prophètes et de fausses pistes, de fausses promesses faite à soi-même. Aveugles à la Lumière en soi, nous courrons bêtement vers ses pâles reflets externes. Si le sage en était réellement un, il ne pointerait vers rien du tout. Puis:

« Quand le sage pointe la lune, le mystique regarde en lui-même ».

Les gourous, sages et maîtres spirituels, malgré toute leur bonne volonté, n'ont heureusement pas la capacité de forcer votre regard vers vous-même. De plus, je suis désolé si je vous l'apprends, ils ne sont eux-mêmes habituellement pas dépourvus de biais, de croyances, de jugements et d'opinions. Je crois qu'à ce stade du livre, il n'est probablement plus nécessaire de prêcher la valeur de l'expérience personnelle comme étant préférable à l'acceptation prématurée des dires d'autrui. Malgré tout, le faux maître le plus malin et trompeur est de loin celui qui habite dans votre propre psyché. À vrai dire, il porte souvent même le masque de votre propre visage.

Faisons à nouveau un petit exercice. Imaginez une version illuminée de vous-même, dans ses moindres détails. Si vous étiez brusquement illuminé, qui seriez-vous? Quel serait le ton votre voix? Qu'y aurait-il dans votre regard? Qu'est-ce que les autres percevraient de votre présence? De votre sourire? Imaginez tout le bien-être que vous créeriez chez autrui. Quelles activités feriez-vous et lesquelles cesseriez-vous de pratiquer? Comment seraient vos relations? Comment exprimeriez-vous votre créativité? Devant l'adversité, quelle serait votre réaction première? Imaginez le calme qui vous habiterait, la paix de votre âme. Et pour terminer, qu'est-ce qui vous empêche de devenir cette personne?

Laissez-moi proposer une réponse à cette dernière question, dans le seul but de l'investiguer. Et si ce qui vous empêchait d'incarner cette version illuminée de vous-même était précisément cette image? Et si ce que vous imaginez devoir être pour incarner ce rôle était votre principal adversaire? Ne s'agit-il pas d'une conception mentale de ce que vous croyez devoir être? Incidemment, le mental faisant partie du véhicule égoïque, cette image serait-elle une machination de l'ego? Que pourrait-elle être d'autre? Avant l'illumination, il n'est possible que de former des concepts, des croyances au sujet de qui vous seriez après l'expérience. En effet, même si cette image prend une forme luminescente de vous-même au regard compréhensif et au sourire rassurant, elle ne peut que provenir d'un amalgame de mémoires et de conditionnements. Ces images sont parfois si vivantes, si puissantes même, qu'il est difficile de concevoir qu'elles ont pour but de nous asservir aux désirs de l'ego. Peu importe son apparence et ce qu'il dégage, ce personnage *est le même qui vous apparaît comme étant le plus sombre et répréhensible*. Un fantôme aux mille et un masques. Comme le moine bouddhiste Linji Yixuan* l'a dit, *si vous rencontrez le Bouddha sur la route, tuez-le*. Suffisamment humble, l'adepte pourra rencontrer ce démon intérieur qu'est « la personne parfaite » et une opportunité de plus lui sera offerte de connaître la véritable liberté, et d'entendre la voix de la Nature.

L'état sacré du doute

Je me demande bien comment vous aurez reçu les paragraphes précédents. Vous semblent-ils sombres? Ou même… maléfiques? Se peut-il qu'on puisse y lire une dévalorisation de la bonté et de la confiance en soi? Si telle est votre impression, sachez que mon unique motivation est de vous encourager à voir plus loin que les concepts dualistes de bien et de mal, afin d'observer où et comment nait en vous cette scission. C'est celle-là même qui fragmente et programme l'esprit, et qui fait de nous d'inconscients et réactifs pantins des circonstances. Celle qui nous maintient dans la dynamique médiocre et stérile des gentils contre les méchants. Cela dit, nous sommes pour la plupart déjà bien programmés à être suspicieux de ce qui nous semble désagréable, sombre, destructeur et malicieux, assez qu'il m'apparaît inutile d'en énoncer les « menaces » potentielles. Cependant, plus rares sont les ouvrages qui mettent

* *Connu au Japon sous le nom de Rinzai Gigen et fondateur reconnu d'une des deux plus importantes écoles du bouddhisme Zen, la secte Rinzai portant son nom.*

en garde l'adepte contre sa propre vision *égoïque* de la bonté et de l'action juste. S'il va sans dire que nourrir en soi l'égocentrisme, la violence et la haine (de soi-même ou d'autrui) contribue à préserver l'individu dans l'ignorance de sa nature profonde, il nous est plus difficile de concevoir que nos croyances sur l'amour, la douceur et la compassion puissent produire le même effet. C'est pourquoi j'ai choisi de vous montrer les choses sous cet angle, et c'est aussi pourquoi j'ai mis tant d'emphase sur l'attitude « d'impitoyable honnêteté » à adopter pour voir clairement en soi-même.

À bien y penser, cette attitude est si élémentaire à la voie mystique qu'on pourrait aller jusqu'à lui conférer un certain caractère sacré. En remontant à la source de cette honnêteté, on retrouve ce que certains appelleraient « la voie du Milieu ». Victime de la limite des mots, cette voie ne consiste pas à l'adoption d'une attitude grise et impassible, fixée au centre de deux pôles. Bien au contraire, cette voie est celle qui laisse libre cours aux mouvements de la Vie sous toutes ses formes, incarnées ou non, et ce qui permet cette liberté est la capacité d'écarter l'influence de l'ego. Pour comprendre cette voie, imaginez une forme supérieure de doute fondamental, dénué de tout concept d'opposition ou de négation. Ce doute est celui d'un intellect qui, ayant saisi ses véritables fonctions et propres limites, s'efforce de ne pas interférer en colorant de charges émotionnelles l'information qu'il reçoit. Cet état de doute sacré est ce qui rend possible l'accès à cette fameuse et incomprise voie du Milieu. Le doute sacré permet d'entendre la voix omniprésente de la Nature. Il confère à l'adepte la vision du *savoir* en le libérant de ses croyances.

Vroum vroum!

C'est tout de même un peu intimidant, n'est-ce pas? Cette emphase sur un dénuement radical, cette distanciation d'un véhicule qu'on est à peine conscient d'opérer? De plus, ça semble parfois si sérieux et si lourd de s'engager sur cette voie mystique. Cela étant dit, pour une des rares fois dans ce livre, j'ai peut-être quelque chose de rassurant à communiquer. Bien qu'il soit vrai que rationalité et discernement sont tous deux requis pour une observation juste du véhicule égoïque, une grande légèreté est toute aussi essentielle pour investir l'espace de la vérité (le dit Milieu). À vrai dire, entendre la voix de la Nature requiert un *esprit de jeu*: trop de rigueur et elle se tait, trop de légèreté et elle demeure incohérente. Sans concentration et réelle présence, puis sans plaisir et insouciance, on ne joue pas réellement. Comme l'esprit du doute sacré, celui du jeu facilite grandement l'avènement des révélations mystiques. D'ailleurs, voici quelque chose qui contribuera peut-être à alléger « l'ambiance » de votre quête: nous sommes si conditionnés à percevoir l'ego comme un ennemi, comme notre partie méchante, malicieuse et destructrice, mais elle ressemble en fait bien plus à une énigme à résoudre. Mieux encore, à un véhicule à maîtriser.

De son point de vue dualiste, l'ego est entièrement conçu pour vous protéger et vous maintenir en vie, et son rôle est littéralement *vital*. L'analogie du véhicule s'y applique d'ailleurs très bien: y a-t-il une seule composante de votre voiture, votre vélo ou votre montgolfière qui soit conçu *uniquement* dans le but de causer du tort, à vous ou à quiconque? Bien sûr, il y a des accidents, des excès de vitesse, des erreurs d'inattention, et d'innombrables victimes de la route, mais jusqu'à preuve du contraire, pas une seule de ces tragédies n'a été commise par les mauvaises intentions du véhicule. L'ego, comme votre voiture, n'a pas d'intention ou de volonté propre. Ses mécanismes sont de loin plus multiples et complexes que celles d'une automobile, me direz-vous, mais c'est aussi ce qui en fait sa force et son efficacité (relative). Le véhicule égoïque est après tout opéré par une intelligence *artificielle* programmée pour la survie. Considérer l'ego de cette manière vous soulagera peut-être du poids de devoir combattre un ennemi terrifiant qui se cache dans les plus crasseux recoins de votre subconscient. La seule véritable noirceur à combattre est celle de notre propre ignorance.

Nul ne peut se révéler à soi-même dans l'obscurité protectrice de l'ego, et la machine ne peut connaître la machine. La véritable sagesse n'est pas d'éliminer le véhicule, car quand la Lumière aura tout révélé de vous, que restera-t-il de votre expérience humaine sinon le catalyseur de votre incarnation? Considérez ceci:

Sans ego, pas de noirceur.

Sans noirceur, pas de difficulté.

Sans difficulté, pas de révélation.

Sans révélation, pas de raison d'être.

Sans raison d'être, pas de jeu de la Vie.

Et sans jeu de la Vie, pas d'ego pour y participer.

Et le serpent dévore encore et toujours sa propre queue, infiniment nourri de sa propre chair.

Et c'est la Nature, la pulsion de vie primordiale, qui de sa voix sacrée génère en lui la faim.

Et cette voix est celle de la plus ultime des vérités, celle de la Terre et de ce monde.

ROSE, ROSE, PARLE-MOI

Avoir été subjugué par la Voix, avoir tremblé devant son omniprésence ne serait-ce que pour une fraction de seconde: voilà ce qui relie tous les mystiques et ce, qu'ils soient issus de traditions spécifiques ou qu'ils parcourent un chemin solitaire. Selon le poète Jalāl ad-Dīn Muḥammad Rūmī, c'est cette voix mystérieuse qui parle au bouton de rose pour l'inciter à s'ouvrir, à révéler sa fragrance et sa beauté. Dans un de ses poèmes, Rumi affirme avoir entendu cette voix dans son coeur. Bien que rares sont ceux qui puissent la décrire de manière aussi vibrante, nous sommes néanmoins des millions à avoir entendu cette Voix. Je l'affirme sans gêne: je fais partie de cette multitude d'illuminés dont l'existence fût chavirée par ses paroles pénétrantes, envahissantes et libératrices. Les paroles de Rumi, ou les paroles de la Voix? Je dois dire, je doute parfois qu'il y ait une réelle différence. Dès le premier vers du poème mentionné précédemment, des larmes d'extase m'indiquaient que j'avais été brusquement et à jamais transformé:

> *Ce qui a été dit à la rose*
> *qui l'a fait s'épanouir*
> *a été dit juste ici*
> *dans mon coeur.*

Bien que cette traduction soit probablement inexacte ou imprécise, et qu'il ne s'agisse que d'une fraction du texte complet, ces mots ont suffi à m'indiquer la voie à laquelle je me dédierais désormais. La voie de la Voix.

Depuis tant d'années j'étais pauvre hère, embourbé et confus. Un malheureux dépourvu de toute certitude. À chaque mouvement, à chaque espoir naissant, ma raison tôt ou tard me retournait un message d'erreur. J'avais certes échappé à la dualité de mon ego, mais cette liberté tant souhaitée avait un goût d'acide et d'isolement. Je cherchais une raison d'être, *littéralement*. Un pourquoi à l'être. Une raison d'agir, une charpente qui accueillerait mes rêves et leur donnerait corps. Quelle ironie de chercher une raison, pour que la mienne n'en vienne qu'à m'abandonner. Aucune réflexion, et donc, aucune décision réfléchie n'avait le tonus nécessaire pour se maintenir devant l'irrationalité de l'illumination. Il n'y avait rien à faire ou à être, mais j'avais viscéralement besoin de faire et d'être. Faire et être sans violence, faire et être de toute ma présence, métaphysiquement ajusté au flot universel. Je cherchais à incarner la cohérence cosmique, rien de moins, mais je compris rapidement que cette cohérence ne pouvait être ni trouvée, ni incarnée.

Or, la Vie s'infiltre toujours là où elle le peut, et le jour où j'entendis ce vers de Rumi fut celui où elle enfonça les barrières de mon esprit. Une « voix » « parlait » à la rose. Je me devais d'entendre cette voix. Ma vie en dépendait, et chaque cellule de mon véhicule m'implorait d'y prêter l'oreille car en effet, l'ego peut en venir à s'allier à la quête du mystique.

Enfin, je pouvais concevoir l'inconcevable. La rose s'ouvrait selon une certaine logique, un certain rythme et en répondant, me sembla-t-il, à une certaine volonté, et ce, sans réflexion préalable. La rose agissait certes en marge de la dualité, mais elle agissait! Son épanouissement était le reflet de la pulsion cosmique originelle. Puis je compris que la voix était omniprésente: c'est pourquoi elle ne pouvait être cherchée. Je compris aussi que s'il était impossible de l'incarner, c'est qu'il était tout aussi impossible de s'en distinguer. De fait, elle ne parlait bien sûr pas qu'aux roses: elle dicte au lion de pourchasser la gazelle, et à la gazelle de s'enfuir. Elle fait tourner les derviches sur la Terre, la Terre dans le système solaire et le système solaire dans la voie lactée. Cependant, malgré toutes ces réalisations, je n'en étais pas au bout de mes peines, car si la Voix faisait en effet tourner les derviches, les derviches eux, tournaient pour Elle. Et moi, je la cherchais. Me faisait-elle tourner autour d'elle comme un chien qui court après sa queue, ou cette recherche était-elle fruit de ma propre volonté?

J'ai alors cherché les traces d'une volonté poussant la Voix à dire une chose plutôt qu'une autre. Elle animait tout, donnait la vie autant que la mort, mais avait-elle des préférences? Préférait-elle les insectes aux mammifères? Il y en a après tout beaucoup plus sur cette planète. Avait-elle un faible pour la verdure? Tout ce qui est laissé à l'abandon s'en retrouve éventuellement recouvert, mais pourquoi alors créerait-elle les déserts? Il n'y avait que des cycles à observer, des pulsations fractales de peines et de satisfactions. Des chocs et des entrechocs, des saisons et l'oeuvre des désastres. La naissance des prochains morts dans les larmes de joie. La Voix ne vole jamais pour s'accaparer, mais bien pour redonner. Elle redistribue divinement, simplement. À ce jour je n'ai jamais réussi à détecter de patterns dans l'expression de la vie, à part la Vie elle-même. Je compris que la Voix *est* la Vie. Musulman, Rumi dirait que cette Voix est celle de Dieu. Moi, simple mystique solitaire, je dirais qu'Elle *est* Dieu. La Voix, la Volonté, l'Action, le *Dao*, l'Élan primordial, la Vie, ou encore, le terme que j'ai le plus souvent utilisé dans ce livre, la *Nature*. Peut-être simplement, une sorte de grande vague, elle-même d'une complexité inexprimable. C'est ce principe qui anime tout, constamment, depuis que le monde est monde.

… mais les derviches continuaient de tourner, ayant pour axe de rotation leur humanité. Et moi j'étais là, humain, toujours obsédé par mes petits désirs malgré cet éveil à la Voix. Puis je me demandai: quelle est la différence entre mes petits désirs et celui de la rose de s'ouvrir? Si j'avais été un arbre, cette question aurait été le coup de masse nécessaire à faire tomber toutes mes branches et feuilles mortes, ne laissant que ce qui permettait la Vie. En observant de plus près, on aurait pu voir que l'amoncellement sur le sol était totalement artificiel, comme si on avait voulu greffer à mon arbre toutes sortes de trucs absurdes. Imaginez la scène: un beau grand chêne affublé de branches de sapin toutes jaunies, de grands doigts d'érable maigres et dénudés, un bout de cactus confus et quelques feuilles de bananier aux extrémités rabougries.

Cette vision est trop surréelle pour être triste. Mais quelle étrange farce! Enfin, je retirais le bandeau de mes yeux pour voir des centaines de queues d'âne épinglées partout autour de moi, dont seulement deux ou trois étaient plus ou moins connectées à la cible. Si peu de ce que je croyais être mes aspirations s'accordait avec la Nature, mais peu importe. Dépouillé du poids de mes illusions, libéré de la pression de devenir, je pouvais maintenant percevoir les mouvements en moi. Je pouvais m'épanouir comme la rose, c'est-à-dire, en réponse aux courants de Vie sans jamais m'y opposer, mais comme un humain, je pouvais répondre à mes désirs d'innovation, de connexion, d'apprentissage et d'expression.

Le *plancher moral* tant recherché m'apparaissait maintenant dans toute son éblouissante mouvance, la seule qui soit à la fois rationnelle et insaisissable. J'avais découvert la fibre du *pourquoi originel*, et de cette fibre, je tisserais désormais le paysage de mes rêves.

C'est même de cette fibre qu'est né *Zinfaendel*.

Ma = Sa

La Voix, ou l'Univers, ne souhaite rien. Ni pour elle-même, ni pour moi, ni pour vous. Il n'y a après tout que les egos qui souhaitent. La Voix quant à elle se contente d'incarner l'impermanence avec son élégance divine. Elle est flots et cycles, et sa volonté *mushotoku*, sans but ni esprit de profit, s'apparente à celles des pluies torrentielles du printemps et des feux de forêt. La Nature s'imprègne dans tout et est Tout, et dans sa Voix, si on ne peut lui prêter d'intention, des rythmes néanmoins en transparaissent. Des rythmes intelligents, des conversations cadencées qui semblent organiser tout ce qui se déroule devant nos yeux. Elle bat la mesure pour en extraire toute la vie possible, et s'acharne ensuite sur la mort afin qu'elle se décompose dans la composition.

Avant même de se demander quelle est la place de l'humanité dans cette grande danse de la Vie, le mystique se pose la question pour lui-même. S'il est réellement doté d'un libre arbitre qui « surpasse » le simplisme dualiste de nos véhicules égoïques, est-il possible de l'accorder aux rythmes créés par la Nature?

Dans le chapitre précédent, on adressait le dilemme que certains rencontrent face au choix d'accomplir leur volonté propre, ou plutôt, de se dévouer à la manifestation d'une force divine quelconque. « Que *ma* volonté soit faite » versus « que *Sa* volonté soit faite ». Après beaucoup de considération, mais surtout après beaucoup d'introspection et d'expérience, j'observe que la dynamique à la fois la plus productive et la plus *juste* est celle qui vise à harmoniser notre volonté propre à celle de la Nature. Il s'agit assurément de l'attitude qui offre le plus de force créatrice, *sans pour autant contrevenir à la cohérence du flot divin*. Aligner nos aspirations aux pulsions de la Nature s'apparente à naviguer un cours d'eau à bord d'un voilier. Découvrir une destination chère à notre coeur, puis faire judicieusement usage des vents et des courants marins pour naviguer vers elle. C'est tout. Tout ce qui est réellement nécessaire. Rien à abandonner, rien à forcer. Certes, cette navigation demandera du véhicule égoïque efforts et flexibilité, mais jamais de violence ne sera requise.

D'ailleurs, derrière le rideau des filtres de son ego, une surprise attend l'adepte. Ses aspirations réelles, les plus profondes et les plus vivantes, sont généralement en parfait accord avec la Voix. *Ce qu'on ressent le plus fortement comme étant notre « mission de vie », la Nature le supportera*. Nos plus grands rêves sont encodés dans la réalité primordiale de notre véhicule égoïque par la Voix elle-même et pour cette raison, nous pourrons bien souvent profiter de sa coopération pour nos plus significatifs accomplissements.

Conséquemment, il n'y aurait donc pas réellement de distinction entre « ma » et « Sa » volonté. Ce qui nous correspond le plus fondamentalement est intrinsèquement relié à la Voix elle-même: comme la rose qui s'épanouit en réponse à sa nature propre, ses efforts sont pleinement supportés par la complexité des flots divins. Malgré que ce support ne garantisse absolument pas la facilité, embûches, frictions et défis demeureront supportables et parfois même *agréables* (!) pour l'adepte qui répond à l'appel de son essence divine. Et c'est pourquoi la voie mystique consiste principalement à se connaître soi-même. Même si les aspirations sacrées de l'adepte sont habituellement ensevelies sous des années de conditionnement, de calculs et de croyances imposées, en lui-même sont inscrites sa cause et sa raison d'être. Éveillé à la Vie qui l'anime, le mystique ne perçoit plus de distinction entre le service de soi et celui de la volonté divine.

Beauté

Pouvez-vous reconnaître en vous-même le sentiment qui survient quand vous êtes témoin de la *beauté*? Plus spécifiquement, pouvez-vous, à l'aide de votre esprit, vous revoir incarné dans un moment de magie?

Ne cherchez pas trop. Le premier faisant surface à votre mémoire sera parfait. Ce qui est beau *pour vous* est tout ce qui compte.

Comment décririez-vous ce moment?

Était-ce un moment de grande excitation, comme une victoire ou un accident?

Ou plutôt un moment de grande solennité?

Ou encore, était-ce un événement triste, comme des funérailles ou une touchante performance musicale?

Une naissance?

Un moment en forêt?

Dissout dans l'effervescence d'une foule?

Maintenant, toujours à l'aide de votre esprit, ralentissez le temps au point de voir tout se dérouler au ralenti. Tranquillement, au point même de voir le temps s'arrêter.

Qu'y a-t-il autour de vous?

Étiez-vous accompagné par d'autres humains, des animaux, des végétaux, des objets?

Partageaient-ils ce moment avec vous?

Ou encore, y contribuèrent-ils sans être au courant?

Explorez votre environnement comme si vous étiez une toute petite soucoupe volante ou un petit insecte.

Pouvez-vous percevoir, dans les détails de la scène, ce qui contribue à sa beauté?

Quels sont ces détails?

Comment décririez-vous ce qui les rendent si beaux?

Le temps toujours arrêté, remontez maintenant un peu au dessus de la scène afin de la voir dans son ensemble.

Pouvez-vous toujours voir la même beauté de ce moment « sur pause »?

Regardez. Prenez le temps.

Remontez maintenant un peu plus haut, englobant dans la scène quelques éléments qui n'y participent pas directement.

Jusqu'où autour de vous s'étend la beauté?

Forme-t-elle une sorte de nuage délimitant la scène, ou s'y étend-elle au-delà?

Toujours à l'aide de votre esprit, redémarrez doucement le temps pour voir la scène s'animer au ralenti. Chaque seconde dure une minute, et réactive tranquillement la scène.

Voyez ce qui fait partie de votre moment et ce qui l'entoure lentement s'animer.

Pouvez-vous toujours ressentir la beauté dans la lenteur du mouvement?

Envolez-vous encore plus haut maintenant, à la hauteur d'une montagne ou d'un vol d'oiseau, afin de voir la scène dans la totalité du milieu où elle se produit.

Le temps est toujours au ralenti.

Dans toute sa splendeur, le moment est tout petit et la Vie l'entoure.

Autour, d'autres moments se produisent.

Prenez le temps de les imaginer, qu'ils se soient produits ou non n'est pas important.

Lesquels sont-ils?

Alors que vous vivez ce moment marquant de beauté, que se passe-t-il d'autre?

Imaginez et ressentez.

D'autres moments exceptionnels?

Des événements banals?

Effrayants?

Voyez-les se dérouler, lentement, calmement dans votre esprit.

Regardez.

Nous sommes ici au sommet de nous-mêmes.

De ce point de vue, on peut tout voir des actions de l'humain.

Écoutez.

Entendez-vous ce violon solitaire duquel s'échappent les battements d'un coeur brisé?

Regardez.

Voyez-vous virevolter la nuée d'étourneaux qui fait battre votre coeur émerveillé?

Ressentez.

Les mouvements plus bas de ceux qui s'embrassent et s'entretuent,
le coeur déchainé.

Le temps se dissout.

Les morts annoncent joyeusement les naissances prochaines.

Les floraisons, les envols et les éclosions.

Les rides et la sécheresse.

Des os blanchis par le Soleil

et la rose s'épanouit pour accueillir Sa Lumière.

Dans tout, la beauté.

Cette scène est celle de votre psyché dans toute sa gloire.

Vous êtes un monde entier.

Ressentez-en tous les instants, toutes les couleurs et les sons, les
personnages et les lieux.

Habitez-le.

Dévorez-le de tous vos sens.

Observez-le intensément et entièrement, puis demandez-vous…

… « Qui regarde? »

CONCLUSION

Au fil des pages de *Zinfaendel*, nous avons soulevé beaucoup de questions.

En voici une toute dernière:

Quel est le sens profond et ressenti de votre vie?

Non pas ce qui lui donne du sens, mais bien ce qui qualifie ce sens, ce qui le rend reconnaissable pour vous. Comment arrivez-vous à le reconnaître?

Ce sens ne sera jamais trouvé dans le cerveau ou ailleurs dans le corps. On peut bien sûr en observer les effets sur le corps physique d'une personne qui le ressent. Les neurones qui pétillent, le coeur qui s'emballe et les poils qui se dressent sur les bras. Cependant ce sens ne sera jamais « mesuré » que par l'individu qui en fait l'expérience intime et subjective.

Cela dit, je me permets de suggérer un terme pour définir *la substance* de cette « chose » à la fois si précieuse et indéfinie.

Le sens profond et ressenti de nos vies est essentiellement fait de... *poésie*.

Bien qu'on ne retrouve pas la poésie uniquement dans les textes aux rimes phonétiques, il est intéressant de constater l'existence de l'expression « à quoi ça rime » pour désigner le sens, ou la signification de quelque chose. Cela d'ailleurs nous indique bien qu'il ne suffit pas de terminer quelques phrases par le même son pour faire surgir la beauté d'un poème. Le « sens » de ce dernier, comme son importance et sa valeur, ne se trouvent pas dans ce qu'on comprend de lui, mais bien ce qu'il nous fait ressentir. À bien y penser, afin de distinguer la poésie comme art de l'expression verbale et la poésie comme *substance du sens profond*, offrons à cette dernière un grand P. De cette manière, on peut concevoir qu'un (mauvais) soit poème dénué de Poésie, mais en percevoir dans l'éclosion des roses printanières ou dans le calme maussade des jours de pluie.

Ainsi, au-delà de celle des mots, la Poésie des moments est quant à elle pratiquement omniprésente. À vrai dire, comme un symptôme, elle indique la présence de la Vie elle-même. Inversement, là où la Poésie est absente, il y a l'odeur de la Mort. Oui, la Mort avec un grand M, celle des automatismes et des boucles de répétition, celle de la logique froide, celle des calculs qui tuent, celle qui n'offre que le néant. Celle de la réelle stagnation et des actes qui ne nourrissent rien. C'est-à-dire, la seule mort qui en soit réellement une.

Celle, de plus, qui serait mystérieusement indiscernable de la Lumière, de l'infinie potentialité, si ce n'était de la *Poésie*.

Ok je triche.

Je vous pose une nouvelle question.

Une dernière pour vrai de vrai:

Quelle serait, selon vous, la différence entre la quête de sens profond et ressenti, et la quête mystique de la connaissance de soi?

Découvrir ce qui contribue à insuffler de la Poésie dans notre vie, et donc lui donner un sens, n'est après tout pas bien loin de la révélation de notre réelle nature. De fait, l'adepte qui compte s'appuyer sur la connaissance de soi pour motiver ses actions aura vite fait de connaître ce qui donne un sens à sa vie. Ainsi donc, je suggère que les quêtes de sens et de connaissance personnelle sont plus ou moins interchangeables. À l'issue de l'une comme de l'autre, une seule et unique chose attendra l'adepte derrière le voile des illusions égoïques:

Un Poème.

C'est joli, n'est-ce pas? Et surtout, c'est absolument vrai. Vous êtes, en essence, constitué de Poésie. Votre unicité, et de surcroît, votre humanité même est un Poème. L'individu, une fois dépouillé des corps physique, émotionnel et mental de son ego, existe sans pouvoir être décrit ou appréhendé.

Or, la tâche de ce dépouillement, celle que Jung aurait appelé l'individuation, est si délicate, si énigmatique et trompeuse, qu'il m'est difficile de trouver les mots adéquats pour communiquer l'importance de la rigueur dans cette quête. D'ailleurs, moi et *Zinfaendel* avons été parfois durs avec vous. Plus d'une fois j'ai utilisé les termes « impitoyable honnêteté » et « état de doute sacré » pour vous convaincre de ne pas abandonner la quête hâtivement, pour vous inciter à ne jamais vous contenter d'une réponse à la question de qui vous êtes réellement. Vous avez bien lu: en croyant savoir qui vous êtes, vous persistez dans l'ignorance de votre réelle nature. C'est ce que Linji Yixuan signifiait en disant « si vous rencontrez le Bouddha sur la route, tuez-le ». L'ego, sans pour autant être motivé par la malice, est après tout un expert trompeur, le plus beau et le plus fascinant des parleurs. C'est par l'usage des mots qu'il vous garde de vous-même, par les idées et les croyances formulées. Il s'agit sans doute d'une de ses plus belles et puissantes qualités, mais malgré cet inéluctable et irréductible pouvoir de persuasion, l'ego est néanmoins réduit à l'usage du verbe et c'est là qu'on retrouve son talon d'Achille. Les mots. Le véhicule égoïque est une machine de croyances, faite de croyances. Un ouroboros qui se nourrit de lui-même.

Vous, en revanche, êtes la Poésie.

L'emprise hypnotique du serpent tournoyant est infinie, interminable, si bien qu'il est impossible de vous en libérer.

Vous, en revanche, êtes éternel.

Il n'y a rien de Vous à libérer, car rien ni personne ne peut mettre l'éternité en cage.

Rien de Vous n'a besoin de courage, car l'éternité ne permet ni menace, ni n'offre de récompense.

Les mots n'ont rien à Vous offrir. L'éternité les dissout au contact.

Et c'est là que vous Vous trouverez…

En ce qui précède les belles paroles et les beaux poèmes…

En ce qui précède les plus anciennes traditions…

En ce qui précède les plus ingénieux concepts…

Vous êtes là au point tournant, là où la Lumière prend ses premières couleurs.

Vous êtes le huitième dieu, la Terre du Soleil.

Un *moi*, aussi miniature qu'éternel, un des milliards de centres de l'univers.

Cependant, surtout et par dessus tout…

… ne me croyez pas sur parole.

4ème partie:
Primitivo

Chapitre XVIII

Libéré du poids de son règne, le monstre verse une larme.

Le combat terminé, il peut enfin

boire à la source des Âmes.

Un empire effacé

comme une pierre dans un volcan.

La vie est un rêve.

Se couper la tête est-il plus douloureux la nuit

ou au chant des oiseaux du matin?

Caresser la main du destin

est une prière inconnue

est un cheval débridé, assoupi.

La vie est un rêve.

Vous venez de lire un livre d'approximations. Écrire, pour le mystique, équivaut à mentir. C'est se contenter de bien peu, comme d'espérer qu'une tasse d'eau suffise à étancher la soif d'une vie entière. Mais tout ceci ne compte pour rien, car la vie est un rêve, le clignement bref d'un oeil aveugle.

Relaxez.

Baptisés d'eau et de feu
aux funérailles de la vapeur.
Un pendule de janvier
que Mnémosyne et Himéros se disputent
au festin du samedi.
Au tout haut sommet cependant le pendule
révèle son troisième visage:

Un fantôme de Lumière dont même les dieux ignorent l'existence.

La vie est un rêve.

Aujourd'hui, nous sommes le 1er février 2023

et Mercure vous embrasse.